Nihat Genç

Nihat Genç'in basılı eserleri:
Dün Korkusu, Bu Çağın Soylusu, Ofli Hoca, Soğuk Sabun, Kompile Hikâyeler, Modern Çağın Canileri, Köpekleşmenin Tarihi, Memleket Hikâyeleri, Edebiyat Derslerine Giriş, Amerikan Köpekleri, Nöbetçi Yazılar, Hattı Müdafaa, Karanlığa Okunan Ezanlar, Aşk Coğrafyasında Konuşmalar, Veryansın, Sordum Kara Çiçeğe, Anadolu Yazarını Dinliyor, Opus 61, Yurttaşların Cinlerle Bitmeyen Savaşı, İşgal Günleri, Aslanlı Yol'a Doğru, Arkası Karanlık Ağaçlar, İhtiyar Kemancı.

D1724866

KIRMIZIKEDİ

Kırmızı Kedi Yayınevi: 234
Güncel Dizi: 8

Direniş Günleri
"Gezi'den Tahrir'e"
Nihat Genç

© Nihat Genç, 2013
© Kırmızı Kedi Yayınevi, 2013

Yayın Yönetmeni: İlknur Özdemir

Editör: Alkım Özalp
Son Okuma: Sabiha Şensoy
Kapak Fotoğrafı: E. İsmet Örs
Kapak Tasarımı ve Grafik: Yeşim Ercan Aydın

Birinci Basım: Ağustos 2013, İstanbul
İkinci Basım: Ağustos 2013, İstanbul
ISBN: 978-605-4764-50-1
Kırmızı Kedi Sertifika No: 13252

Baskı: Pasifik Ofset Ltd. Şti.
Cihangir Mah. Güvercin Cad. No: 3/1 Baha İş Merkezi A Blok Kat: 2
34310 Haramidere/İSTANBUL
Tel: 0212 412 17 77   Sertifika No: 12027

Kırmızı Kedi Yayınevi
kirmizikedi@kirmizikedikitap.com / www.kirmizikedikitap.com
www.facebook.com/kirmizikedikitap
Ömer Avni M. Emektar S. No: 18 Gümüşsuyu 34427 İSTANBUL
T: 0212 244 89 82 F: 0212 244 09 48

Nihat Genç

DİRENİŞ GÜNLERİ

"Gezi'den Tahrir'e"

KIRMIZIKEDİ

İÇİNDEKİLER

Gezi eylemlerinde ölenlerin anısına...

GEZİ PARKI BAŞKA BİR ŞEY OLUYOR

Taksim Gezi Parkı Olayları, ağaçlar kesilmesin diyen yurttaşların direnişiyle başladı, üç gün geçmedi, Gezi Parkı bir direnişe döndü. Aydınlar, sanatçılar, halk, sivil kurumlar akın akın Gezi Parkı'na koşuyor, Gezi Parkı başka bir şey oluyor.

Gezi Parkı'nda ağaçlar kesilmesin, AVM yapılmasın diyen bir avuç genç yola çıktı, bugün Gezi Parkı bütün AVM'lere karşı bir hal aldı. Gezi Parkı hızla hesabı sorulmayan Roboski oldu, Gezi Parkı Reyhanlı oldu, Gezi Parkı bütün yasakçılara, yasaklara karşı oldu. Gezi Parkı dünyanın bütün yok olan ağaçları oldu.

Gezi Parkı başka bir şey oluyor.

Gezi Parkı polisin attığı bütün gaz bombalarına, iktidarın, belediyelerin ben yaptım oldu, dediğim dedik talimatlarına topyekûn nihai bir karşı koyma. Gezi Parkı elma oluyor; Gezi Parkı sabaha doğru demlenen çay oluyor; Gezi Parkı yeni fısıltılar, yeni kulaktan kulağa konuşmalar, yeniden tanışmalar, bozulan ezberler, Gezi Parkı başka bir şey oluyor.

Gezi Parkı, iktidarın hukuksuzluklarına, yalanlarına, iftiralarına, ikiyüzlülüklerine, bütün kibrine karşı bir hal alıyor.

Gezi Parkı susmuşların, küsmüşlerin, umudunu kesmişlerin, arada derede kalmışların, uyutulmuşların silkinip cesaretini topladığı başka bir yer oluyor.

Bir tarafta dediğim dedik Başbakan, yanında gaz bombaları, yanında polisleri ve yanlarında Gezi Parkı'nın kalbine sivri uçlarıyla saplanmış kepçeleri, hepsi bir küçük park içinde. Diğer tarafta bugüne kadar kandırılan, oyalanan, yalan söylenen, insan, adam yerine hiç konulmayan yurttaşlar ve etrafa doluşmuş, iktidarın korkusuyla dizlerinin bağı çözülmüş insanlarımız aynı sahne içinde.

Görelim halk neyler? Gezi Parkı uyanış mı, direniş mi, bir yeni başlangıç mı? Son bir imdat, S.O.S. çığlığı mı?

Gezi Parkı 'neşeli bir yer' oluyor!

Bu üç günlük direniş; iştahımızı, hevesimizi büyüten, bizim için yepyeni, insanlık için büyük bir adım mı? Halkı, yurttaşları, aydınları, sanatçıları hor görenlerin sonu mu, sonun başlangıcı mı, bir devrin bittiği, ayran mı bira mı, yoksa sana ne kardeşim kararının alındığı yer mi?

Yoksa Gezi Parkı kalbimizin ta içinde, sahiden otlu, böcekli, çimenli bir yer mi oluyor?

Gezi Parkı'na koşmak istiyorum, yılgınlığın, bitkinliğin, yorgunluğun nihai adresi olsun. Ne olursa olsun, ağaçları bir bir canavarca kesilip yerle yeksan dümdüz edilse de, Karadeniz'deki HES'lerden, Bergama dağlarını oyan altın şirketlerine kadar Gezi Parkı hepsinin özeti ve hepsinin ve hepimizin en güzel yeri oldu.

Gezi Parkı daha üç günlük bebek, adını dünden biliyoruz:

BİR DAHA YENİLDİĞİMİZ YENİ BİR BAŞLANGIÇ.

Üç günlük bebek, o buldozer kepçeleri, demir kazmalar dişlerini bugünden kırıp döktü bile.

Ne diyelim, sonu hayırlı olsun, Gezi Parkı'nın bir kopyasını çıkartıp Ankara'ya, Bursa'ya, Adana'ya tez elden ulaştırmalı, tatsız tuzsuz değil, artık hepimizi gerçek bir heyecan sarmalı.

Sizinkisi üç günlük heves demeyin, az mı be, üç gün üç gündür, iktidarın en kıllandığı imar talan yerinden, üç kıl çekip kopartmışız, bakarsın yarın beş, yarın başka yerde binbeşmilyonsekiz olur?

30 Mayıs 2013

KAMUOYUNA DUYURU:

MECLİS, GÜCÜNÜ POLİSE DEVRETTİ

An itibarıyla SİYASET düğümlenmiş, ülke bir kaosa, belirsizliğe doğru sürüklenmeye başlamıştır. Dediğim dedik Başbakan, yetkilerini gaz bombalarına bırakıp Fas gezisine çıkmış, peşinden devreye giren Cumhurbaşkanı olayları yatıştıracak güçte bir açıklama (açılım) yapamamıştır.

An itibarıyla ülke sahipsizliğe ve ülkenin kaderi sokaklara terk edilmiştir.

Oysa acilen bir şeyler yapılmalıydı, öncelikle, halkı çıldırtıp inadına sokaklara döken gaz bombalarının atılmasını durduracak bir şeyler. İktidar gaz bombalarını durduramıyorsa, devreye sivil kurumlar, sanatçılar, sendikalar, muhalif partiler, birileri girmeli, nasıl olacaksa?

An itibarıyla iktidarın, siyasetin, meclisin, Başbakan'ın ve Cumhurbaşkanı'nın GAZ BOMBASI dışında çözümü kalmadığını görüyoruz.

Gaz bombalarını durduracak başka şeyler yapabilmeliyiz.

Olmadı, meclisin yani demokrasinin şanslarını, seçeneklerini devreye sokabilmeliyiz, seçimlere kadar bir geçici hükümet pekâlâ kurulabilir, İçişleri Bakanı değiştirilip tarafsız partisiz bir İçişleri Bakanı acilen göreve başlayabilir, bir siyasi şans aranmalı.

Başka bir şans daha var, NTV, CNN, Habertürk gibi TV'ler (nasıl olacaksa) tarihi bir karar alıp siyaset üretemeyen bu iktidara karşı halkın ve ülkenin bekası için yandaşlıktan kurtulup gaz bombalarına karşı direnen halkın istekleri ve dilini kullanmaya başlamalılar.

Bir şeyler yapılmalı.

Bu ülkenin siyasi gücü, meclis gücü, sivil gücü bir şeyler yapmalı.

Herkes ekran başına geçmiş korku içinde patlayan gaz bombalarını seyretmekten başka yapacak bir şey bulmalı.

Demokrasiyi, meclisi, seçenekleri bu kadar kör bir çıkmaz sokağa kimler sürükledi? Sorun bu yüzden sokaklarda değil. Sorun meclisi, demokrasiyi, seçenekleri Tek Bir Lider'in keyfine bırakanlarda. Şimdi üstünde yaşadığımız topraklarda hangi makamda, hangi siyasi güçte olursa olsun TEK BİR FİKİR söylenemiyor ki, tek bir –küçücük bile– olasılık olsun. ALTERNATİF ÜRETEMİYOR.

EY TÜRKİYE, DUYAN VAR MI, KİMSE VAR MI?

Biz eski kuşak ailelerde büyüdük, gizlice bir fırt sigara içmek için abilerimiz, babanın helaya girmesini beklerlerdi...

Tayyip Bey, havada uçağın içindeyken, bir fırtçık olsun siyaset düşünün, siyaset yapın.

Yarın kalkıp da bunun arkasında şu vardı, bu vardı demeyin...

Hangi yandaş medyayı açsak, TAYYİP'İ YEDİRMEYİZ yeminleriyle lafa başlıyor. İş, Tayyip Erdoğan'ı yedirmekten çoktan geçti, TÜRKİYE'yi yedirmeyelim.

Şu anda Türkiye'nin tek bir şansı kaldı, senin, benim, sağcının, solcunun, hepimizin tek bir şansı kaldı, o da: HENÜZ VAKİT VAR.

3 Haziran 2013

BEYLER, EYLEMLERİN ARKASINDA
ÖRGÜT MÖRGÜT ARAMAYIN

Gezi Parkı Olayları'nın önce şaşkınlığı, sonra anlama çabası, sonra tahlil çabaları ve nihayet arkasında acaba kimler var kuşkuları yazılıp çizilmeye başlandı.

Biz de bu ülkede yaşıyor ve ülkenin meydanlarındaki grupların tarihlerini, yapılarını, kimliklerini, reflekslerini, fikirlerini ayrıntılarıyla biliyoruz.

Gezi Parkı'nın arkasında kim vardı sorusuna bir özet mi istiyorsunuz, söyleyeyim, Volkan Konak'ın *Cerrahpaşa* türküsündeki şu cümle her şeyi izah ediyor: HERKESİN BİR DERDİ VAR, YANAR İÇERİSİNDE...

Hepimizin ayrı ayrı, bazen buluşan, bazen ayrışan dertleri vardı ve bu dertler Gezi Parkı'nda aynı kap içinde, bir başka, DEVRİM GİBİ bir solüsyon oluşturdu.

Adlarını, kimliklerini ayrıntılarıyla verip neler yaptıklarını sırf bir tartışma için tane tane anlatmak, barikatın arkasındaki bileşime zarar verir, oradaki gençler gibi çok dikkatli olmak lazım.

Genel ifadelerle, Komünist Partisi, Kaldıraç, TGB, anarşistler, ODTÜ'lü gençler, kolejliler, CHP'liler, Beşiktaşlılar, Fenerliler, vs. vs. Mamaklılar, Dikmenliler, Tuzluçayırlılar, genç doktorlar, genç mühendisler. Alabildiğince uzun bir liste ve hepsinin içine girip ayrıntılı tanımlar yapmak gerekiyor.

Mesela ODTÜ'lü gençler derken ODTÜ olaylarını hatırlayın, canları yanmış, aşağılanmış, gazlı coplu baskına uğramışlardı, bu patlamaya hazır bir yerde duruyordu. Mesela Ekşi Sözlük; soruşturmalarla, yasaklarla eli kolu bağlanmaya çalışılmış, hatta bu yüzden en değerli üyelerini kaybetmiş, işte bunlar da patlamaya hazır bir yerde duruyordu. Kampüslerinde sıkışıp kalmış milyonlarca genç, ki Ankara'da her bir üniversite otuz kırk bin genç barındırıyor, izliyorlar ama müdahale edemiyorlar, yıllardır siyasete dokunamamanın, ulaşamamanın sıkıntısı onları yiyip bitiriyordu, işte bunlar da topluca patlamaya hazır bekliyordu. Ve bunların yanında eğreti derme çatma ideolojik çöküşleri sayabiliriz.

Avrupa Solu'nun şişirdiği ve İslamcılarla ittifaka giren bomboş özgürlük ve demokrasi lafları, uzun bir müddet bu gençleri kandırıp oyaladı ve sonunda bu yanlış ideolojik kalaslar da çöküverdi. Küçük sol partilerin piyasaya sürülüp meclise gönderilen liderlerinin yarattığı büyük hayal kırıklıkları, bu gençlerde önce hayal kırıklığına, sonra yanlış yerde duruyoruz sarsıntısına sebep oldu. Kürt sorunu, gençlerin bütün bu kendi özgürlük sorunlarını 'blokaj' altında tutuyordu ve bu, onların özgürlük isyanlarını çok yanlış kalıplar içine sokuyordu, yani liberal ağızlardaki mezhep ve etnik özgürlüklerin ne anlama geldiğini önce bilmeden destekliyorlardı ama sonra, bu aldanmadan büyük bir ders çıkarttılar. Burada da yanlış tanımların içine girdiklerini gördüler, istedikleri daha yukarda, daha başka bir şeydi, ona buna sahip çıkalım, arka çıkalım, yardımcı olalım, sessiz kalmayalım diye son on yıldır yaptıkları bütün mesafe ayarları, çoğunlukla ya boş ya problemli çıktı. Türkiye son açılımlardan sonra, bu gençlerin kimseye mesafe ayarı yapmak zorunda olmadıkları, sadece kendilerini ifade edecekleri muazzam masmavi bir gök gibi zemin hazırladı.

Nihayetinde bu gençleri bilinçlendiren, son altmış yılın evrensel protest direnişin bir özetidir. Irk, dil, din, kimlik demeden ve kimseye zarar vermeden ve herkesi arkadaş, her yeri yurt bilen dünyaüstü bir ütopik kuşak, Türkiye topraklarında yüzyılımızın en anlamlı zaferlerinden birini kazandı, helal olsun. 90'lı kuşak hepimizi ve her şeyi aştı geçti, üstelik kapitalizmin uyuşturucu, meşgul edici, en sofistike tüketim ve teknolojik oyuncaklarının bu dönemdeki müthiş oyalayıcılığına rağmen.

Bu ütopik kuşak Türkiye'nin bir sert siyasal anında Ergenekon, Balyoz davaları sonrası, darbe tartışmalarının içinden geçip, İslamcıların ne olduğunu öğrenip, etnik milliyetçiliğe mesafe ayarlaması yapıp yapamama bocalaması yaşayan ve Suriye Savaşı'na sürüklendiğimizi gören ve tüm bunları içinde biriktirip çaresizce tweet ve entry dünyasında boşuna çırpındığının muhasebesini ve hepsiyle ironisini mükemmel kalitede, çok iyi yapan bir yeni kuşak.

En yüksek değerleri istiyorlar; ırk, dil, din, mezhep, sen, ben değil, o parti, bu parti değil, o ideoloji bu fikir değil ama hakkı yenilmiş, altta kalmış, gadre uğramış herkesin de yanında olmak isteyen ve herkesi yüksek bir yeryüzü kültürüyle buluşturmak isteyen bir kuşak. Bütün parti tabelalarını kaldırdılar ama bütün partileri yanlarına istediler, şiddete kesinlikle karşıydılar ama şiddet de barındıran örgütlerin hem taşlarını ellerinden alıp hem de o örgütlerin direnişlerini överek yanlarına aldılar.

Bu bir 'Devrim Arabası'ydı, o meşhur devrim arabasının benzini yoktu, on adım sonra durmuş, teklemiş ve mizah konusu olmuştu, şimdi bu Devrim Arabası çalıştı, çünkü anarşist gençler motoru, Kaldıraç, Komünist Parti, TGB, CHP, birer birer yurttaşlar, iktidardan artık ikrah etmiş anne babalar, hepsi, TARİHİN BİR ANINDA, her biri BU ARABANIN AYRI VE MÜKEMMEL BİR PARÇASI oldular.

Şimdilik gitmek istedikleri tek yön İKTİDARIN GADDARLIĞI olunca, eskilerin 'toplama araba' dediği ama parçalar seçilerek yapıldığı için hakiki Acenta marka arabadan dahi daha iyi çalışan bir BİR MUCİZE İCAD OLDU ve araba çalıştı. Artık bu arabanın her bir parçası birbiri için, birbirinin varlığı, hakları, hukuku, eşitliği için ÇOK AMA ÇOK vazgeçilmez, yüksek bir değer haline geldi.

Şimdilik alınan mesafe bizlerin rüyalarında dahi görmeyeceği, anlatsalar, filmini çekseler inanamayacağımız, ARŞI SOSYAL

ÂLEM düzeyindedir, bugünleri yaşadığım için artık ölsem de gam yemem diyorum. Bu direnen kitleden hiçbir beklentim yok. Tek istediğim, tarihin böyle trajik anlarında birleşip tek ses kim olursa olsun, her gaddarlığa karşı insan kardeşliğini ve özgürlüğünü savunmaktır. Ülkemizin emperyalist ve Amerikan oyuncağı ya da İran benzeri bir ülke yapılmasına karşı çıkmaktır ve şüphesiz kim adına olursa olsun HUKUKSUZLUKLARIN karşısına çıkmak, altta kalanların aynı güçle yanında olmaktır, ki direnişin Türkiye'ye müjdesi de işte bu muhteşem yeni gelen 'ses'tir.

Bu eylemlerden sonra sevindiğim en büyük şey, bu ülkeyi kimse artık BAŞKA BİR ŞEY, keyfine göre bir şey, para babalarının, onların medyalarının, onların yalılarının ve onların paralı yazarlarının ve emperyalistlerin direktiflerine göre bir şey YAPAMAZ...

Benim de ütopyalarımı karşılayan, işte bu duygudur.

Yazarlık hayatım Leman, Sky, Odatv ve Halk TV'de geçti, bu gençliğe bir minicik cümlecik katkım olmuşsa, kendimi dünyanın en bahtiyar insanı ve hayat diye önümüzü tıkayan bu KAPİTALİST KURTLAR savaşını kendimce kazanmış sayacağım.

Bu direnişler önümüzdeki üç-beş yıl içinde iner, çıkar, azalır, çoğalır bilemem ama DEVRİM ARABASI bu sefer BENZİNİNİ bulmuştur. Benzini de bu çocuklara kasıntılı ideolojik teorisyen yazarlarından değil, BİZATİHİ gaddarlığın, DİKTATÖRLÜĞÜN gazları ve copları bu çocukların kemiklerine, başlarına saldırarak vermiş ve öğretmiştir.

Bu gençlerle birçok konuda farklı düşünebiliriz, farklı düşünmek dıngılımda dahi değil çünkü o gençler ve bizler bu dünyaya, en temel insanlık değerleri dışında zaten farklı düşünmek için geldik ve varız. Bir ülke olabilmek için bu kadar farklı fikrin, duygunun YÜZ YILDA BİR OLSUN, bir kez, bir tarih anında yan yana gelebilmiş olması muhteşem bir duygudur, ÜLKE KURAN bir duygu, yeni bir dünyaya başlamak için gerçeğine, ete, kemiğe, siyasete bürünmüş bir RÜYA.

Gördünüz işte üç-beş gün içinde hepimiz sokaklarda, gaz bombaları altında, gaiplerden BAŞKA BİR SES duyduk. Daha önce duymadığımız bir ses.

Hepimizi haşere gibi aşağılayan gaz bombalarının kapsül sesleri, hepimizi büyük filozofların, devrimlerin, insanlığın sesiyle tanıştırdı.

O ses hepimize yeni bir ruh veriyor, şimdi hepimiz Mikelanjelo'nun ellerinde mermer hamuruyuz, meydanlara dikilmek için değil, tek tek içimize İNSANI YENİDEN yontup oymak, biçimlemek için.

Eşit ve kardeş dünyayı siyasal ve iktisadi olarak nasıl inşa edeceğiz düşüncesi de dıngılımda değil, hepimizin kafası teorik olarak istediği kadar karışık olsun, kimsenin de dıngılında değil, çünkü şu an hepimiz neyi defedeceğimizi biliyoruz, mucize olan bu sesin ta kendisi ve bu sesi sahiden duymuş olmamız ve bu sesin yontan, biçimleyen heykeltıraş zımparasının işe başlamış olması, bu ses, işte şu an HER ŞEYİMİZ'dir.

Bu topraklardan insanlığa gerçek bir insan çığlığı yükselmiştir, EFENDİ TANIMAYIZ.

Bu toprakların tarihine iyi bakın; Haçlılar'a, İngiliz'e, Moğol isyanlarına, padişahlara karşı her zaman efendi tanımayan bir RUH çıkıp gelmiştir.

TOPRAKLARIMIZA HOŞ GELDİN...

4 Haziran 2013

ÖZET GEÇİYORUM

1. Tayyip Erdoğan ne zaman ne şekilde eleştirilse, 'ben yüzde 50 oy aldım' savunması yapıyor ve halen kendisine ne söylense, yüzde elliye kaçıyor. Yüzde elli dev bir ağaç, ne zaman sıkışsa bu ağaca kaçıyor, yüzde elli, sığındığı tek kale. Ancak son anketler AKP'nin yüzde otuz beşlere düştüğünü gösteriyor. Eskisi gibi artık yüzde elliye kaçıp sığınabileceğini sanmıyorum.

Belediyenin ağaç budama ekipleri gelmiş, ağaçların tepelerini budayıp tıraşlamaya başlamış. Bunu gören mahallenin kedileri, bohçalarını yanlarına alıp mahalleyi terk etmeye kalkmış. "Nereye böyle," diye soranlara, kediler, "Köpekler ne zaman saldırsa ta ağaçların tepesine kadar kaçıyorduk, şimdi o tepe budanıyor, kovalandığımızda kaçacak yerimiz kalmıyor," demişler.

Tayyip Bey'in kaçtığı yüzde elli, Suriye Savaşı ve Reyhanlı hadiselerinden sonra çoktan budanıp tıraşlanmaya başlandı.

2. Her şeye rağmen Tayyip Bey'i alkışlayan büyük bir kitle var ve grup toplantılarında Re-cep Tay-yip Er-do-ğan diye slogan atıyorlar.

Türkiye'de partiler ve çoğu sendika 'tünek ağaçları'na benzer. Kasabalarımızda 'tünek ağaçları' vardır, bu ağaçların meyvesi olmaz, yukarıdan kuşlar pislediği için gölgesi de işe yaramaz... Kasabalı dikkatlidir, bu ağaçların altından geçmez.

Bir gün adamın biri, tünek ağacına, "Yahu meyve verdiğin yok, verdiğin gölgenin de bir hayrı yok, bari seni keseyim, odun diye yakayım," demiş. Tünek ağacını yurt edinmiş kuşlar topluca, "Olur mu kardeş, meyvemiz gölgemiz yok ama biz her gün sana buradan topluca şarkılar söyleriz," demişler.

AKP de çoktan tünek ağacına döndü, yılda bir kongrede, arada bir grup toplantısında gelip topluca Başbakanlarına Re-cep Tay-yip Er-do-ğan diye şarkılar söyler sonra kasabalarına, tüneklerine dönerler.

Yapabileceğimiz tek şey, dikkatli olun, tünek ağacının altından geçmeyin.

3. Liderlikte 'seçici dürüstlük' diye bir şey vardır. Hayatı hoppalıkla geçmiş bir sanatçının yılda bir gün hediye kumanya alıp Darüşşafaka'yı ziyaret etmesi gibi. Liderler de yılda bir gün gösteri olarak 'iyilik' yaparlar, bunun en güzel örneği, Ergenekon, Balyoz diye iftira, itham belgeleriyle yüzlerce insanı tutuklatıp, içeri tıkıp ileri safhada hasta Ergun Saygun'u ziyaret etmektir... Siyaset çalışan genç arkadaşlar, işte seçici dürüstlük bu.

Tayyip Bey'in üzerinde yoğun bir kamuoyu baskısı oluştu, bakalım döndüğünde 'seçici dürüstlüğünü' kimden ve hangi olaydan yana kullanacak, pek merak ediyorum, nasıl bir insanlık hikâyesi bulacak?

4. Türkiye'nin gençleri, acımasız bir diktatörlüğe evrilmekte olan iktidara, tarihlerin unutamayacağı bir ders verdi... Kendi liderleri karşısında korkudan susup el pençe divan oturan AKP'li kitlelere ders olsun.

Stalin'den sonra iktidar olan Kruşçev bir gün bir kongrede konuşur ve Stalin'in suçlarını, yanlışlarını anlatır. Tam o sırada salondan, Kruşçev'e karşı çıkan bir ses yükselir: "Kruşçev yoldaş, sen kendi hesabını ver, o zalimin yanında yıllarca bulundun, sesini çıkartmadın, şimdi burada konuşuyorsun?"

Kruşçev, sesi duyar duymaz salona çok sert şekilde bağırır: "O bağıran kimse ayağa kalksın!" Salondan ses çıkmaz, Kruşçev tekrar bağırır, salondan yine tıss yok.

Kruşçev tekrar salona doğru: "İşte bu yüzden Stalin'i engelleyemedik, bakın sert bir söz görünce gizlendin, kendini gösteremedin, ayağa kalkamadın, işte bu yüzden..."

5. Japonya 1935'li yıllarda Çin'i işgal ettiğinde, Mao'nun Komünist Partisi'nin gücü çok azdı, yoldaşları, "Bırakalım Japonya'ya karşı savaşı milliyetçiler versin, biz de parti olarak bu arada dinlenir kendimizi toplarız, onlar da birbirini yemiş olurlar," diyordu.

Mao, "Hayır, milliyetçilerin yanında işgale karşı savaşacağız, ancak o zaman büyürüz," dedi.

Dediği gibi de oldu, küçücük Komünist Parti, işgalin sonunda dev ve durdurulamaz bir parti haline geldi.

İşgalden 15-20 yıl sonra Japon Başbakanı Çin'i ziyaret ettiğinde, işgal için Mao'dan özür diler. Mao da, Japon Başbakanı'na, "Hayır özür dilemenize gerek yok, asıl biz size teşekkür ederiz, ülkemizi işgal edip halkımızı uyandırdığınız ve saflarımıza kattığınız için..." der.

6. Tayyip Bey'i eleştirecek, gözünün üstünde kaşın var diyecek tek bir AKP'liyi henüz tanıyamadık. Ve sanki AKP'liler Tayyip, saldırganlık ve öfke dışında bir başka lider türü olabileceğine de hiç şans vermiyorlar. Lider varsa Tayyip gibi olur, başka tür bir lider de mümkün değil...

Çok eski zamanlarda bir kral varmış, düşmanlarıyla tartışırken, düşmanları onu, ağzın kokuyor diye aşağılamışlar. Hemen kırk yıllık karısına koşmuş ve "Sen bunca zaman bana niye ağzımın koktuğunu hiç söylemedin," diye çıkışmış.

Karısı, "Ben nerden bileyim, ben bütün erkeklerin ağzı kokuyor zannediyordum," demiş.

7. AKP iktidar olduğu için eylemleri pek tabii icraat üzerinden yürüyor, muhalif partilerin tek şansı var, o da konuşmak. Ancak Türkiye halkına sormadan el altından Türkiye'yi savaşa süren AKP, kendi suçunu görmüyor, medyası göstermiyor, yine suçu, sırf konuştuğu için gelip CHP'ye yıkıyor... En son Reyhanlı olayında da gördük, CHP'lileri taşıyan otobüsün mihmandarı birinin akrabasıymış, yanisiymiş, Reyhanlı bombasını patlatan

CHP'miymiş, Başbakanımız elinde belgeler olduğunu grup konuşmasında itham ederek söyledi.

Rus Çarı I. Nikolay, 1802 yılında bir ayaklanmayı bastırır ve ayaklanmanın liderini idam ettirir. Sehpa kurulur, ip isyancı liderin boynuna geçirilir ve cellat ipi çeker, ancak, ip kopar. Yasa gereği idam anında ip kopmuşsa mahkûmun affedilmesi gerekiyordu. Af kâğıdını imzalaması için I. Nikolay'ın önüne getirirler, I. Nikolay, mecburen affı imzalar, ancak yeni bir kâğıt ister ve yeniden bir idam kararı verir, sebebini sorarlar. "İdam sehpasında çok konuştu..." diye cevap verir.

8. Ülkemizde hangi olay olursa olsun AKP işi getirip CHP'ye yıkıyor, CHP'yi suçluyor. Her şeyde CHP'yi suçlamak, AKP'nin bir siyaset refleksi oldu.

Hayvanlar âleminde bir gün veba salgını çıkmış, bütün hayvanlar tek tek ölüyor. Aslan bütün ormanı toplamış. "Arkadaşlar bu bela başka bir bela, Allah'ın ormana, bizlere bir cezası. Çünkü bizler günah işledik, Allah da bizleri cezalandırıyor. Bize düşen bu günahımızın sebeplerini bulup bu günahı işleyenleri Allah'a kurban etmemiz..." demiş.

Ve pişmanlık içinde önce kendi günahlarını anlatmaya başlamış: "Mesela ben, en büyük günahı işledim, dün birkaç masum kuzuyu parçalayarak yedim."

Kurt hemen atılmış: "Olur mu Aslan kardeş, biz açız tabii ki, karnımızın doyması lazım, kuzu yemek günahsa ben her gün yiyorum, bu suç olamaz," demiş.

Tilki devreye girmiş: "Aslan kardeş seni anlamıyorum, kuzu yemek niçin günah olsun, mesela dün sizin yediğiniz kuzuların ciğerlerini de ben yedim, çünkü çok açtım..." demiş.

Her hayvan pişmanlık içinde günahlarını sıralarken, bir eşek dayanamamış atılmış, "Doğru diyorsunuz, günah bizim, dün sizin kuzuları götürdüğünüz çimenlikten birkaç tutam çimeni de ben yolarak yedim," deyince bütün hayvanların gözü eşeğe dönmüş.

"Önce eşeği öldürüp kurban etmeliyiz, çünkü asıl günah çimen yemek..." demişler.

Orman ahalisi sonunda eşeği kurban eder, çimen yediği için.

9. Tayyip Erdoğan'ın Beyaz Saray ziyaretinde çok tuhaf bir şey oldu, Başbakanımızın eşine 'diktatörlük psikolojisi' diye bir kitap hediye edildi. Diplomatik alışverişlerde karşılıklı nezaket çok önemlidir, hatta daha önceden taraflar birbirlerinin alışkanlıkları, sevdikleri şeyler hakkında brifing alır, birbirlerine hassas ve ince davranırlar. Ancak üzerinde *diktatörlük* yazılan bir kitabın verilmesi çok ama çok manidar. Bugün Gezi Parkı olaylarıyla ilgili sekizinci gününde Beyaz Saray'dan nerdeyse her üst düzeyden azar, şikâyet, ikaz geldi. Sanki ABD, Tayyip'le bu işin gitmeyeceğine karar vermiş gibi bir analize gitmek doğru olmaz. Ama üzerinde diktatörlük yazan bir kitabın Başbakan'ın eşine verilmesi anlaşılır şey mi?

Ama bildiğimiz, Tayyip Bey iktidar gücünü başından beri ABD'den aldı, Ergenekon ve Balyoz Davalarında casuslar, dinlemeler ve CIA desteği tam bir işbirliği tezgâhı içinde gelişti. Ve bu işbirliği Tayyip Bey'e çok fazla güven verdi.

Arkam sağlam dedi. Türkiye halkına da şişirilmiş bir ekonomi ve siyasi güç havası verdi.

Oysa öyle değildi, aldatıcı bir görüntüydü.

Bir gün fare, aslana gelip "Benimle halat çekme yarışması yapar mısın?" demiş. Aslan gülmüş, "Sen faresin nasıl olacak," demiş. Fare aslana meydan okumuş, "Sen şu ipin ucunu bir tut bakalım kim kimi yenecekmiş gör," demiş.

Fare ipin ucunu aslana vermiş, kendi elindeki ipi çeke çeke bir tepeyi aşıp ipin ucunu tepenin ardında gizlenen filin hortumuna bağlamış. Sonra aslana bağırmış, "Hadi çek," diye. Aslan ipi çekememiş, sürüklenip yenilmiş.

Bugünlerde CNN International her haber bülteninde Türkiye'ye nerdeyse on dakika ayırıyor ki anlaşılır, normal bir şey değil bu, sanki TEPENİN ARDINDAKİ FİL ipin ucunu bıraktı, fare aslanın karşısında yalnız kaldı.

Dağın arkasındaki fillerle işbirliği içinde dinlemeler, fitneler, tezgâhlar, ithamlar, iftiralarla kendilerine büyük bir siyasi güç vehmeden farelerin durumu bugünlerde içler acısı.

10. Suriye savaş politikasında Tayyip Bey hangi hamleyi yapsa, Rusya misliyle cevap veriyor. Rusya zırnık geri adım atmadı ve Suriye politikasından asla taviz vermeyeceğini defalarca gösterdi...

Rusya'nın bu tavrına rağmen Tayyip Bey'in zaman zaman Esad'a karşı dayılanmalarını, kabadayılıklarını görüyoruz.

Size Balıkesir dağlarından bir Çepni hikâyesi anlatayım.

Bir gün çakal kendini övüyor, kasılıyor, şişiniyor...Vücut geliştirmeciler gibi kasılıp, gerilip, şişinip tilkiye sormuş: "Tilki kardeş, tüylerim DİKELDİ Mİ?"

Tilki, "Dikelmedi," demiş.

Çakal, "Yav tilki kardeş, ne biçim arkadaşsın, bir kere de DİKELDİ de," diye serzenişte bulunmuş.

Tilki, "Peki tamam dikeldi dikeldi," demiş.

Çakal bu sefer yüzünü sertleştirip, korkunçlaştırıp tilkiye, "Nasıl tilki kardeş, gözlerim kanlandı kızardı mı?" diye sormuş.

Tilki, "Kızarmadı," demiş.

Çakal bu sefer, "Be tilki kardeş, ne biçim arkadaşsın, bir kere de kızardı de," demiş.

Tilki, "Tamam peki, kızardı kızardı," diye cevap vermiş.

Çakal, kuyruğunu kaldırıp, kabartıp kıçını geri atıp, "Tilki kardeş, nasıl kıçım geri geri uzadı, şişti mi?" diye sormuş.

Tilki, "Uzamadı..." demiş.

Çakal, "Yav tilki kardeş, ne biçim arkadaşsın, bir kere de uzadı, kabardı de," diye yine serzenişte bulunmuş.

Tam o sırada çakalın arkasına bir ayı gelmiş ve bir tepikle çakalı havalara uçurmuş, çakal kıç üstü yere düşmüş, her tarafı yara bere içindeymiş...

Tilki, çakalın perişan halini görünce, "Çakal kardeş," demiş, "işte bak, ayının tepiğini yiyince hem tüylerin dikeldi, hem gözlerin kızardı, hem de tepiği yiyen kıçın kabarık kabarık oldu."

Benim de tahminim budur. Rus Dışişleri Bakanı Lavrov'dan tepik yiyince asıl o zaman tüyleri dikelecek, yüzü kızaracak, kıçı kabarık kabarık şişecek.

Halk TV ve Ulusal Kanal, canlı yayınlarıyla Türkiye'nin iftiharı haline geldiler, benim uzun konuşmalarımın formatı bugünlerin anlam ve önemine hiç de uygun değil, doğrusu da canlı yayınları seri şekilde sürdürmektir, biz de bir iki hafta dinlenmiş oluruz. Ancak sonra yahu hiç değilse konuşmanın özetini Odatv'ye yazayım, konuşmalarım başlayıncaya kadar bu sütunda günaşırı yazarak devam edeyim dedim, eğlence olur.

Son bir hikâyeyle bugünü bitirelim. Yandaş medya Tayyip'i yedirmeyiz kampanyası başlattı. Bence de karakterlerine uygun bir politika, Türkiye bitsin, mahvolsun, ama siz hâlâ Tayyip'i yedirmemek peşinde savaş verin, aferin Tayyip'i yedirmeyin.

Eski İtalya'da bir asker, büyük bir kahramanlıkla şehri tek başına savunur. Şehir, kahramana önce büyük para ödülleri verir. Ama yetmez, şehirliler, "Bütün paralarımızı versek de bu kahramanlığın karşılığını veremeyiz," derler, "en iyisi, kahramanı şehrimizin lordu yapalım." Kahramanı şehrin lordu yaparlar, "Ama bu yetmez," derler, "sadece lordluk kahramanımızı kesmez, en iyisi mi, lordumuzu öldürüp AZİZ yapalım ve sonsuza kadar ona tapalım."

Tayyip Bey'i yedirmeyiz diye diye kendileri Tayyip Bey'i sonunda AZİZ yapıp ebediyen o azize tapınacaklar gibi görünüyorlar...

5 Haziran 2013

YANDAŞ KAZLAR GERİ GERİ UÇUYOR

İktidarınız boyunca söylediklerinde ve öngörülerinde zırnık yanılmayan yazar Nihat Genç günlük yorumuna başlamıştır.

1. Olayların başlangıcı olarak Gezi Parkı'na yapılan acımasız polis saldırısının, birikmiş mevzuların büyük bir patlamasına neden olduğu kabul ediliyor, bu doğru gibi, ancak olayların asıl başlangıç tarihi olarak Kurtuluş Metrosu'ndaki ahlaki uyarı anonsunun Gezi Parkı Direnişi'ne giden son viraj olduğunu asla unutmayalım, ne değişir, çok şey değişmez ama gençleri biraz daha iyi anlarız: Bana Ahlak Taslama ve Türkiye Nereye Gidiyor korkusunun artık kökleştiği en dip yeri.

2. Hükümet, Gezi Parkı temsilcilerinin isteklerini aldı ve kamuoyuna duyuruldu, benim de isteklerim var, a) Suriye Savaşı durdurulsun, b) Silivri, Hasdal, Hadımköy'de iftira ve ithamlarla yargılananlar hemen salıverilsin.

3. Olayların ikinci ya da üçüncü gününde Ankara polisi başbakanlığı korumak için jandarmayı çağırdı. Büyük toplumsal olaylarda devletin askeri devreye sokması hem yasal hakkı hem de âdettendir, şimdilik, askeri çağırmaya korkuyor, çünkü kendisinin askerle problemi var ama olaylar geliştikçe asayiş için son çare olarak buna mecbur kalacak.

İşte korkunç soru burada başlıyor, asker asayiş için şehre geldiğinde olayları durdurabilir mi?

Beyler, felaket senaryosu tam da burası. Askerin itibarını, güvenini, varlığını öyle düşürdünüz ki şimdi sizi, devletinizi ve sokaklarınızı korumak için acil ihtiyacınız olan askeri hem çağırmakta tereddüt ediyorsunuz hem de çağırsanız dahi fayda etmeyeceği görünüyor.

Bir daha anladınız mı, askerin siyasete karışmasına karşı çıkmak başka şey, bir güvenlik bekçisi olarak asker başka şey. Siz, askerin siyasete karışmasını bahane edip askerlik kavramı ve varlığına, askerliğin ta kendisine hücum ettiniz.

Bu ayrımı yapamamış ve anlamamış gestapo liberalleri de manşetlerde ve ekranlarda baş tacı ettiniz, şimdi canlarını kurtarmak için, hiç değilse havaalanına kadar, askerden eskort istemeleri an meselesidir.

4. NTV, CNN ve Habertürk'ün Gezi Parkı Olayları'na sessiz kalışı büyük protestolara sebep oldu ve bu TV'ler kısmen ve tereddüt içinde haber vermeye başladılar. Beyler, aynı TV'ler İlhan Selçuk'lar alınınca hatırlayın, zırnık haber vermediler, Ahmet Şık'lar alındığında, Odatv baskınlarında minnacık haber yapmadılar, tam tersine, polislerin ve savcıların ne kadar haklı olduğunu gösteren haberler yaptılar sabahlara kadar. Ve sabahlara kadar Nedim Şener'lere, Soner Yalçın'lara, nicelerine iftira attılar, sonra halk niye dolmuş, halkı dolduran da sizsiniz, patlatan da.

5. Türk Dışişleri'yle Amerika Dışişleri arasında büyük bir diplomatik savaş başladı. Beyaz Saray sözcüleri AKP iktidarının tarihinde görülmedik sıklıkta ve sertlikte ikaz, uyarı hatta daha ileri ifadeler kullandılar.

Bu olacak şey değil, birlikte radarları getirin, birlikte El Kaide'yi silahlayın, birlikte Suriye'yle savaşın ve Gezi Parkı başlayınca birbirinize girin. Anlaşılır ve akıl edilir değil.

Üç gündür başlamış görünen bu Amerikan-Türkiye savaşına benim yorumum şudur: Arkasında Amerika, Tayyip'ten vazgeçti gibi büyük bir siyaset değişimi aramıyorum. Sadece Amerika 'efendi' gibi davranıyor ve Türkiye'yi uşağı gibi görüyor. Buna ağanın kâhyasını azarlaması diyebilirsiniz.

Ülkeler birtakım müttefiklik ilişkisine girerken çok dikkatli olmalı, kucağa bu kadar oturmamalı, müttefikine bu kadar teslim olmamalı, olursa, işte böyle uluslararası büyük TV'lerde size meydan dayağı atıp bir de sosyal hukuk dersi verirler.

Amerika, Türkiye'de savcıları, polisleri, istihbaratı, dinlemeleri, casusları devreye sokup sizlere gül gibi, tereyağından kıl çeker gibi, kolaylıkla bir ülke emanet etti, eee, bu kadar iyiliğin bir karşılığı olacak.

6. Şimdi Tayyip Erdoğan Bey'i havaalanında kimler karşılayacak sorunuyla karşı karşıyayız. Sezar'ı Mısır'da karşılayan Kleopatra'ydı.

Çok şaşırtıcı, büyüleyici bir karşılamaydı. Sezar'ın önüne, Sezar'ın ayakları dibinde açılan bir halının içinde geldi.

Tayyip Beyimiz geliyor, havaalanında Tayyip'in ayakları dibinde açılacak halının içine kim girsin, aday tekliflerinizi lütfen Başbakanlık protokol dairesine bildirin, Ahmet Altan, Yıldıray Oğur adaylarım arasında.

7. Yandaş ekranları izliyor, yandaş gazeteleri okuyorum, haletiruhiyeleri şudur:

Aristokratlar göze girmek için her zaman hükümdarın yanında, çevresinde olurlar. Ve sahte bir bağlılık gösterirler, ona şirinlik yaparlar, onun sözünden çıkmazlar, ona iltifat ederler, vs. batı tarihi binlerce yılın örnekleriyle dolu.

En ilginç örnek farklı bir yerden, Sudan'dan. 19. yüzyılda Sudan'ı ziyaret eden bir Arap seyyahının notları çok ilginç.

Darfur hükümdarının soylularını görüyor sarayda.

Soylular hükümdarlarına bağlılık işini o kadar abartmışlar ki. Hükümdar attan düşerse onlar da düşüyor. Hükümdar bir okla yaralansa onlar da kendini okla yaralıyor. Hükümdar gözlerini aşağı çevirip hüzünlenip dertleniyorsa, sarayda topluca bakışlar yere çevriliyor ve hep birlikte ağlaksı vaziyet alınıyor.

Şimdi aynı TAKLİT'i yandaş medyamızda görüyoruz.

O taklit eden soylular ya da aristokratlar birer GÖRÜNTÜ SİHİRBAZI'ydı.

Sultanın, kralın gözüne girebilmek için.

Ey yandaş medya, bu toplumsal olaylar zaten sizin bu GÖRÜNTÜ SİHİRBAZI yazılarınız yüzünden ve sizin devleti kişileştiren ve bu kişiye tapınmanız yüzünden oldu. 'Hukuk'un, adaletin etrafında oturacaksınız, bir yanlışlık mı yaptınız yoksa 'Sultan'ın yanında oturdunuz.

8. Çok güzel bir hikâyesinden faydalandığım Robert Greene'nin *İktidar* kitabında, çok güzel bir hikâye daha yakaladım, günümüzün anlam ve ehemmiyetini güzel anlatan.

Eski tarihlerin Çin saray kayıtlarında ilginç hikâyeler var. Hükümdar, evrenin merkezi olduğu için kimse bu evrenin düzeni dışında konuşamaz. IV. Lui de yatak odasını, yaptırdığı Versallies Sarayı'nın tam ortasına, merkeze yaptırmıştı, her şey etrafında dönsün diye.

Çin hükümdarının danışmanları, bakanları evrenin uyum düzeni içinde konuşurlar ve kötü, uğursuz, yanlış giden bir şeyleri haşa hükümdara söyleyemezlerdi.

Ancak kötü giden şeyleri hükümdara söylemenin de yolunu bulmuşlar, şöyle yazıyor kayıtlar, KAZLAR GERİ GERİ UÇUYOR. Ya da 'ay yörüngesinden çıktı' gibi. Hükümdara kötü giden şeyleri direkt söyleyemiyorlar, dolaylı olarak bu tür metaforlar kullanıyorlar. Kazlar geri geri uçar mı, uçmaz, yani düzen bozuldu anlamında.

Tayyip Erdoğan Bey, yandaşlarınız size direkt gerçeği söyleyemiyor, ben söyleyeyim: KAZLAR GERİ GERİ UÇUYOR.

Size gönülden bağlı yazarlarınızı da okudum, hayret, YANDAŞLARINIZ DA GERİ GERİ UÇUYOR...

9. Bir lafım da akillere, yandaş yazarlara, yandaş TV yöneticilerine.

Churchill, bizim Kenan Evren gibi amatör ressamlık da yapıyormuş. Bir gün resmini sergileyen galeriyi ziyaret etmiş. Galeri sahibi resmini çok beğendiğini ancak minicik kusurları olduğunu söylemiş, "Resmin fonu, arka planı çok boş," demiş, "buraya bir şeyler yapılabilirdi." Churchill resmin hemen evine gönderilmesi talimatını verir ve o boş arka plana, uyuyan bir koyun resmi çizerek yeniden galeriye gönderir.

Sevgili yandaşlar, bu halkı koyun gibi görmekten bıkmadınız, Tayyip konuştukça şaha kalktınız ve halk diye de arka fona uyuyan koyun resmi çizmekten 10 yıldır yorulmadınız...

10. Kardeşlerim, Velazquez bir ressam, ünlü tablosunu mutlaka görmüşsünüzdür. Kral ve kraliçenin resmini çizerken tablo içine bir ayna koyduğu için tablonun ortasında kralın resmini çizen kendisi görülür.

Yani tablonun merkezinde kral ve kraliçenin olması lazım ancak ayna konulduğu için kral ve kraliçe yine merkezde ama aynadan yansıyan kendi görüntüsü asıl merkezi, arkadaki merkezi, gizlenmiş merkezi gösterir.

Bu sanat tarihinde 'devrimci' bir bakış açısıdır, sonradan iletişim teorilerinde çok konuşulmuştur.

Şöyle, artık kral ve kraliçe merkezde değil, merkezde olan: İmajı kontrol eden ressamın kendisidir.

Gerçekte modern toplumda imajı kontrol eden medya asıl merkezdir, mesela ekşi sözlük gibi meşhur siteler de, her şeye karşın 'imajı kontrol etme savaşı' verirler.

Yani imajı kim belirliyorsa İKTİDAR odur.

Tabloya bir daha baktığımızda iktidarın dağılımını görürsünüz, evet kral ve kraliçe merkezde ama sanki ressam da (imajı çizen) merkezde.

İşte Tayyip Bey bu dengeyi kuramadı, imajı kontrol eden, medyayı tam anlamıyla yok etti, kayıtsız şartsız kendisine bağlı kalsın diye azarlarken aslında kendini var eden ressamı yok etti.

Yapacağı şey basitti, imajı belirleyen yazarları ve ekranlarını tam anlamıyla susturmayacaktı, onların da bu siyaseti az da olsa düzenleme şansı olduğunu, yani tabloda birlikte olduklarını gösterecekti.

Ve tabii sonunda hayırlısı oldu, imajı ne medyası ne kendisi, HALK belirledi.

Halkın belirlediği imaj da DİKTATÖR resmidir.

* * *

Son söz, seçimle gelmiş hiçbir başbakan sosyal olaylara karşı oraya kendi adamlarımı yığarım gibi SAVAŞ STRATEJİSİYLE konuşamaz, konuşursa yıkılır.

Hiçbir polis 14 yaşında minicik kızları dövemez, döverse ülke, devlet, her şey yıkılır. 15 yaşında minicik kızların gül yaprağı gibi yanakları, çalı kadar incecik bilekleri, o minicik süslü etekleri bir halkın her şeyidir, onurudur, güzelliğidir, namusudur, gücüdür. 15 yaşında minicik bir kız çocuğunu koruyamıyorsak, bir devletin meşruluğu, bir polisin meşruluğu, bir hukukun meşruluğu kalmaz. Bu bir edebiyatçının serzenişi değil siyaset ve hukuk teorisinin varlık konusudur. Sen, ben, o, az da olsa birbirimizi koruruz, o parti, bu dernek az da olsa kendini korur, o 15 yaşında minicik bir kız kendini koruyamaz, işte hukuk bunun için vardır, on yılda kozmik odalara da girdiniz hâlbuki, işte bu basit hukuk ve devlet gerçeğini öğrenemediniz.

6 Haziran 2013

TÜRKİYE DİN DEĞİŞTİRİYOR

1. 1960'larda Ortadoğu'da başlayan, 1970'lerde Türkiye'de görülen, 80'lerde Türkiye'de kitleselleşen, batı karşısında ezilmiş üçüncü dünya İslamcılık'ı denen İslam'ın sert, katı yeni bir türü, önce ideolojikleşip 'ideolojik cemaatler' kurdu, sonra bu yeni tür İslamcılık anlayışı Türkiye'de iktidar oldu.

Bizim bildiğimiz cemaat değil, ideolojik bir cemaat. Hem kendi üyelerini hem toplumu tahakküm ve sert bir otorite altına alan, halka yansıyan şekliyle her şeye karışan, her şeyi yasaklayan lider ve şeyhlerinin sözünden ayrılmayan bir ideolojik cemaat.

İdeolojik cemaatin Türkiye gibi bir ülkede iktidara taşınması felaketlerin en büyüğüydü.

G.tümün Olimpos Dağı'nda oturan aydınlar bu ideolojik cemaatle Müslümanlığı ve İslam'ı sadece karıştırmadı, İslam'ın tam da bu olduğunu, ne güzel şimdi Tayyip Erdoğan vasıtasıyla liberalleşip toplumu kucaklayıp demokratlaşıp yeni ve modern bir İslami siyaset oluşturacağı tezini işlediler, şimdi o binlerce makale ve kitaplarını yakabilirler.

Başından beri bu yalanı pompaladılar.

Türkiye halkının İslam'la, Müslümanlıkla hiçbir sorunu yok, tam tersine iftihar ediyor, benimsiyor, yaşamak istiyor, Türkiye halkının korkusu muhatap olduğu 'ideolojik cemaat İslamı'dır.

Medya ve Gazeteler, Cemaatin Vahşi Sözcülerine Kaldılar

Gezi Parkı Direnişleri'yle yüzleştiğimiz bir kez daha iyot gibi açığa çıkan 'ideolojik cemaat İslamı' korkusunu derinden yaşıyor olmamızdır.

Geleneksel Müslüman ilim adamları ideolojik cemaatlerin baskısıyla kovulmuş, uzaklaştırılmış, medya ve gazeteler, ideolojik cemaatin vahşi suratlı sözcülerine kalmıştır.

Geleneksel Müslüman ilim adamları, ideolojik cemaatlerin, gelenekte olmayan başka tür bir 'din' vaaz ettiklerini defalarca yazdılar, yazdıkça dayağı yiyip, sindirilip, kâfirlikle suçlandılar.

İdeolojik cemaat İslamı başka şey, tek tek bireylerin yaşadığı Müslümanlık başka şey, modern çağımızda Müslümanlık ancak 'kul' Müslümanlığıyla, yani bireyin Müslümanlığıyla yaşayabilir ve çok güzel yaşıyor da.

Ve şimdi Türkiye, kendi taraftarlarına ve topluma tahakküm, baskı, yasak, otorite uygulayan 'ideolojik cemaat İslamı'ndan kurtulmak istiyor.

Yani gün itibarıyla hepimiz 60'lardan sonra Ortadoğu'da yeşeren ve tam anlamıyla 80'lerde Türkiye siyasetine ağırlığını koyan 'ideolojik cemaat İslamı'yla ölüm kalım savaşı veriyoruz.

Ürkütücü olan ideolojik cemaatlerle halkın savaşı, Allah korusun, Batı ortaçağının mezhep savaşlarına inşallah dönmez.

İnsanları Hukuk Çizgisinde Tuttuk

Türkiye halkı öteden beri Müslümanlığı hakiki ayakları üstüne oturtmak istiyor, lütfen, artık Tayyip Erdoğan'ın size maaş veremeyeceği günlere yaklaşıyoruz, bu toprakları 'ideolojik cemaat İslamı'nın vesayetinden kurtarın. Yunus'ların, Hacıbektaş'ların, anne babalarımızın hâlâ içimizde yaşayan, tertemiz, kimseye karışmayan halis Müslümanlığıyla 'ideolojik cemaat İslamı'nı yalvarırım artık ayırt edin.

'İdeolojik cemaat İslamı' 1960'larda Ortadoğu'da kurulmuş yeni bir dindir, bin yılların İslamı'yla, kültürüyle, medeniyetiyle, tarihiyle hiç alakası yoktur.

Bugün olup bitenler Türkiye halkının bir 'ideolojik cemaat

İslamı'yla artık ve asla yan yana yaşayamayacağını sert bir şekilde ortaya koymuştur; ya bu ideolojik cemaat dini değişecek, ya da bu ideolojik cemaat dini siyasetten uzaklaştırılacak, başka yol yok.

2. Çok tehlikeli günlerden geçiyoruz, cümlelerimizi noktalarla değil dualarla kesip devam etmek zorundayız, yandaş medya kendi kitlelerine biz yüzde elliyiz, biz her şeyiz, bize bunu yapamazlar diye gaz vermeye devam ediyor. Kendi kitlelerinin haletiruhiyelerini galeyanvari yere sürüklüyorlar, kardeşlerim sakin olun.

Son altı-yedi yıl içinde binlerce aydını, askeri, sivil sözcüyü haksız hukuksuzca içeri tıktınız ve hâlâ elinizde bir belgeniz yok. Bu kadar ağır saldırıya uğramış kitlelerden tek kişi bu süreç içinde kalkıp tek bir taş attı mı size?

TV'ler basıldı, askerler aşağılandı, her türlü iftira kol gezdi, bir tek kişi çıkıp hukuk dışı bir eylemde bulundu mu?

Tüm tarihimizin en büyük ve haksız operasyonları karşısında milyonlarca insan sadece hukuk yolunu aradı, bu süreçte önlerine avukatları ve dışarda kalmış birkaç yazarını koyup, hukuk ve insanlık kavgası verdi.

Tarihlerin bu en uydurma iftiraları karşısında insanlar hâlâ içerde yatıyor, hukuk dışına taşan tek kişi gördünüz mü?

MHP'den CHP'ye, partilerin yatak odalarına kadar operasyonlar yapıldı, tek bir kişi kalkıp bu ağır, kalleş saldırılara rağmen hukuk çizgisinden taştı mı?

Hayır, aksine, AKP'nin casus savcı dinleme operasyonlarıyla tam gaz operasyonları karşısında acı çeken, kahrolan milyonlarca insan bu süreç içinde tarihlerde eşi görülmedik bir olgunluk gösterdi, sadece avukatlar konuştu, sadece yazılar yazdılar.

Bana sorarsınız bu iftiraya uğramış kitlelerin olgunluğu yeni ve çok güçlü bir Türkiye inşa etmiştir.

Şimdi başbakanından yandaş yazarına bir protesto gösterisi karşısında kitleleri hemen halk savaşına hazırlayan bir deliliğin içinden konuşuyorlar.

Altı yıldır yaptığınız kalleş tezgâhlar, dümenler, dinlemeler, baskınlar karşısında bizler bu sütunlarda yalnız yazı mı yazdık sanıyorsunuz, ağzımızın içine bakan kitleleri ayakta, dışarda kalan bütün arkadaşlarımızı 'hukuk' çizgisinde tutmak için büyük kavga verdik, açın geriye doğru ilk günden beri bir daha okuyun yazılarımızı.

Bizler en alçak saldırılar karşısında bile toplumsal ve insanlık sorumluluklarımızı yerine getirdik, bu akıl almaz operasyon süreçlerinde tek kişinin hukuk dışına çıkmaması için mücadele verdik, şimdi sıra sizde, kendi konuştuğunuz kitlelere geri çekilmeyi de, erken seçimi de, siyasi seçenekleri de, düşünmeyi de, taviz vermeyi de, katılımcı demokrasiyi de artık neyse birlikte yaşamanın sosyal kültürünü hazmetmeyi öğretmeye çalışacaksınız.

Kitleleri tahrik için Türk bayrağını dahi suç unsuru saydınız, kalkıp size taş atan çıktı mı?

Tayyip Bey'in Suriye Savaşı'na girmesine biz engel olamadık, Tayyip Bey'in şimdi kendi halkına savaş açmasına sizler engel olunuz, toplumsal sorumluluk ve medeniyet kültürü şimdi hepinizden 'hazmetme' bekliyor.

Türkiye Bu Sarin Gazının Altından Kalkamaz

3. Bu arada güme gitmesin, ülkemiz içindeki El-Kaide hücre evinde sarin gazı bulundu, Rusya açıklama istiyor. Bana sorarsınız Türkiye bu sarin gazı olayının altından kalkamaz, belki de 'sarin gazı' ortaya çıktıktan sonra Avrupalılar Tayyip'le ipleri kopartmaya çalışıyordur.

Sarin gazının topraklarımızda ve iktidarın ilişki içinde yönlendirdiği El Kaide'de bulunmuş olması, bilinen tarihler içinde Türkiye Devleti'nin en büyük, en affedilmez suçudur.

Dünyalılar bu suçun faturasını Türkiye'ye çok ağır ödetecektir, unutmayın, hesap sorma, mahkeme etme, diplomatik süreçler yavaş gelişir ama sonucunda Kuzey Kore'den daha vahim bir dışlanmanın içinde bulursunuz kendinizi.

Unutmayın, aslan, avının tereddütlü olduğunu görünce etrafında sabırla döner, Rusya sarin gazı olayında Türkiye'nin etrafında dönmeye başlamıştır.

Ve Türkiye'nin El Kaide'yle sinsi ilişkileri deşifre olmuştur, dış politikamız yara almış ve hızını, çevikliğini kaybetmiş, savaş politikamız yaralı bir yılanın hüznünü yaşamaya başlamıştır.

4. Siyasi tarih bize büyük sosyal olaylar karşısında hükümetlerin birkaç yola başvurduğunu gösterir. Birincisi, günah keçisi bulmaktır, hükümetimizin alışkanlığı günah keçisi olarak sık sık CHP'yi göstermektir ancak bu gösterilerde bir günah keçisi bulamayınca bocalamaya başladı.

Olsun, hükümetlerin sosyal olaylar karşısında ikinci bir yöntemi daha vardır, o da 'Gözde'nin düşürülmesidir, yani Başbakan en yakınındakilerden birkaç kişiyi feda ederek toplumun gazını alır. Gördüğüm kadarıyla Başbakanımızın gözdeleri harbi gözdeymiş, hiçbirine kıyamıyor. O 'GÖZDE'lerin hepsine helal olsun, yerlerini nasıl sağlamlaştırmışlar, ülke nerdeyse içsavaşa sürükleniyor, sokaklarda sökülmedik kaldırım taşı kalmadı ama onlar zırnık yerinden kımıldamıyor.

Bu İşlerin Sonunda Ne mi Olur?

5. İşte borsa sallandı, tırmanacak felaketlerin habercisi, bu işlerin sonunda ne mi olur?

Bir kedi (AKP), bir maymun (cemaat), bir de fare (seçmen) bir kır evine girmişler. Kır evinin ortasında bir soba varmış, sahibi sobayı sıcak yanar vaziyette unutup gitmiş.

Sobanın üstünde kestaneler kızarıyormuş. Kedi, patileriyle kızaran kestaneleri dikkatlice yere düşürüp düşürüp yemiş. Maymun, uzun tırnaklarıyla eli yanmadan kestaneler çekip çekip yere düşürüp yemiş.

Fare aşağıdan bağırmış, "Bana da, bana da."

Hem kedi hem maymun, "Sana da vereceğiz ama bekle soba soğusun, bak biz yiyoruz ama elimiz yana yana," demiş.

Kediyle maymun bütün kestaneleri yemiş, derken, evin sahibi içeri girince hepsi kaçışmış.

Bu muhteşem tarihlerin görmediği 'kestane ziyafetinden' sonra sadece FARE aç kalmış.

6. Aptallar Ergenekon, Balyoz, dinleme, casus, tezgâh operasyonlarında akıllıların başına taş attılar, akıllılar 'hukuk'tan taşmadı; dövdüler, içeri tıktılar, akıllılar avukatları dışında konuşmadılar.

Aptallar, ne güzel başlarını kırıyoruz sesleri çıkmıyor, dediler. Sonra ÖSS soruları çalındı, hesap veren olmadı, soruşturan olmadı. Aptallar sınav sorularını çalarak, soruşturmayarak bu sefer 18-20 yaşındaki çocukların başlarına taş attılar. Çocuklar anne babalarına, anne, baba bir şey yapın, sınav soruları çalınıyor diye bağırdılar, çocuklar anne babaların çaresizce hiçbir şey yapamadıklarını gördü, her şeylerini hazırlayan hayatın direkleri gibi sağlam olan anne babaların bu çaresizliği, çocukları çok düşündürttü, çok derinlere soktu, işte kızılca kıyamet o zaman koptu.

7. 19. yüzyılın ŞARLATAN satıcıları meşhurdur, *Teksas* ve *Redkit* kitaplarında görmüşsünüzdür, biz de küçükken bu satıcıların kalabalığı toplayıp yalandan şeyleri sattıklarına çok şahit olduk. Bir adam eski bir arabanın üstüne çıkar, halkı etrafına toplar, eline içi sıvı dolu küçük bir şişe alır, bu şişe var ya bir günde kellerin saçını çıkarıyor. Başka bir gün elinde küçük bir şişe ile çıkar, bu şişeden içenler sabah akşam kudururcasına enerjik olurlar.

Şarlatanların tek şansı, sattıkları 'mal' henüz test edilmeden kasabayı terk edecek olmaları, hileleri de zaten bu kaçış planı üzerine kuruludur. Şişeyi satanlar, şişe denenmeden sıvışırlar.

Türkiye'de 90'lı yıllardan beri liberal gestapo aydınlar, tıpkı bu şarlatanlar gibi ekran arabalarının üstüne çıktılar, otuz yıldır özgürlük bu, demokrasi bu diye garip sıvılar sattılar.

Türkiye halkı bu özgürlük, demokrasi sıvılarını test edene kadar 'ideolojik cemaat İslamı' iktidar oldu ve garip sıvıyı hiç test edemeden bir diktatörlüğün pençelerine düştük.

Bu özgürlük, demokrasi değil, şarlatanların sattığı 'BOYALI SU'dur.

Ekranlardan size otuz yıldır boyalı su satıp yalılarından ahkâm kestiler.

Şu gezi parkında, kaldırım taşları üstünde tezgâh açmış Gezi Anısı diye birçok şeyi sergiliyorlar, asıl oraya, bir boyalı su şişesi koyun, üstüne liberal özgürlükler, yazın.

8. Bir lafım da Taha Akyol Bey'e. Ergenekon, Balyoz sürecinde bu kadar hukuksuzluğu bile kılıfına uydurmayı becerdi ya, helal olsun.

Ama şimdi sosyal olaylar karşısında aynı becerikliliği gösteremiyor, bocalıyor. Bence artık yoruldunuz Taha Bey, dinlenin biraz. Bu işler 'saray hilelerinden' çoktan çıktı, vaziyeti anlayın.

Çin hükümdarı Chao'nun bir 'taç koruyucusu' varmış, adamın tek işi kralın tacını korumakmış. Birgün hükümdar bahçede uyurken, taç koruyucusu, hükümdara yaranmak için üstüne bir palto örtmüş. Hükümdar uyandığında, "Üstüme bu paltoyu kim örttü," demiş. Taç koruyucusunu getirmişler. Hükümdar, "Senin işin 'taç koruyuculuğu' başka işlere karışma," deyip adamı idam ettirmiş.

Sizin işiniz 'taç koruyuculuğu' Taha Bey, fazladan zahmetlere girmeyin.

9. Şöyle diyorlar, Tayyip Erdoğan bu kadar kötü de on yıldır nasıl iktidar oluyor?

Çok kolay, bir gün karga koyunun üstüne çıkmış, sırtını gagalayıp derisini cimcik cimcik kopartıyormuş. Koyun, "Yahu kardeş, gücün bana mı yetiyor, gidip şurada köpeklerin, kartalların üstüne konsana," demiş.

Karga, "Kardeşim, ben güçlülerden kaçar zayıfların üstüne çıkarım, bu yüzden yüzyıl kadar uzun yaşarım," diye cevap vermiş.

10. Davutoğlu Bey, iki hafta önce AB'nin Özgür Sıçanlar Ordusu'na silah vermek için üye ülkeleri kararlarında serbest bıraktığını duyunca çok sevinmişti. Şimdi Nasrallah ve Suriye Ordusu, Kuseyri'yi ele geçirdi, sevinci kursağında kaldı.

Bir de Avrupa bize niye iyilik etsin ya da Avrupa'nın bize iyilik ettiğini hiç gördünüz mü?

Çin hükümdarı çok sevdiği yalaka veziriyle bahçede yürüyormuş, yalaka veziri bir şeftaliyi dalından kopartıp salya sümük dişlemiş ve sonra yarım kalan şeftalisini hükümdarına ikram etmiş.

Hükümdar, "Demek beni salyalarından daha çok seviyorsun," demiş.

Avrupa salyalarının tadından vazgeçer mi?

11. Ey yandaşlar, yıllar önce anlatmış olmalıyım size.

Engizisyon kilisesi bir adamı yakar, tarlasını bahçesini elinden alıp talan eder. Kimsesi kalmaz. Talan edilmiş bahçesinde yıkılmış bir ceviz ağacı kalır. Aradan yıllar geçer. Tıpkı bugünkü Gezi Parkı Direnişleri gibi bir fırtına eser.

Fırtına yıkılmış ağaçtan bir cevizi alır ve kilisenin çatısına uçurur. O ceviz sağlam, kurşundan kilise çatısında bir çatlağa yerleşir. Yağmur yağar ceviz filizlenir. Yıllar geçer ceviz büyür büyür ve çatlağı büyütür. Ceviz o kadar büyür ki çatlak çatıyı çatırdatır, çatlak büyür, çatı ortadan ikiye yarılır.

Bir ceviz, kiliseyi yıkar.

Çatınıza ceviz tohumu düştü, bu tohumlar acımasız kalleş casuslarla, tezgâhlarla, dinlemelerle, iftiralarla, ithamlarla kurulmuş KİLİSENİZİ yıkacak.

12. Kimse bizden endişe etmesin, biz, o kadar filmi niye seyrettik, o kadar müziği niye dinledik, o kadar romanı niye okuduk sanıyorsunuz, öyle hayalperest bir kuşağız ki.

Herkesin, her şeyin bizi aldatmasına, kazıklamasına fazlasıyla yetecek, dayanacak kadar çok hayal depoladık.

7 Haziran 2013

DEVRİM ASLA TARTIŞMAZ

1. Çok paniklediler çok.

2. Sosyal analizimiz: Olup bitenler batı türü bir isyan.

3. Nihayet ve ilk defa bütün muhalefet Rus Matruşka bebekleri gibi aynı kutunun içine girdi, olmayacak bir şey oldu.

4. Kitleler nihayet karmaşık fikirlerden, manipüle tartışmalardan fikirlerini temizleyip pakladı. Bu olaylar Türkiye'de 'fikirleri hafifletti'. Ortada herkesin birleştiği basit ve yalın, hafif, tüy gibi bir fikir var: BASKI İSTEMİYORUZ...

Binlerce ayrı fikir bir cümle, bir slogan kadar küçüldüğünde, dev kitleler işte o zaman ortaya çıkar.

5. Devrim, bir treni kelebek gibi uçurur, bombayla değil, imeceyle.

6. Gezi Parkı eylemleri başlarken Türkiye'de dört büyük takım vardı, belki yine vardır, ama şimdi İKİ BÜYÜK taraftar var: Beşiktaş-Fenerbahçe.

7. Fransız İhtilali günlerini okuyor gibiyiz, bugün itibarıyla, on yıldır gazladıkları ve yemlendikleri liderlerini bir gün içinde, evet bir günde terk eden gestapo liberaller, bugüne kadar iktidarı bir nebzecik eleştirebilme cesareti ve basireti gösterselerdi, şimdi, 360 derecelik, insanlığı utandıran dönüşleriyle tarih sahnesinde bir daha rezil olmazlardı.

8. 19. ve 20. yüzyılda devletin polisi, trafiği keser, demiryolları hatlarına hâkim olurdu, şimdi tweet başka şey, demiryolu hattı değil ki indirip vagonları boşaltsın.

9. Artık Türkiye'de yeni bir 'paradigma' var, eski mezhep,

din, dil tartışmalarını da çözüp aşan yepyeni bir 'paradigma'. Ütopyaların devrim gemisi ufukta görülmüştür, sahile yanaşması on yıllar sürer. Gelir mi, gelmez mi, ne zaman gelir bilemeyiz ama hiç kimse GÖRMEDİĞİNİ söyleyemez. Bir şehir, bir ülke toplanıp sahilde peşine düştük.

10. Keşiş eşeğine binmiş cemaat savcıları, tanıdınız mı Türkiye kimdir, nedir, bu ülkeyi tıkayan iftira ve ithamlarla iddianameler yazıp yüzlerce insanı hukuksuz bırakan sizlersiniz, şimdi bu kör sokak düğümünü açacak olan da sizlersiniz. Tutuksuz yargılanmak üzere Silivri, Hasdal, Hadımköy'de kim varsa bırakın, yoksa az kaldı, o çekip gitti denilen atların nalları, birkaç aya kalmaz suratlarınıza çakılacak.

Yani 'yumuşak iniş'ten başka şansınız kalmadı, ki şahsi tahminim bu hafta ortasında Cemil Çiçek ve Bülent Arınç etrafında, Tayyip Bey'e karşı sürpriz çıkışlar bekleniyor, cemaatin de fikri budur, hepten yok olmaktansa hiç değilse meclisin geleceğinde de tutunabilecek, kendilerini koruyacak bir siyasi güç.

11. Bu işin arkasında 'faiz lobisi' var diye bir yaygara kopartılıyor, ne demek istiyorlar, çok da anlamış değilim ama hepsine buradan meydan okuyarak söylüyorum:

Hepiniz bu ülkede yıllardır bir SAVAŞ LOBİSİ kurmadınız mı, tutuklamalar, gazetelerinizi, maaşlarınızı finanse edenler, halkı susturanlar, hepsi SAVAŞ LOBİSİ'nin marifeti değil mi?

Anladığım şu, SAVAŞ LOBİNİZE bugüne kadar inananlar şimdi SAVAŞINIZIN KAZANAMAYACAĞINI ANLAYIP paracıklarını garantiye almak istiyor.

Meydan okumam şu, Suriye Savaşı'nı bitirdiğinizi özürle açıklayın, o gestapo liberallerden daha hızlı döner, ülkem adına o faiz lobisi neyse, sizden çok karşı dururum.

12. Amerika işte budur, son yedi aydır Halk TV'de defalarca dile getirdim, Amerika size ve savcılarınıza önce Irak Savaşı'na girmedi diye Türk ordusunu tutuklattırıp içeri attırır, sonra Güneydoğu'da bu halkın asla hazmedemeyeceği gizli bölücü

antlaşmalara sokar, sonra sonu belirsiz Suriye Savaşı'nın ta içine kadar getirip bırakır.

Yani safha safha, adım adım sizleri uçurumun kenarına kadar getirip aşağı bıraktı, şu an bir eliniz Amerika'da ama ayaklarınız boşlukta çırpınıyorsunuz, Amerika'ya AB'ye yalvara yalvara, yakara yakara korkunç *kurtarın beni* çığlıklarını atıyorsunuz.

Amerika sizi Müslümanları öldüren bu akıl almaz savaşın içine sokarken, şimdi gösterilerin arkasında yabancı lobiler arayan yazarların hangisi bu savaşa karşı tek satır yazı yazdı?

Unutma Türkiye! Tayyip Bey Gezi Parkı'na değil, Suriye Çölü'ne gömüldü.

13. Başbakan yurtdışındayken Türkiye'de sorun yok. Olaylar, Başbakan Türkiye'ye gelince başlıyor. Hatta insanlar yumuşayıp sakinleşip evine dönüyor, Başbakan kürsüye çıkınca tekrar sokaklara iniyorlar.

Duyar mı beni bilmem, ey Hindistan Başbakanı, yalvarırım bizim Tayyip Bey'i acilen üç günlük ziyarete çağırın, ülkemiz üç gün olsun nefes alsın.

14. Davutoğlu, ABD ve AB'yi savaşı kazanacağına nasıl ikna etmeye çalıştı?

Bir zamanlar doğuyla ticarette Avrupa'nın en çok kazanıp zenginleşen Venedik'in ekonomisi çökmüş. Bir şarlatan çıkmış ortaya. Simyacı, değersiz madenlerden altın yapıyormuş.

Adamın ünü duyulunca şehre çağırmışlar, adam zengin olmuş. Adama etrafında köpekleri ile bir villa tahsis edilmiş.

Sonra adama, "Hadi artık yedin, içtin, zenginleştin, şimdi altın yap bize," demişler.

Şarlatan, "Ben altın yapılacak madenleri darphaneye verdim, ancak yedi yıl beklemesi lazım, şimdi açarsak bozulur," diye açıklama yapmış.

Şehrin yüzde ellisi, "Yedi yıl bekleyip zengin olalım," demiş. Şehrin diğer yüzde ellisi, "Bu şarlatan, yedi yıl daha villasında yiyip içecek, düpedüz bizi kandırıyor," demiş.

15. Üçüncü köprünün adını Mississippi koyalım, egzotik, uzak bir isim olur, en azından hava değişir, kafa rahatlatır.

16. Her şey Kaddafi'nin öldürülmesiyle başladı. Tayyip Bey o güne kadar başka dil kullanıyordu ama orada fikirleri değişti, bunu ben de yapabilirim, dedi ve Suriye'yle savaşa girdi.

Aslan, bir keçinin peşine düşer, keçi çeviklikle uçurumlu dar kayalıklarda zıplayarak kaçar. Aslan keçinin dar, uçurumlu, tehlikeli kayalıklarından tırsar geri döner.

Tam o sıra tilki gelip, "Aslan kardeş, sen aslansın, keçinin yaptığını sen de yaparsın, hadi," der.

Aslan, keçinin peşinden tehlike dolu kayalıklara koşar, (El Kaide, sarin gazları, vs.) uçuruma düşerek parçalanır.

Çık ve Türkiye halkına, bu uçuruma sen mi heves ettin yoksa hangi tilkinin yalanına kandın, anlat.

17. Tayyip Bey, keşiş eşeğine binmiş savcılarıyla sindirmeye çalıştı, olmadı. Tayyip Bey Özgür Sıçanlar Ordusu'yla büyük zaferler kazanmak istedi, olmadı. Tayyip Bey, polisiyle sindirmeye çalıştı, olmadı. Tayyip Bey işadamlarını korkutup, sindirip, cezalandırmaya çalıştı, olmadı ve sonunda çok konuşulan meseldeki gibi Kürt Memet yine nöbete. Yani?

Şimdi Tayyip Bey, saf, temiz, dünyadan habersiz Anadolu çocuklarını devreye sokuyor, karşı gösterileri bastırmaları için. Zaten bu saf, temiz, habersiz kitleler yetmiş yıldır Türkiye Sağı'nın 'hazır mangaları'dır, açın darbe önceleri ve sonralarını kimler devreye sokmadı ki?

Tayyip Bey, bir lider için ağırbaşlılık Hilton'da iftar ziyafetinde değil, bugünlerde lazım.

18. Şu Habertürk'ün yayınları, yıllarca halkla nasıl eğlendiler, nasıl acımasızca Türkiye'yle dalgalarını geçtiler. Oysa pekâlâ bir 'iktidarın' ağırlığıyla daha edepli bir tartışma üslubu bulabilirlerdi. Halkın canı yandı, onlar bu canı yanan halkı keşiş eşeğine binmiş savcılara dövdürttüler. Yetmedi, bir de 'yetmez ama evet'çi tayfasıyla güya halkla dalgalarını geçtiler, iktidarın

kırbacıyla her gece kitleleri kırbaçlamayı çok abarttılar çok.

Yunan kralı, kızını evlendirmek için bir yıl süren bir damat bulma yarışı başlatır. Yüzlerce adayı bir yıl boyunca tanıma şansı bulur, sadece güreş ve koşularda değil, yemek yemelerine, nezaketlerine, insanlıklarına, her şeylerine dikkat eder.

Sonunda içlerinden biriyle kızını evlendirir.

Ve düğün gecesi içkiler içilir, dans başlar.

O da ne, damat elleri üstüne amuda kalkıp masalar üstünde ayakları havada tempo tutar.

Kral ayaklarıyla tempo tutan damadı hemen kovup kızını boşar.

Hikâye bize şunu anlatır, asalet diye bir şey var, ölçüsüzlük, yakışıksız sevinçler, hepsi bir yere kadar.

Başta Fatih Altaylı Bey'den, Balçiçek Hanım'a kadar hepsi, insanlar haksızca tutuklanıp içeri tıkıldıkça ekranlarda amuda kalkıp ayaklarıyla tempo tuttular.

Bilmem bu yayınların kayıtlarını Türk halkının zihninden nasıl silecekler?

19. Sosyal psikoloji bize doğruyu öğretmiş, büyük eserler en sıcak, en trajik anlarda ortaya çıkar, son on yılın en güzel iki parçası bugünlerde izlenme rekoru kırıyor, birisi Kardeş Türküler'in *Tencere Tava Havası*, diğeri sadece ritimle söylenen *Dağılın Lan* türküsü.

20. AKP'liler bakanlık tabelalarından indirdikleri Türk Bayraklarına ne çabuk sarıldı?

Türk sağının son altmış yıldır her naneyi yiyip pisliklerini yine 'bayrakla' örtmeye çalışmalarına yine şahit olduk.

Liderlerini karşılayan kitlelerin elinde o kadar Türk Bayrağı vardı ki, keşiş eşeğine binmiş savcıların derhal Cumhuriyet Mitingi düzenlemekten içeri tıkması lazım, başta Melih Gökçek'in.

21. Mersin'de ve Ankara'da peş peşe düzenlenen dört miting, Tayyip Bey'in sonunu hazırladı. An itibarıyla Türkiye

karasularında Tayyip'ten umudunu tam anlamıyla kesmemiş tek bir yazar, sanatçı, liberal kalmadı.

Şunu da unutmayalım, sık sık sağ partilere oy veren kitleleri 'cahil, okumamış' diye nitelendiririz, bu genel anlamıyla doğru ama bu cahil, okumamış sıfatları, aşağılayan şekilde anlaşılıyor. Doğrusu dikkatli sıfatlar bulmadığımız için. Bu kitleler için 'habersiz' ya da 'bilgisiz bırakılmış' gibi başka tür sıfatlar bulabilmeliyiz.

Çünkü cahildir ama saftır, temizdir, dünya güzelidir, onu cahil yapan bu toprakların siyaseti ve sosyolojisidir.

Hepimizin 'habersiz' bırakılan bu kitleleri çok iyi tanımamız gerekirdi. Ancak onları asıl aşağılayan AKP oldu ve onları 'makarnacı' yapıverdi.

Bu kitleler Türkiye'nin güzelliğidir, inanan, samimi, temiz, eşsiz masumlukta insanlardır ancak kötü ve yandaş TV'ler bu insanların 'bilgisiz' ve 'habersiz' kalması için yıllardır insanlık dışı bir mücadele verdi.

Bu insanları tek tek tanıdığınızda Gezi Parkı'ndaki gençler gibi insanlık ve ülke sevgileri, hepsinin aynı kardeşlik ve barış duygusunda olduğunu görürsünüz.

Ancak, Gezi Parkı'nın barışçılığının farkı şu, Gezi Parkı'nı isteseniz de provoke edemez, çatışmaya süremezsiniz.

Bu masum, saf, habersiz kitleleri ise Tayyip Bey'in şimdi kullandığı dil birkaç yıl içinde ajite edebilir ve tarihlerin en korkunç kan davası ve kıyımının önünü açabilir.

Bu saf kitlelerin liderlerine ve güya devletlerine bağlılıklarını, böyle zamanlarda siyasiler kullanabilir. Ki Tayyip Bey'in yaptığı budur. İçimizde yoksulluğun, sosyal hayatın en ağır darbelerini almış bu habersiz kitleleri kışkırtmak için delilik ötesi konuşmalar yapılıyor.

Siyasetin en tehlikeli sınırı da burasıdır. Bu saf, temiz, masum, habersiz insanları güya bayrak, güya devlet elden gidiyor, güya düşmanlar, kâfirler bize saldırıyor diye ajite edip, kudurtup sokaklara salmak, bu bir günde olmaz ama olaylar birkaç ay böyle gitsin, kuzu gibi kedi gibi sakin insanlar çakala sırtlana dönüşür.

22. Daha önce çokça dile getirmiştim, AKP'nin en zayıf tarafı 12 Eylül görmemiş olmasıdır.

12 Eylül görmüş sağcı ve solcular kullanılan dilin, bir arada yaşamanın, sokak kavgasının, kardeş kanının, bilinmeyen güçlerin, ajitenin, oyuna gelmenin ve en önemlisi, kitleleri galeyana getirmenin ne olduğu konusunda yüksek tecrübelere sahiptir. Türkiye bugüne kadar doğudaki olaylara rağmen bir içsavaş yaşamamışsa, bu, 12 Eylül'den ders çıkartmış sağcı-solcuların 'bilgeliğiyle' olmuştur.

Ancak AKP 12 Eylül psikolojisi bilmez. Çünkü yaşamadı. AKP'nin aşil topuğu 12 Eylül tecrübesizliğidir ve Tayyip Bey'in dünkü konuşmalarından çıkan netice de budur, Tayyip Bey, 12 Eylül nedir hiç bilmiyor, hiç...

23. Kardeşlerim unutmayın, Amerika'yı Vietnam'dan geri çektiren Amerikan halkıdır, savaşa karşı protestolarda yüz binlerce, evet yüz binlerce insan gözaltına alındı, Amerika bu halk direnişini durduramayacağını anladı ve büyük zararları göze alarak geri çekildi. Irak'tan çekilişi de buna benzer olmuştur, halk Bush'un savaş yalanlarından bıktı ve Obama, geri çekilme sözü vererek iktidar oldu.

İlk günden beri söylüyorum, Türkiye'yi savaştan geri adım attıracak güç, sadece 'Halk'tır, sanırım bu soylu, bu büyük insanlık görevini Türkiye yerine getiriyor.

Tek çaremiz kalmıştı, bilgili, okumuş, kültürlü kesimler bu Savaş Lobisi'ne dur demeliydi, dedi ve hem Arap kardeşlerimize hem insanlığa karşı olanlara, tarihlerin yazacağı bir insanlık sesi yükselttik.

Göbbels, 1943'te Alman halkına konuşurken kitleye bağırır: "Savaşı istiyor musunuz?"

Kitle: "Evet," der.

Ancak sosyal psikologlar, Göbbels'in kitleye topluca değil tek tek sorması halinde 'hayır' cevabı alacağını söylüyor. Tayyip Bey'in yüzde elli demesinin bir anlamı da bu, yüzde elli savaşı onaylıyor demek istiyor. Türkiye'nin yüzde ellisi asla savaş istemiyor; Tayyip Bey hâlâ kendi kitlesini ahmak, öküz, sığır yerine koyuyor.

24. Adamın biri hocaya gelmiş, "Hocam, köpek ısırmasına karşı bir Arapça dua varmış biliyor musunuz?" diye sormuş.

Hoca: "Evlat, köpekler Arapça bilmediği için Allah onların duasını sopanın ucuna yazmış, bu yüzden Allah'ın sopası derler," diye açıklamış.

AKP'nin kemikleri nihayet Allah'ın şimşir sopasıyla tanışıyor.

25. Uçaklarda yardımcı pilotlar, kaptan pilot hata yaptığında devreye girer. Ancak kaptan pilot otoriterdir ve kaptana müdahalede gecikirler. Bu yüzden sonra sonra yardımcı pilotları yeniden eğitmeye başladılar. Otoriteyi ipleme ve hemen müdahale et, eğitimiydi bu.

Yardımcı pilot eğitimi insan eğitimidir, her alanda otoriteye karşı dur, insansın.

Ancak gördük ki AKP içinden tek bir yardımcı pilot, tek bir insan bulamıyoruz.

Ve gördük ki bu yüzden HALK ACİLEN YARDIMCI PİLOT KOLTUĞUNA gün itibarıyla oturmuştur.

26. Yazarlık hayatım 'sağ kültürün' eleştirisiyle geçti. Bir daha, sağcılık nedir:

Sihirbazlar sizi sahneye çıkartır, vücudunuzun başka yerini sıkarak beyniniz ve dikkatiniz o yöne yoğunlaştığında kolunuzdan saati çalarlar. Yani sihirbaz sol kolunuzdaki saati çalmak için sağ kolunuzu sıkar...

Menderes'ler, Özal'lar, Tansu'lar, Demirel'ler ve nihayet Tayyip'ler, ülke baskıları, diktatör uygulamaları konuşuyor, ancak Tayyip Bey kürsüde yine 'devlet', 'bayrak', 'vatan' diyerek kitlelerin diğer koluna baskı uyguluyor, yine zamanlarını, hayatlarını, akıllarını çalmak için.

27. Amerika ve AB, Tayyip Bey'i nasıl avladı?

Şöyle. Eski asansörler içinde aç-kapa düğmeleri önceleri süsmüş, içerdeki insana güven vermek için, yani korkmayın aç düğmesi var, açarsınız algısı için. Bugünkü asansörlerde bu düğme nihayet çalışıyor ama ilk örneklerinde 'süs'tü, 'güven' için konulmuştu.

Tayyip Bey savaş asansöründe aç-kapa düğmelerinin kendi elinde olduğunu sandı, asansöre bindi ve gördü ki aç-kapa düğmeleri çalışmıyor ya da başkalarının elinde.

Tayyip Bey savaş asansöründe sıkıştı kaldı.

Tayyip Bey, sizi ve ülkeyi o asansörden ancak halk çıkartır.

Savaş budur Tayyip Bey, savaşta emniyet sübapları çalışmaz.

28. HER ŞEY ORTALAMASINA GERİ DÖNER.

Bugün olan budur. Havalar çok ısınır, çok soğur sonra ortalamasına geri döner, ekonomi çok ısınır, çok şişer sonra ortalamasına geri döner.

ANAP ortalama üstündeydi ortalamasına geri döndü. AKP de nihayet ortalamasına geri dönüyor.

Ey siyaset bilimciler, ey sosyologlar, Türkiye'nin ortalamasını tayin eden yetişmiş insan gücüdür, öğretmen, mühendis, doktor, avukat. Bu güç büyük ölçeklerde inmez ve büyük ölçeklerde çıkmaz, istatistiksel sosyal hesaplarınız hep aniden çıkan aniden inenler üzerine, oysa her hesabın değişmez gücü, değişmeyen ana damardır.

29. Tayyip Bey hâlâ niye diretiyor?

Sırtlanlar leşin başına henüz geldiğinde onları kovaladığınızda kaçıp gidebilirler.

Ancak sırtlanlar leşin başında leşten bir parça ağızlarına atmışlarsa, o parçanın tadını almışlarsa, istediğiniz kadar sopalayın ölümüne savaşırlar.

Buna 'kapma iştahı', 'tatma iştahı' diyoruz.

Bir de şu ki, Tayyip Bey'in siyasetine uyan da budur: Sırtlan, ağzına geçirdiği leş parçasında HAK İDDİA ediyor.

Tayyip Bey'in ülke, devlet, millet, meclis, yasa, iktidar, otorite, her şeye karşı tavrı budur, hepsinden kaptı ve kaptığı her şeyde HAK iddia ediyor.

30. Her yerde Gezi Parkı görselleri, fotoğrafları, videoları yayınlıyor hatta belgeseli yapılıyor.

Bence Gezi Parkı'nı en iyi anlatan fotoğrafı ben dün İslamcı zengin muhafazakârların pahalı cip ve villalarıyla dolu Ankara, İncek'te gördüm: İki lüks cip çarpışmış.

10 Haziran 2013

ŞOV BİTTİ

Ve devlet, halkına savaş ilan etti, emir verildi, 'bitirin işlerini'. Dün akşam Türkiye tüm dünyada, tüm zamanların en çok izlenen ülkesi oldu. Beş-on ülke değil, tüm dünya TV'leri canlı yayınla Türkiye'yi seyretti.

CNN'in meşhur röportajcısı Christiane Amanpour, fonda Taksim'deki savaş görüntüleri, telefonla bağlandığı Başbakan Erdoğan'ın Dışişleri Başdanışmanı İbrahim Kalın'ın Türkiye'deki demokrasiyi övmesine dayanamayıp tek cümleyle röportajı bitirdi: "Şov bitti."

Gezi Parkı Direnişi'nin felsefi hedefi de buydu zaten, dünyalılara bu topraklardaki bitmek bilmeyen 'yalanları' anlatmak.

Dün henüz sabah saatlerinde, Gezi Parkı Direnişi'ne karşı devlet, elindeki polisiye enstrümanlarla devreye girdi, enstrümanlar şunlardı, ajan kullanıp molotof attırmak, tabii ki hiçbir dünyalı bu numarayı yemedi ve sadece Türkiye değil, dünyalılar devletin bu tiyatrosunu anında görüp dalgasını geçti. İkinci enstrüman 'yetmez ama evet'çileri devreye sokup Gezi Parkı Direnişi'ni içerden bölmek. Üçüncü enstrüman, Güneydoğu süreci güme gidiyor deyip hiç değilse gestapo liberalleri tekrar yanına almak.

Ve devletin başını çekenler halka yalan söyledi, güne 'savaş hileleriyle' başladılar, sabah şirin, sevimli tweetler atılıp kalabalıklar Taksim Meydanı'na çekilip, sonra aynı yetkililer isim bulamıyorum Falconetti'ye dönüştü.

Manzara şudur, 'devletin gaz bombalarından başka şansı kalmamıştır'. Oysa gaz bombalarıyla, evet doğrudur, binlerce hatta on binlerce insanı sindirebilirsiniz ama gaz bombalarının yıldırıcı gücüyle milyonları sindiremezsiniz.

Devletin anlamadığı da budur, gaz bombalarını hem abartıyor hem de fazlasıyla güveniyor. Kitleler gaz bombalarına karşı çoktan bağışıklık kazandı, gidiyorlar on dakika sonra geliyorlar.

Bir ay sonra gelirler, üç ay sonra gelirler, yarın üniversite hocaları da gelecek, avukatlar da, esnaf da, birkaç aya varmaz büyük sendikalar da, halk da çalışamayacak hale gelecek ya da büyük grevlere, büyük protestolara doğru evrilecek.

Dün akşam belki de yerküre üstünde bir Guinness rekoru kırıldı, herhangi bir ülkede, bir gecede bu kadar çok gaz bombası atıldı mı?

Gaz bombalarıyla yalanlarını saklayacaklarını, sindireceklerini sanacak kadar çaresiz, zavallı kaldılar. Çalınan ÖSS soruları karşısında hukuku devreye soksaydınız şimdi bu kadar çok gaz bombasına ihtiyacınız olur muydu?

Ergenekon, Balyoz ve dinlemeler ve iftira ve ithamlarınız karşısında 'hukuk'u biraz çalıştırsaydınız şimdi bu kadar çok gaz bombasına ihtiyacınız olur muydu?

HES'ten doğa katliamı altın madeni aramalarınıza kadar, kürtajdan rujuna, metrodaki ahlak anonslarından beş yaşındaki çocukların giyiminden AVM'lere kadar toplumu, 'hukuk'u dinleseydiniz şimdi bu kadar gaz bombasına ihtiyacınız kalır mıydı?

Gezi Parkı, dün akşam itibarıyla Gezi Parkı olmaktan çıktı, nerdeyse bütün askerleri şehit olmuş 57. Alay'a doğru ilerliyor.

İnsan onurunu geçemezsiniz, insanca yaşama direnişini geçemezsiniz.

Köleleştiremezsiniz, bu toprakları esaret altına sokamazsınız. ABD, İsrail, El Kaide ve Davutoğlu'yla yürüttüğünüz Savaş Lobisi'nin keyfine göre Türkiye'yi Müslüman öldüren bir ülke haline getiremezsiniz.

Sevgili Devlet, gaz bombalarıyla gideceğiniz yer kalmadı, yalanlarınız ve ajanlarınızla ancak siz rezil olursunuz, oldunuz, yalan ve ajanlarınızı gören daha büyük kitleler çoğalarak karşınıza çıkıyor.

Önümüzde daha yıllar var, yüz, iki yüz hatta üç bin-dört bin kişiyi içeri atarak milyonların direnişini önleyemezsiniz, hâlâ meclis orada, hâlâ siyasi seçenekleriniz var, hâlâ konuşma, görüşme için henüz vakit var...

Gezi Direnişi'nden bugüne attığınız her bomba, bu topraklardaki her insanın ciğerlerinde patlıyor, izleri silinmez, tahribatı tarifsiz, devlete güven yerlerde, bir günde gaddarca yüz avukatı birden tutukluyorsunuz.

Sevgili okuyucu, eşeğin kuyruğu kesilmiş, tutturmuş kesilen kuyruğu bulup yerine takacağım diye. Ahmaklık etme, kesilen kuyruk yerine takılmaz, boşuna çabalama.

Devletimiz, hükümetimiz boşuna kesilen kuyruğu gaz bombalarıyla sindirip yerine takmaya çalışıyor.

Ve eşek inat etmiş, kesilen kuyruğunun peşinde bir bahçeye izinsiz girmiş, bahçıvan eşeği bahçesinde görünce elindeki bahçe makasıyla eşeğin kulaklarını da kesmiş.

Sevgili devlet, dün akşam kulaklarınızı da kestiler.

Nedeni çok basit, o kadar vahşi bir iştahınız var ki her şey benim olacak diyorsunuz.

Gaz bombası siyasetiniz tam da 'pire için yorgan yakmak'.

Sizi daha iyi anlatmak için güzel hikâyeler var, bir maymuna gidin ve avuç dolusu kiraz verin. Maymun kirazları avuçlayıp kaçarken kirazlardan biri düşer, o düşen kirazı almak için eğilirken diğerleri düşer, onları da almaya çalışırken öbürleri de düşer, yani maymun düşen bir kirazı almak için elindeki bütün kirazları düşürür.

Maymun iştahlı bunun için deriz, maymunluk da işte budur, düşen bir kirazın kâr-zarar bilançosunu yapamaz, bir kiraz için hepsini kaybeder.

Koskoca İstanbul'da yemediğiniz, avuçlamadığınız yer kalmadı ve iki ağaç bir park nedir, onu da avuçlayıp kaçırmak isterken, şimdi, elinizdeki bütün kirazları kaybetmek üzeresiniz. Tarihler bir gün içinde atılan sayısız miktarda gaz bombalarına şahit olurken Müslümanlığıyla siyaset yapan iktidar, bir gün içinde rekor sayıda yalan söylüyor, camide içki içilmiş, başörtülüler taciz edilmiş miş miş, bu vahşi kasıtlı yalanların provokatörlüğüyle kurtulabileceklerini sanacak kadar da zavallı insanlar.

Sizi bu kadar çıldırtan duygunun ne olduğunu biliyorum, o kadar yalan söylediniz ki, şimdi hepiniz VAHŞİ BİR YALNIZLIK içindesiniz. Yalanlarınıza birkaç gestapo liberal ve dershanelerde yetiştirdiğiniz masum Anadolu çocukları inanabilir ama Türkiye artık yemiyor.

Artık hepimiz biliyoruz, karşımızda Müslüman kültürden insanlar yok, hatta zekâ, akıl, duyguyla oluşmuş insan yok, vahşi, inatçı, halkıyla boğuşan bir hayvanla karşı karşıyayız, üç ay olur, beş ay olur, bir yıl olur Taksim Meydanı'ndan 'oley oley' seslerinin yükselmesi yakın çok yakın.

12 Haziran 2013

VE TAYYİP YİNE YENİLDİ

Gezi Parkı'na cumartesi akşamı yapılan müdahale sonrası İstanbul, Ankara, İzmir ve onlarca şehir halkı ayağa kalktı. Ankara'da polis, halkın direnişi karşısında hem Kolej hem Çankaya yönünde pes etti ve ilk defa geri çekilmek zorunda kaldı. İstanbul'da pazar sabahı 07:30 itibarıyla polis saldırıyı başlattığı yerde 'sıkışıp' kaldı, köprüyü geçmek isteyen halkı durdurmak için jandarmayı çağırdı, hiçbir ara sokakta göstericilere geri adım attıramadı, polis Taksim'den dışarı çıkamadı. Taksim'e açılan bütün ara sokaklarda sabahın yedi buçuğuna kadar TOMA'lar, Akrepler gidip geldi ancak direnişi bastıramadı. Polis, Gezi Parkı dışında hiçbir yerde ayaklanmalara engel olamadı. Hiçbir yerde göstericileri geriletemedi. Hiçbir sokağı, caddeyi boşaltamadı.

Tarihlerde ilk defa Devlet'in gücü, olayları bastırmaya yetmedi.

Tarihlerin en gelişmiş teknolojisini kullanan polis güçleri annelere, çocuklara, otellere, turistlere, milletvekillerine sabaha kadar vahşice saldırdı. TOMA ve Akrepler, gaz bombaları, halkın direnişi karşısında yorgun düşüp geri çekildi.

Yukarıdaki satırlardan anlaşılacağı üzere sanki bir 'ihtilal günlüğü' içindeyiz.

Ankara Sincan'da akşam saatlerinde Orta Anadolu şehirlerinden otobüslerle ve para verilerek on binler getirildi, bütün Türkiye nefesini tutmuş, Tayyip Erdoğan'ın ne yapacağını bekliyordu, değişen bir şey olmadı, Tayyip Erdoğan yalanlarını sürdürdü, höt zöt diktatörlüğünün hiçbir zaman hazmedip kanıksamayacağımız konuşmalarını yaptı ve büyük halk kalabalıklarını ikinci defa sokağa döktü.

An itibarıyla Tayyip Erdoğan alev renkli pelerinini savurup Türkiye sokaklarına ateş savuruyor, meclis, hukuk, polis, insanlık, her şey Tayyip Erdoğan'ın karanlık gölgesinde kaldı. Ve halk bu karanlık gölgeyi sokak sokak, cadde cadde yırtıyor, Tayyip Erdoğan'ın elinde sadece halkını kudurtan, Türkiye'ye cinnet yaşatan öfkesi ve TOMA'ları, Akrepleri kaldı.

Gün itibarıyla Kazlıçeşme mitinginde, Sincan'daki höt zöt konuşmasını sürdürdüğü takdirde olabilecekleri insan aklı almıyor.

Emniyet güçleri vahşi saldırılarla milyonları durdurabileceğini sanıyor, sandıkça olaylar büyüyor, sandıkça olaylar devletin ve polisin kontrolünden tam anlamıyla çıkıyor.

İktidar her gün kızgın soba gibi alevle harlayan ağzına, beynine delirmişçesine benzin dökmekten çekinmiyor.

Partisinden dahi hiç kimse bu kızgın sobaya dokunamıyor, yanaşamıyor, söz geçiremiyor, laf anlatamıyor ve bu kızgın sobaya dokunamayacağını anlayan yüzlerce AKP'li milletvekili, ülkeyi yakan bu kızgın sobanın altında kediler gibi mışıl mışıl uyumayı tercih ediyor.

Tayyip Erdoğan'ı dünya durduramıyor, Tayyip Erdoğan'ı partisi durduramıyor. Tayyip Erdoğan'ı Cumhurbaşkanı durduramıyor. Tayyip Erdoğan'ı hukuk, adalet durduramıyor. Tayyip Erdoğan'ı kitlesi durduramıyor.

Tayyip Erdoğan'ı tek durduracak güç kaldı, gün itibarıyla gaz bombalarının TOMA'ların, Akreplerin Taksim dışında tek bir sokakta bile geri adım attıramadığı milyonlarca insan, halk...

Tayyip Erdoğan'ı durduramayanlar şimdi kara kara düşünüyor: Sokaklara akan milyonları kim durduracak?

Türkiye bambaşka, bilinmedik, beklenmedik bir yola girdi, elimizde an itibarıyla tek gerçek bilgi kaldı, görünen o ki Tayyip Erdoğan'ı hiçbir hukuk, adalet, hiçbir sorumlu güç durduramıyorsa, Tayyip Erdoğan'ı halk durduracak.

Tayyip Erdoğan'ın halkına savaş ilan ettiği iki büyük saldırı gecesinin sabahında elinde an itibarıyla iki büyük yenilgi var.

Halk üçüncüsünü, dördüncüsünü, yüzüncüsü yaşatmak için kararlı ve tetikte, iki büyük yenilgi almış Tayyip Bey'in Kazlıçeşme konuşmasını bekliyor.

Bakalım Tayyip Erdoğan'ı kim susturacak, halk mı susturacak yoksa hukuk, meclis, Cumhurbaşkanı, devleti aliye, devleti ebedi müddet mi susturacak?

16 Haziran 2013

EŞEĞİN KUYRUĞU KESİLDİ

Gezi Parkı gösterileriyle eşeğin kuyruğu kesilmiştir, şimdi yandaşlar yeniden ekranlarına kurulup panikle 'eşeğin kuyruğunu yerine nasıl koyarız' derdine düşmüştür. Ve hiç ders çıkartmadan yalanlarını, iftiralarını kaldıkları yerden bu şekilde sürdürdükleri takdirde eylül-ekim ayında tıpkı hikâyedeki gibi bu sefer eşeğin kulakları da kesilecek gibi görünüyor.

Fransız İhtilali 1789'da başladı. Marie Antoinette 1793'te idam edildi, bu dört yıl boyunca Marie Antoinette sarayının cennet bahçesinde elmaslarını şıkırdatıp 'sokaktan gürültüler geliyor, birazdan geçer' diye bekledi.

Bir yüzyıl önce Marksizm tarihin yürütücüsü, değiştiricisi, lokomotifi, yani tarihin 'öznesi' olarak işçi sınıfını görüp tarih sahnesine sürdü. Bugün bu özne, tam anlamıyla gelişip zenginleşti ve okumuş, kültürlü, bilgili ve insanlık beklentileri çok yüksek siyasi duyarlılıkları olan yepyeni bir sınıfa doğru evrildi. Dünyalılar bugünden itibaren meydanlardan yola çıkan bu yeni 'özne'nin siyasi maceralarını takip edecek, gücünü anlamaya, teorize etmeye, sahici ütopyalar kurmaya başladı bile.

Bu yepyeni özne, yepyeni bir karışım ve Gezi Olayları'yla çok uzun sürecek büyük insanlık yürüyüşüne başlamıştır, doktorlar, avukatlar, mühendisler, öğrenciler, öğretmenler, emekliler, aklınıza gelen her kesimden insan, artık başka bir tarih yazmak istiyor, tıpkı işçi sınıfının ütopyaları gibi ırk, dil, din demeden herkesi kardeşleyen ama çok zekice ve hesaplanamaz gücüyle yepyeni siyasi, sosyal açılımlarla, yani ezberler bozuluyor, yeni bir literatür yazılıyor.

Mesela şöyle, satranç oyunu bir savaş simülasyonudur, kale, vezir, şah, piyonlar ama en önemlisi karşı bir hamle zorunluluğu. Ne kadar insancıl, barışçıl fikirleriniz olursa olsun satranç masasına bir kere oturduğunuzda kaleyi, veziri, piyonu ve karşı hamleyi kabulleniyorsunuz demektir.

İşte bu yeni 'özne', içinde kale, vezir, şah ve piyonları olan bu satranç oyununu reddediyor ve satranç masasında herhangi bir 'karşı hamle'de bulunmak istemiyor, Gezi Eylemleri'nin Duran Adamı'ndan mizahi çıkışlarına, barışçıl tarzına kadar kendini apaçık gösterdiği en hakiki başlangıç yeri burasıdır.

Henüz iki ay önce Halk TV ekranından Amerikan elçisine seslenmiştim. "Siz bu ülkeyi bir Pakistan, bir Afganistan, bir Irak, bir Ortadoğu ülkesi gibi algılamışsınız, yanılıyorsunuz, bu toprağın yüzde otuzu okumuş, bilgili, kültürlü insanlar ve bu insanların sayısı hiçbir seçimde hiçbir ankette zırnık azalmıyor. Hesabınızı borsa gibi, sıcak havalar gibi inip çıkan, azalıp çoğalan, popülist siyasi değerler üzerine değil, hiç değişmeyen bu geniş kararlı, duyarlı kitleler üzerinden yapmalısınız," diye bir meydan okuma.

Ve henüz bir ay kadar önce de Tayyip Bey'e şöyle seslenmiştik, "Tayyip Bey, bakanlık tabelalarından bayrakları silip atıyorsun, seçim arifesinde göreceğiz seni."

Seçim arifesine kalmadan Gezi Parkı sonrası Tayyip Bey'in ilk işi kendi seçmenine 'bayrak' dağıtmak ve herkesin evine bayrak asması talimatı oldu.

Yetmiş yılın sağ iktidarları için Türk Bayrağı 'seçim bayrağıdır'. Evet, Türk bayrağı yine 'seçmen bayrağı' olarak yine sağcılar tarafından taşınmaya başlanmıştır.

Sihirbazlar sizi sahneye çıkartır ve bir kolunuzu sıkıp baskı uygulayıp, beyninizi bu kolunuza odaklayıp, diğer kolunuzdan saatinizi çalarlar ya, yetmiş yılın sağ iktidarları, dinimize, bayrağımıza hakaret ediliyor, camilerimize saldırı var diye hep aynı sihirbaz oyununu oynayıp halkın özgürlüklerini, ekmeğini; bayrak, peygamber gösterip çalmaya devam ediyorlar.

Değişen bir şey yok, işte halkı dinle, bayrakla oyalayıp kandıran bu tiksindirici tarih değişecek.

Şimdi tanışmakta olduğumuz yeni özne, işte bu satranç masasına oturmak istemiyor, bu satranç masasında kurulan dili, mezhepmiş, ırkmış, etnikmiş, kesinlikle reddediyor ve bu savaşçı, hileci tarihin kapılarını bir daha açmamak üzere sonsuz bir direniş yürüyüşüne başlamıştır, HABERİNİZ OLSUN.

Hepiniz Telaştasınız

Ergenekon'u, Balyoz'u, Odatv'yi geçtim, kürtaj yasağı, beş yaşındaki çocukların giyimi, ÖSS sorularının çalınması, HES'ler, bunları da geçtim, daha iki ay önce Fazıl Say'ı bir cümlesi yüzünden engizisyon mahkemesine aşağılayarak oturtan sizler değil miydiniz?

Ünlü Amerikan romancı Upton Sinclair söyledi, rant sağlayanlara anlatmak mümkün değildir, yine de söyleyelim bu bir 'sokak gürültüsü' değil.

İsrail, Amerika ve Suudlar ve El Kaide'yle keşiş eşeğine binip Müslüman kardeşlerini öldürmek için Suriye'ye savaş açan sizler değil misiniz?

Halen bu savaş lobisini tek satır eleştiren yok aranızda, üstelik hâlâ Lawrence taktiğiyle bir kısım Araplara para vererek Arapları, Araplarla savaştırıyorsunuz.

Direniş, işte bu kanlı, mezhepçi, etnikçi, kışkırtıcı tarih kapanana kadar sürecek.

Dışarıda, orada burada 'lobi' arayan zekânız bütün komiklik ve şarlatanlıklarıyla ebediyen tarihten silinene kadar bu direniş sürecek.

Lobi aramayın, daha kolay anlatayım olup biteni, eski Yunan mitolojisinde Gorgon diye korkunç, çirkin suratlı, saçları yılan olan bir kahraman vardır ve korkunç yüzlü Gorgon aynı zamanda narsistir.

Düşman General, Gorgon'u yenmek için ona kalkan ve kılıcıyla saldırmaz, onun narsistliğini bildiği için kalkanını ayna gibi parlatıp Gorgon'un önüne çıkar. Gorgon aynayı görünce dayanamaz, o aynaya bakarken, General, Gorgon'un kellesini uçurur.

Amerika, secde ettiğiniz liderinize işte tam da böyle bir aynalı kalkan kullandı, lideriniz, aynalı kalkana bakarken, Osmanlı rüyaları kurdu, tahtını çoktan kurup oturdu, öyle sinsi harita pazarlıkları yapacak kadar delirtti ki sizi, Selahattin Demirtaş, "Lazkiye'yi bize verin," bile dedi.

Ayna, insanı köreltir, çünkü kendinize, yüzünüze, egonuza odaklar sizi.

Artık hepiniz telaştasınız, çünkü 'çoban giderse sürü dağılır' diye korkuyorsunuz.

Bu atasözünün Afrikacası da var: Ağaç yıkılırsa maymunlar kaçışır.

Oysa Peygamberimiz öldü ve din, iman, Allah inancı, namaz her şey devam etti, peki sizin korkunuz nedir?

Rantlarınız, Türkiye'nin dağları, yaylaları, dereleri sizin elinizde üstüne tereyağı sürülmüş bir ekmek dilimine döndü, Avrupalılar için de borsamız, ekonomimiz şu Milka çikolatasındaki ineğe dönüştü.

İspanyol İmparatorluğu 'altın peşinde' kuruldu ama aynı imparatorluk altın maceracılığıyla çöktü, Madrid nüfusu dört yüz binden yüz bine indi ancak gittikleri yerlerde 'yerleşik kültür' kuramadılar, hep define aradılar hep Kızılderili nehir ve tepelerinde harita peşinde koştular. Tıpkı köylerimizi boşaltıp şehre gelen yandaş medyanın yazarları gibi, yerleşik olamadılar, hep talan hep yağma peşinde koşuyorlar, düşüşlerinin sebebi, azgın, doymak bilmeyen, altın, rant, talan, yağma iştahı, vahşiliklerinin sebebi de yerleşik olamayışları.

Bir daha hatırlatayım, Atina demokrasisinde çok ilginç bir

siyasi kural vardı, bir oylama ile her yıl şehirden birini sürgüne gönderiyorlar.

Kimleri? Kendi huzursuzluklarını topluma bulaştıranlar, kendi standartlarını topluma dayatanlar ve kendini toplumun üstünde, kutsal görenler.

İşte bu sürgüne gönderme oylamasının amacı da buydu, demokrasi, kendini kutsal görenlerle asla çalışamaz...

Gidecek

Demokrasiyi işlevsiz bırakan, kendi öfkesini, huzursuzluğunu topluma bulaştıranlar ve kendi standartlarını dayatıp kendini kutsal görenler...

Geniş kitleler oylamasını yaptı, kendini kutsal görenler, şeyhti liderdi gidecek, bin türlü zenginliğiyle göz kamaştıran bu uçsuz bucaksız toprakları bir şeyh ve bir liderin tapulu malıymış gibi görenler gidecek.

O şeyhin o liderin kullandığı dil gidecek, öfkesi, delilikleri, salyaları gidecek, ağır ego hastalıkları gidecek, tarihin ağır gölgelerinde kurtlanmış beyinleri gidecek. Bir lider bir şeyhle oluşmuş ve herkesi köleleştiren vahşi tarihin bu kör siyaseti gidecek.

Halkı ve demokrasiyi sakatlayan 'geçmiş köhnemiş kıvıl kıvıl kurtçuk dolu' bu siyasi arızalı karakterlerin vebalı cümleleri ebediyen gidecek, kralı da veziri de kalesi de piyonu da gidecek.

Keşiş eşeğine binmiş bu şeyh, bu lider gidecek.

Anasından yapmacık kurulu bebek gibi doğmuş 'Gezi Parkına bir de bu açıdan bakalım' diyen ve sabahlara kadar hiçbir işe yaramayan o riyakâr çirkin suratlar, o satılmış ucuz kukla gazeteciler, patlatmak için yeniden pislik barajları doldurmaktan başka hiçbir işe yaramıyor artık.

Siz başka yerlerinizden bakmayı sürdürün, gelmiş geçmiş dünya tarihinde en rezil şekilde kepazeleşerek tarihlere geçtiniz.

Öfkesiyle halkını düşman ordusuna dönüştüren, liderlerini

zırnık eleştirmeyi hâlâ göze alamayan, diktatörlük hevesleriyle yerkürede her insan evladını çıldırtan bu sahtekârlar sürüsü, hepsi gidecek.

Arı, maymunun iştahla yediği elindeki armuttan minicik bir ısırık ister, maymun öfkeyle arıya saldırır, arı bir minicik ısırık için bu öfkeye şaşırır ve armudu bırakıp maymuna saldırıp maymunun suratını ısırır ve maymunun suratında iğnesini bırakır.

İzliyorum ekranlarınızı, hepinizin yüzünde arı iğnesinin şişliği armut kadar büyümüş.

Geniş kitleler, milyonlar her akşam o suratınızda armut kadar büyümüş şişliğe davul gibi vurarak eğleniyor, on yıldır şişirdiğiniz adama yeni adıyla tempo tutuyor:

Re-cep Tay-yip Ni-ya-zi...

20 Haziran 2013

KAYGISIZ KARDEŞLER

Söylemezsem çatlarım, yüz aydın hükümete karşı 'kaygılıyız' başlıklı bir bildiriye imza attı. Şüphesiz bu aydınların birçoğunun geçmiş yıllardaki onurlu duruşuna hepimiz şahit olduk. Ancak birçoğunu ise geçmiş yıllardaki 'kaygısızlığıyla' tanıyoruz, işte şimdi bunları hatırlatmazsam çatlarım...

Bir parti genel başkanı, Doğu Perinçek içeri alınırken hiç kaygılı değildiniz.

Bir gazetenin ve Türkiye'nin duayen yazarı, İlhan Selçuk sorgulanırken hiç kaygılı değildiniz.

Bir değerli bilimadamı, üstelik kanser hastası olan Erol Manisalı'nın evi baskın yerken hiç kaygılı değildiniz.

Türkân Saylan gibi dünya güzeli ve kendini ülkesinin genç kızlarına adamış pırıl pırıl bir kadın suçlanıp töhmet altına alınıp iftiralara maruz kalırken hiç kaygılı değildiniz.

Kanal Biz, polis baskını yerken ve sahibi gazeteci Tuncay Özkan alınırken hiç kaygılı değildiniz.

ART kanalı polis baskını yiyip seksen yaşındaki sahibi iki yıl içerde tutulurken hiç kaygılı değildiniz.

Ulusal Kanal defalarca polis baskınına uğrarken ve birçok yöneticisi halen içerde tutulurken hiç kaygılı değildiniz.

Odatv'de Doğan Yurdakul'dan Soner Yalçın'ına, Barış Pehlivan, Barış Terkoğlu ve Müyesser Yıldız'lara ve onlarca yazarı, görevlisi içeri alınırken hiç kaygılı değildiniz.

Ülkemizde lekesiz, tertemiz gazeteciliğin en güzel ismi Nedim Şener ve soylu genç bir gazeteci olan Ahmet Şık içeri alınırken hiç kaygılı değildiniz.

Mustafa Balbay'lar, Yalçın Küçük'ler, Mehmet Haberal'lar içeri tıkılırken hiç kaygılı değildiniz.

Başta İzmir gibi birçok şehrin yüzlerce belediye yöneticisi içeri alınırken hiç kaygılı değildiniz.

İzmit, Gölcük donanma komutanlıkları nerdeyse topyekûn, uydurma, sahte, dijital belgelerle içeri alınırken hiç kaygılı değildiniz.

Bir ülkenin genelkurmay başkanı terörist suçlamasıyla içeri alınırken hiç kaygılı değildiniz.

Seminerde bulunmuş, bulunmamış, bir seminer mi değil mi, tamamen şaibeli ve ispatlanmamış belgelerle yüzlerce subay içeri tıkılırken hiç kaygılı değildiniz.

Başta CHP'nin genel başkanı ve birçok MHP'li milletvekiline gizli kamera operasyonları düzenlenirken hiç kaygılı değildiniz.

Nerdeyse herkesin telefonu dinlenip herkesin özel yaşamları manşetlerde didik didik edilip onurları, kişilikleri, haysiyetleri tuz buz edilirken hiç kaygılı değildiniz.

Aksine içinizden bazıları yurtdışında ülkemize barış ve zenginlik geldi, demokrasinin önü açılıyor, diye demeç üstüne demeçler verirken hiç kaygılı değildiniz.

Sabah olmadan polis kimin evini bassa, daha bilmeden anlamadan onlar darbeci, onlar eski rejimin unsurları, onlar Ergeneconcu diye, insanlar manşetlerde darağaçlarına çekilirken hiç kaygılı değildiniz.

Bunca suçsuz, masum insan içeri alınırken üstelik gazete köşelerinden 'oh olsun', 'az bile', 'daha bitmedi', 'artıkları var' diye gestapo direktifi gibi yazılar yazılırken hiç kaygılı değildiniz.

Türkiye kurumlarıyla, anayasası, bütçesi, hâkimleri, belediyeleri, gazeteleriyle bir şeyh ve ideolojik İslamcı bir liderin topyekûn eline safha safha geçerken hiç kaygılı değildiniz.

Hatta tüm bunlar olup biterken tık nefes bir heyecan ve üstün bir enerjiyle, ne güzel Türkiye artıklarından kurtuluyor, Türkiye temizleniyor, diye demeçler verirken, hiç kaygılı değildiniz.

El pençe divan durduğunuz, ileri demokrasinin en ileri partisini varınız yoğunuzla desteklediğiniz bu süreç içinde ne Ermeni sorunu ne Kıbrıs sorunu ne AB sorunu ve ne de Güneydoğu sorunu üzerine bir arpa boyu ilerleme sağlandığını göremediğiniz halde, bunca zaman tek bir eleştiri cümlesi dahi yazamazken hiç kaygılı değildiniz.

Barış ve özgürlük geldi diye sevinç naraları attığınız, o çok sevdiğiniz ileri demokrasi hükümetiniz sonunda Suriye'ye savaş açınca bu savaşa karşı değil aksine bu savaşı onaylayıp hükümetin yanında yer alırken, hiç kaygılı değildiniz.

'Kaygısız, umarsız' geçirdiğiniz bu uzun yıllar içinde bu ülke çok kırıldı, çok vazolar, çok yürekler kırıldı.

Ve kaygısızlığınız gelecek kuşaklara ibret verici bir alçaklık tarihi olarak çoktan kalplere kazındı.

Ben de 'kaygılıyım' bu kadar kör yazar bunca yıldır görmedi, duymadı, yazmadı.

Ve hâlâ 'kaygılıyım' hâlâ, ne içeri haksız hukuksuzca atılan insanları düşünen ne de Suriye'deki savaşa karşı çıkan tek cümleciklerini görmüş değilim.

İŞTE BU ACI VE KAHREDİCİ BÜYÜK OYUN'un nihayet son bölümünde kendinizi sahaya sürmeniz, beni çok işkillendiriyor, şöyle, 'kaygınız' kime? Yoksa panikle yüzyıl gibi uzun süren kendi kaygısızlığınızı unutturmaya mı?

Benim bildiğim, yazar denilen insanların bin tane gözü olur, bu uzun gaddarlık döneminde, bin gözün tek bir tanesini açma zahmetine katlanmadınız.

Ruhlarınız o kadar muhteşem bir çirkinlik manzarası ki ne yazsa kalem, ulaşamaz kaygısızlığınızla ele geçirdiğiniz şan, şöhret, para ve saltanatınıza.

Yeni doğmuş fare yavrularının masumluğuyla gözleriniz şimdi şimdi, yeni mi açılıyor?

Demek 'kaygılısınız', insanlık ve ülkemiz adına, bu müthiş

çabanızı kutluyor, gözlerimi yaşartıyor, bir daha soruyorum, bu 'kaygı' sonunda halkın yanına mı geliyor, yoksa sarsılıp rezil olmuş itibarlarının eskimiş etiketlerini yenileyip tedavüle mi sokuyorlar?

29 Haziran 2013

ZEVZEKLER DARBEYE KARŞIYMIŞ

Zevzekler darbeye karşı(ymış) ama Amerika'ya hâlâ küs değiller, anladığım kadarıyla zevzekler şimdilik Amerika'dan 'incinmiş' yani 'kırgın'lar. İşimiz gücümüz yok şimdi de yandaşlarla Amerika arasında kaldık, bu iki kırgın sevgili arasında sopayı yine biz yiyoruz, vallahi bu saatten sonra şimdi de bu 'küs', 'kırgın' sevgili psikolojisini hiç çekemem.

Mısır'daki askeri darbe üzerine Türkiye'de yüzlerce yandaş 'biz darbeye karşıyız' zevzekliğine başladı. Yetmedi satır satır kim darbeye karşı çıktı, kim çıkmadı diye linç etmek için kurban aramaya başladılar. Gidin Amerika'ya dalın, bize ne, size boş Osmanlı rüyaları satan Amerika, yiyen de siz, bana ne. Amerika, Mısır'da darbe yapmış, bunun da acısını bizden çıkaracaklar, fail ortada: Amerika. Yiyorsa iktidarınız ve cemaatinizin şeyi, hadi Amerika'ya tek laf edin görelim, niye Mısır elçiliği önünde protesto ediyorsunuz ki, sıkıysa Amerika elçiliğine yürüyün.

Asıl sorun, demokrasiyi kullanarak ülkeyi ortaçağa, hatta 'taş devrine' götürmek isteyenlere karşı demokrasiyi kim, nasıl koruyacak sorusudur.

Sivil Darbe Yapılırken Sesiniz Çıkmıyordu

Bugün ülkemizde 'Sayıştay' mecliste yok sayılmış, meclis denetimi dışına çıkarılmıştır, yani kim yedi, kim çaldı bilen yoktur, demokrasinin en köklü bu kurumunun iptal edilmesinden daha büyük 'darbe' olabilir mi? Ve bu sivil darbe olurken, şimdi biz darbeye karşıyız diye korkudan salya sümük ağlayanlar neredeydi? 'Yetmez ama evet'le Türkiye'nin en temel hukuk ve hâkimlik mesleğinin bir cemaatin eline geçmesi ve insanlığın üç yüzyıllık kazanımlarının bir çırpıda elimizden çıkıp bir İslamcı ideolojik örgütün eline geçmesi 'sivil bir darbe' değil miydi? O zaman keyifler gıcırdı, sesiniz soluğunuz çıkmıyor, liderinize vesayeti kaldıran Kara Davut cengâver kahraman romanları yazıyordunuz.

Şimdi birden ben darbeye karşıyım diye diye panikle kaçışanlar, demokrasinin en temel ayakları olan bu kurumlar safha safha elden çıkarken neredeydi, dünya liderine(!) Keloğlan Keleşoğlan Davos'ta 'van minüt'le meydan okudu destanları yazıyordu.

İnsanların yaka paça tutuklanması, insanların dinlenmesi, insanların özel hayatlarının manşetlerde itibarsızlaştırılması insanlık için iğrenç bir 'darbe' değil miydi, neredeydiniz? Kasımpaşalı'ya yok yargıya böyle çizik attı, yok anayasaya böyle kesik attı diye Ustura Kemal çizgi romanları yazıyordunuz!

Şimdi Mısır'da darbeye güya karşı çıkarken ülkemizde insanlık, insan hakları, hukuk, özel hayat, bu kadar 'darbe' yerken neredeydiniz? Halkın vergisiyle ekranları gasp edip sabahlara kadar marul suratlarınızla kahkahalar atıyordunuz!

Dinleyin Zevzek Şarlatanlar

Dinleyin zevzek şarlatanlar, Batı dışı toprakların en büyük sorusu demokrasiyi kimlerin, nasıl koruyacağı sorusudur.

Demokrasiyi, seçimle gelip ülkeyi ortaçağa dönüştürmek ve ülkenin en temel, demokratik kurumlarını iptal edenlere karşı koruyacak en temel vazgeçilmez güçlerin başında medya gelir.

Medya ve aydınlar!

Ülkemiz ve demokratik kurumlar bu kadar ağır darbeler yerken neredeydiniz?

Kimlerden maaş alıyordunuz?

Kimler adına susuyordunuz?

Bir şeyh ve bir ideolojik İslamcı liderin karşısında el pençe divan duruyordunuz.

Kimler adına, tarihlerde görülmemiş bu denli hukuk skandalları karşısında üstelik göbek atıp sabahlara kadar oh olsun karnavalları düzenliyordunuz? Bu ne panik, ne o, yolun sonu mu göründü?

Seçim Hileleriyle İktidara Gelenlerden Demokrasiyi Kim Koruyacak?

Mısır'da ordu, Müslüman Kardeşler, yargıdan anayasaya kadar en temel haklar elimizden çıkıyor korkusuyla yönetime el koydu. Ordunun ve kitlelerin bahanesi buydu, şimdi buradan çıkartılacak ders, bu bahaneyi 'ordunun' elinden alacak olan medyanın ve aydınların, rollerini adam gibi oynayıp orduya ya da başka güçlere bu bahaneyi vermemeleridir.

Mısır ve Türkiye'de ordunun bu karanlık darbeciliğine karşı yapılabilecek tek şey, tek şans, aydınların demokrasiye sahip çıkması ve sandıkla gelip ülkeyi taş devrine dönüştürenlere karşı hayatlarını ve kalemlerini siper etmeleridir.

Ben seçimle iktidara geldim deyip seçim hileleriyle dokuz on milyon oyu gasp edenlere karşı demokrasiyi kim koruyacak?

ÖSS sorularının çalınması, milyonlarca genç insanın hakkını hukukunu yaşamını aşağılamak değil mi? Doğruluk, dürüstlük, adalet ve şeffaflığın, iktidar ve yandaşları tarafından iptal edilmesi, insanlığa ve demokrasiye karşı en vahşi darbe değil mi?

Hanginiz sordunuz, hanginiz göğsünüzü siper ettiniz, hanginiz tutuklandınız, hanginiz kovuşturuldunuz, hanginiz işinizden gazeteciliğinizden oldunuz, bu uğurda hanginiz aç kaldınız, hanginiz manşetlerde aşağılandınız?

Medeniyeti ve kültürü inşa eden insan evladıdır, fareler medeniyet kuramadı çünkü fareler günlük yaşar, günlük yer, çalar, kurnazlık yapar ve yarınları düşünmezler.

Yarınları düşünen insandır, yarın bana hesap sorarlar, bu yüzden hesap sorma hakkını arama kurumları vardır, onlar insanlığın her şeyidir diye, içinizde şu geçen on yılda bir güncük, bir satırcık soran oldu mu?

İçinizde ülkemizde insanlık değerlerinin halini, demokrasinin gasp edilmesini, kurumlarının elden çıkmasını dert edinen, yarım ağız olsun tek cümle çıktı mı?

İktidarın hangi hırsızlığını ortaya çıkardınız? Hangi haksızlığına karşı tek laf ettiniz?

Tam tersine insanlığın kazanımları demokrasinin en elzem kurumları ortadan kaldırılırken maaşlanıp yemlenip sustunuz, şimdi darbeye karşıymışsınız, bu ne insanlık, bu ne demokratlık gösterisi, hayranlıktan ölüyorum.

Darbeye karşı olanlar, darbe bahaneleri oluşturacak, kitleleri birbirine düşürecek, şaibelere, yalanlara, tuzaklara, tezgâhlara, hukuk dışılığa karşı, göğsünü siper etmelidir.

Gerisi, zevzekliktir.

Ve unutmayın, bu İslamcı örgütleri Ortadoğu'da besleyip büyüten Amerika, İsrail ve Suud şeyhleridir, milli sosyalist Baasçı Nasırcılara karşı Amerika'nın her dönem adamı olmuşlar, desteklenmişlerdir, her dönemde Ortadoğu'da milli güçleri çökertmek için İsrail ve Amerika'nın fareleri gibi rol almaktan da zırnık utanç duymamışlardır.

Amerika'ya Bir Satırcık Lafınız Olsun

Darbeye karşıyım zevzekliğini bırakın, Amerika'ya karşı olun.

Bakın Amerika size verdiğini şimdi geri alıyor, Amerika'ya karşı birkaç yazı yazmanın tam da zamanı değil mi, hadi bekliyoruz.

Altın tepsiler, ajanlar, dijital virüslerle size bahşedilen iktidar elinizden kayıyor, hadi Amerika'ya bir satırcık lafınızı görelim.

Darbeye karşıyım-değilsin zevzek tartışmasını gelin sahiden, erkekçe, kısa yoldan, topyekûn bir sonuca bağlayalım:

Amerika'ya karşı net bağımsız tavrınızı ortaya koyarsanız ortada hiç sorun kalmaz. Çünkü biz gayet iyi biliyoruz ki fareler darbeye karşı değil, Amerika'nın kendilerine şimdi Mısır'da kurduğu fare kapanına karşı. Korku ve paranoyadan her türlü, bin çeşit lobi inşa ettiniz de bir Amerikan lobisi aklınıza hiç gelmiyor.

Amerika'nın bazı darbelerine, yani işinize gelen darbelerine susup, işinize gelmeyen darbelere karşı durursanız, tarih ve insanlık önünde işte böyle aşağılık bir şarlatan olmaktan öteye gidemezsiniz.

Suriye'de Amerika'nın emrettiği, Müslümanları öldüren savaştan yanasınız ama darbelere de karşıymışsınız... Nedir bu cümle, bu mantık Allah aşkına?

Amerika'ya karşı, emperyalizme karşı net, açık, bağımsız tavrınızı ortaya koyun, Suriye'de savaşa karşı çıkın, ne tıynette adam olduğunuzu anlayalım.

Türkiye ve Mısır'ın Kilit Sorusu Aydınların Rolüdür

Bugün iktidarın Türkiye'de yok etmek için gözünü diktiği kurumlar, insanlık tarihinin en hızlı yaşanmış, en çok kan dökülerek elde edilmiş, son üç yüzyılın en hayati 'insanlık' kurumlarıdır. Gelin bu kurumları ben sandıkla geldim deyip demokrasiyi ve insan haklarını 'gasp' edenlere karşı birlikte göğsümüzü siper ederek gücümüz yettiğince korumaya çalışalım.

Bırakın o zaman ve mekân kavramını yitirmiş, donmuş ideolojileri, gelin yaşayan, düşünen, tasarlayan, kımıldayan milyonlarca insanın özgürlüklerini, haklarını kim nerede, nasıl, hangi şartlar altında olursa olsun hep birlikte gücümüz yettiğince savunalım.

Gelin ülkemizi saray entrikalarıyla yöneten ve ülkemizin yargısından belediyelerine kadar her şeyini avuçlarına almış bir şeyh ve İslamcı ideolojik bir liderin manyak, delirmiş hayallerinden gücümüz yettiğince uzaklaştırmaya çalışalım.

Şeyhini, liderini ve onları tayin eden Amerika'yı eleştirecek gücü, şansı olmayan insanlar darbeye karşıymış, bu kafayla gittiğiniz müddetçe düşman bildikleriniz her zaman sizden daha haklı ve doğru bir siyasetle karşınıza çıkar sizinle fareler gibi oynar, eğlenir.

Türkiye'nin ve Mısır'ın en kilit sorusu, aydınların rolüdür.

Ben seçimle geldim diyenlere karşı demokrasiyi, sandığı, demokrasinin en temel kurumlarını, yazarları, aydınları, insanlık değerlerini ve haklarını, bir nebze olsun korumaya çalışarak darbe şaibelerini ve bahanelerini ortadan kaldırmış oluruz.

Hem penguen belgeseline hem darbeye karşıyım, olmuyor beyler.

Bu bir darbeyle dağılıp kaçışan fare cıyıltılarını iyi dinleyin, bu kaçışan fareler ülke yönetecekmiş, demokrasiye sahip çıkacakmış, üstelik Osmanlı İmparatorluğu kuracakmış.

Bir darbeyle kaçışıp ağlaşan bu sürülere hatırlatmak isterim, 60'tan beri bu topraklarda kaç tane darbe üstüne darbe yedik ama tek bir saniyecik ülkemizden, kendimizden şüphemiz olmadı ve tek bir saniyecik fareler gibi kaçışıp, ağlaşıp, dağılmadık.

Biz bu sahneyi çok iyi tanıyoruz: Bağımsızlık savaşıyla kurulmuş bu koskoca mübarek toprakları bir şeyh ve ideolojik bir liderin insafına bırakanlar şimdi çaresizlikle cıyıltılar, hafakanlar içinde kaçışıp, bağrışıp duruyor.

5 Temmuz 2013

İSLAMCILAR NEDEN YENİLDİ?

Kendine İslamcı diyen milyonların Mısır gibi bir İslam ülkesinden 'dışlanma' durumuna düşmeleri, abartılı bir benzetmeyle yaklaşık üç bin yıl öncesinin Musa göçünü anımsatan bir siyasi çizgiye gelmeleri, bugünkü siyasi krizi, tüm tarihler içinde çok büyük çağları aşan çok derin bir çizgiye taşıyor.

Oysa başlıktaki sorunun cevabı çok basit, bu siyasi fırtınaların özeti, dogmayla eleştirinin savaşı.

Bu, Mısır ve Türkiye'de siyasi İslam faslından olup bitenler, tam anlamıyla bir 'medeniyet'in ne olduğu ne olmadığı krizidir, Yunan, İslam, Roma, Batı medeniyetleri, her bir medeniyetin kapısını açan 'bilimsel eleştiri'dir, her bir medeniyeti nihayete erdiren, bilimsel eleştirinin kapanmasıdır.

Hiç kuşkusuz doğup geliştiği yüzyıllarda İslam medeniyeti kişisel özgürlüklerin medeniyetiydi, ancak, batılılaşma çatışmalarıyla son altmış yıl içinde bambaşka, uyduruk bir ideolojik İslam inşa edilmiş, İslam kültürü bir şeyh ya da 'tartışılmaz dogmalar' içinde bir ideolojik örgüt ya da dar, katı, çağdışı bir örgütlenmeye mahkûm edilmiştir.

Açarak ilerleyelim, içinde yaşadığımız modern dünyanın en vazgeçilmez değeri, eleştiridir; buna, söz, ifade, itiraz, karşı görüş, vs. hakkı, yasalaştırarak denetim, teftiş, yargılama kurumlarına kadar gideriz. Oysa bu ideolojiler bir lideri, bir şeyhi ya da dogmalarını asla tartışmaya açamazlar, açamadılar, bu yüzden yenildiler ve bundan sonrası yavaş yavaş pörsüyüp, çürüyüp, canlılıklarını yitirip tarih sahnesinden yeniden dar çekirdeklerine doğru evrilip küçüleceklerdir.

Eleştiri şudur, biri bir söz söylediğinde diğeri yanlışlarını, eksiklerini, hatalarını ya da işine gelmeyen yanlarını açıkça söyleyerek o sözün aslında bilimsel değer kazanmasına, yani sosyal ve bilimsel olarak güzelleşip kıymetlenmesine sebep olur, geçmiş İslam kültürü açısından bakarsak, geçmişteki içtihatların havalandırılmasını, günümüz ihtiyaçlarına nefes aldırmasını sağlar.

Sadece Türkiye, boyundan büyük İslam âlimleri yetiştirmiştir, bu gözde İslam aydınları her gün yenilikleriyle gelen topluma yeni cevaplar, yeni yorumlar, yeni açılımlar getirmeye çalışmışlardır, ancak gözleri dünyaya açık bu İslam aydınlarının nerdeyse tümü, bu ideolojiler tarafından ya dışlanmış ya kovulmuş ya da kâfirlikle suçlanmışlardır.

Oysa İslam'ın ilk yüzyıllarında mesela Bağdat, akademik anlamda tartışma kültürünün değişik fikir ve görüşlerinin merkeziydi, burayı abartmadan söyleyebiliriz, bağımsız düşünebilenlerin kendini Allah'tan başka kimseden sorumlu tutmayan âlimlerin de merkeziydi.

Bilimsel eleştirinin felsefesi de budur, biri bir eser ortaya koyar, aynı bilim dalından insanlar o eser karşısında kanaatlerini dile getirerek o eserin bilimsel yanını, değerini tartışarak bilimin, yani hayatın ilerlemesine katkıda bulunurlar. Tam tersine, eser ortaya koyan insanları sırf cemaatimize, ideolojimize, şeyhimizin dediklerine uymuyor diye kovma, sindirme, yıldırma, yok etme hakkını kimse elinde tutamaz.

Lafı başka bir yerden dolandırarak götürelim.

Kültür Bakanlığı Telif Eserleri'nde çalışırken, oradaki müdür, müsteşar, müsteşar yardımcılarına tuhaf bir soru sordum, "Buraya," dedim, "insanlar kendi eserleri olarak senaryo, kitap, müzik kasetleri gönderiyor, biz de bunlara parasal yardım, teşvik veriyoruz, sorum şu, bunların hangisi 'eser'dir, içinizde bunu bilen var mı?"

Çalma, çırpma olabilir ya da daha önceki eserlerin kötü bir

taklidi olabilir, aşırma, intihal, kopya olabilir ya da çok vasat, sıradan şeyler olabilirler, bunları 'eser' diye kim kabul edecek. Bakanlık bürokratlarının bu zor soruya cevap verecek ne bilimsel gücü ne de eser olup olmadığını yargılama hakkı vardır. Adam, beşinci sınıf bir Ankara havasını benim eserim diye gönderiyor ya da beşinci sınıf bir senaryoyu; bunu değerlendirmek bir resmi kurulun boyutlarını çok aşar, aştığı için herkes torpiline, adamına, şeyhine, ideolojisine göre kıstaslar koyup eser olup olmadığına karar veriyor. Oysa fikrini, tipini hiç sevmediğimiz insanlar pekâlâ hepimizden büyük gerçek eserler ortaya koyabilir, bu insanların emeklerini kim savunacak?

Çünkü eseri değerlendirecek olan kamuoyudur, medya ve akademi, kamuoyunun açık penceresidir, bilimsel bir tez, mimari, müzik, senaryo, film, herhangi bir eserin ne olup olmadığına karar verecek olan 'toplum'un açık kanallarıdır. Şaşıracaksınız ama bir zamanlar Müslümanların 'kürsüsü' toplumun en açık kanalıydı, sonra bu kürsü hilafetin, sonra da yüzyılımızda ideolojik örgütlerin eline geçti ya da adı evliyaya çıkmış o büyük İslam filozofları imalı konuşmaya ya da kasıtla sadece 'havas' yani kendi çevrelerinin anlayacağı sözler etmeye, halktan, iktidardan korkuyla uzak durmaya başladılar.

Bir şeyin eser olup olmadığına karar verebilmemiz için modern toplumun vazgeçilmez kurumları şunlardır; bir, toplumun konuşan, düşünen, tartışan 'açık kanalları' olacak.

İki, o toplumun o meslekte hüner kazanmış, ustalaşmış, değerlendiren, eleştiren, saygın, tarafsız ve bilge kişilikleriyle öne çıkmış 'eleştirmenleri' olacak.

Üç, asla ekmeğimden olurum korkusu taşımadan konuşabilen, bağımsız, her şekilde istediği gibi konuşabilen insanları olacak. (Tarihin en büyük, müsrif ve şatafatlı zengini Harun döneminde Bağdat'ın kadısı iki ikiz kardeşti ancak ikisinin de giyecek tek hırkası vardı, bu yüzden dönüşümlü kadılık yapıyorlardı. Bir hırka nedir, birinden yardım, ödünç, bağış, hediye hırka alacak olsalar kararlarında yan tutmuş ya da halkın zihnine kuşku düşürmüş oluruz düşüncesiyle, bu tarihin en zengin iktidarında tek hırkayla ölünceye kadar kadılık yaptılar.)

Bu üç vazgeçilmez kurum olmadan bir toplum siyasi, sosyal, bilimsel, sanatsal hiçbir eser üretemez, ürettiği şeyi anlayamaz, yapılan şeyin ne olduğu hakkında karar veremez, yani toplum bilimsel ve sosyal olarak 'zırnık' ilerleyemez.

İşte modern dünyanın asla geri adım atmayacağı, atmasını hiç ama hiç düşünmeyeceği, attığı takdirde insanlığa utanç verici ihaneti yaşatacağı en büyük 'değer' bu kurumlardır: Açık kanallar, bağımsızlık ve korkusuz bilge eleştirmenler.

Şimdi bir 'medya patronu' size her şeyi eleştirme hakkı verir mi? Vermez.

Yirmi yıl öncesine dönelim, medya patronları 50 milyar dolardan yüz, yüz elli milyara uzandığı söylenen banka soygunlarına adları karışırken, yine o medyada diyelim *Radikal* gazetesinde yazan, kendine liberal, solcu, özgürlükçüyüz diyen onlarca yazar, bu tarihlerde onlarca yıl eşine benzerine rastlanmayan bu hırsızlıkları tek satırcık yazabildi mi?

Hayır... Tam tersine varlıklarıyla o köşelerde bu büyük soygunun perdelenmesine, örtülmesine, unutturulmasına, geçiştirilmesine katkıda bulundular.

Ancak aynı yazarlara, modern toplumun özgürlükler için en tehlikeli bulduğu cemaat ve etnik milliyetçilik özgürlüğünü, onlarca yıl konuşmak serbest, hatta sol ve liberal bir kahramanlıktı.

Diyelim aynı yıllarda dünyanın gelmiş geçmiş tarihleri içinde en acımasız coğrafya katliamı Sinop-Batum arasındaki altı yüz kilometrelik Karadeniz Sahil Yolu'nun inşasıydı. Tarihlerde eşine rastlanmayacak bir coğrafya katliamı, coğrafyamızın en yeşil, tarifsiz bir cenneti paramparça edilip yerküreden kazınarak çıkartıldı, bu mucizevi güzelliklerle dolu sahil şeridi şimdi bir Tunus, bir Cezayir sahil yoluna döndürüldü.

Yol onlarca yıl sürdü ve otuz milyar doların üstünde Cumhuriyet tarihinin GAP'tan sonra en büyük harcamasıydı, yine anlaşmış gibi hiçbir medya onlarca yıl tek satır yazmadı, ne zaman ki yol yapılıp bitti, birazcık kenardan olup bitenlere değinmeye başladılar.

Bu koskoca yıllar içinde Cumhuriyet tarihinin maddi olarak da en büyük projesine medyamızın onlarca yıl sessiz kalması doğru bir şey miydi? Aynı yıllarda yine bu büyük medyada yer almış sol, liberal, özgürlükçü onlarca yazarın bu konuya tek satırcık değinmemesi normal miydi, aynı yazarların aynı yıllar içinde cemaat ve etnik milliyetçilik pompalamasının önünün, ardına kadar özgürce açık kalması sizce ne anlama geliyordu?

Bu kanallar açık mıydı, hayır, bu yazarlar bağımsız mıydı, hayır, içlerinde sözü itibar görecek tek bir bilge var mıydı, hayır!

Aynı şeyleri bürokrasi için milyon örnekle söyleyebiliriz, kalitesi, geçmişi, kariyeri şaibeli bir insan bir günde manşetlere çıkıyor, övülüyor, gazlanıyor, röportajlar yapılıyor, ertesi gün falan kurumun başına atanıyor, hatta hükümetler kuruluyor, hatta TMSF'ler, özelleştirme daireleri bu 'kapalı' yerlerden 'gazlanarak' yakınların adamlarının eline geçiriliyor.

Toplumun başka türlü, farklı düşünen insanları bu bürokrat hakkında hiçbir fikir beyan etmeden, edilen beyanlar sayfalara, ekranlara hiç taşınmadan, kanaatler ortaya dökülmeden, toplumun açık yargı kanalları hiç çalışmadan, kafadan inme bir despotlukla topluma kabul ettiriliyor ve bu keyfi ve oligarşik düzen bu ihanetlerini gizlemeyi, halkı soymayı, göz boyamayı başarıyor.

Diyelim sanat eserleri, aynı yıllar içinde açın o gazetelerin manşet üstü haberlerine bir daha bakın, bir Sibel Can, bir Hülya Avşar maceralarıyla geçen onlarca yıl, binlerce manşet haber.

Aynı yıllar içinde, bir roman, daha piyasaya sürülmeden, dünyanın sekizinci harikası olarak yüzlerce haber yapılıyor, binlerce röportaj, öyle bir beyin yıkama ki roman tek bir kişi tarafından okunmadan yüz baskı yapabiliyor ve sonra roman düpedüz 'çalıntı' çıkıyor ve onlarca yıl 'hırsızlık' örtbas ediliyor, yetmiyor, medyanın saygın kalemleri 'hırsızlığı' tolere eden mistik post modernist açıklamalarla g.tü kurtarmaya çalışıyorlar.

Ya da cemaate yakınlığıyla malum şeyhine 'dostum' mektupları yazan bir sarışın hanımımız büyük romancı diye lanse ediliyor, vasat dahi değil, yüzlerce baskı yaptırılıyor ve ancak 'yüz baskı' yaptı, şu kadar imza attı diye kendi gaz ve pompalarının başarısıyla yazarlık kariyerini baş tacı ediyorlar.

Tabii ki örneklemeler yapıyoruz, bunların binlerce çeşidi var ancak pompalanan bu özgürlükçü denilen yazarların ya da Sibel Can, Hülya Avşar gibi taifenin ya da bu romancıların tek ortak özelliği var: Medya patronlarına ve hırsızlıklarına karşı geçen bu otuz yıl içinde tek satır eleştirileri asla olmamıştır. Pompalanma sebepleri de budur.

Bankasından bürokratına, edebiyatına, sanatına kadar işte bu laçkalık üzerine İslamcı bir iktidar büyük oylarla tarih sahnesine çıktı.

Medya patronları ne kadar eleştiriye kapalı, eleştireni susturuyor, tarihten siliyorsa yeni gelen ideolojik İslamcı lider ve şeyh de zaman içinde aynı yolu izledi, üstelik İslamcı lider ve şeyhin ideolojik tartışılmaz, dokunulmaz, asla konuşulmaz önyargıları, dogmaları hatta astığım astık kestiğim kestik emirleri vardı. Bir büyük hataları çaktırmadan, inceden düzecek medya patronları kadar profesyonel değildiler.

Geçen on yıl içinde lider ve şeyhe elliye yakın gazete ve ekran içinden tek satır eleştiri göremedik, böyle bir kültürleri hiç olmadı. Medya patronları kişisel kazanç hırsları ve modern toplumun renkli boyalı unsurlarını zevklice kullanıp susturuyorlardı, bu İslamcı lider ve şeyh, ideolojileri gereği, eleştiriye kafadan kıllanıp ölümüne bir öfkeyle karşı duruyordu.

Bu İslamcı lider ve şeyh, hayatı şöyle anlamışlardı, arkana sağlam Amerika'yı alırsan önündeki herkese diz çökertirsin, bu kadar, bu uğurda ne hukuk, ne hak, tarihin en gaddar, acımasız hukuk operasyonlarına korkusuzca girdiler, daha öncekiler de arkaya oligarşik başka güçleri almışlar, acımasızsa istediklerini topluma dayatıyorlardı.

Ki bu İslamcı ideoloji, modern dünyanın tam anlamıyla negatifi. Şöyle, çölde zaman ve mekân duygusu yoktur, en güçlü ordular bile çölde savaş uzadığında düşmanın silahına değil zaman ve mekânın durağanlığına yenilirler.

Çöl, sabah da aynı akşam da, kuzey de kum tepesi, güney de aynı kum tepeleri, bu değişmez, sabit, kımıltısız yer gök manzarası, sizi önce zaman ve mekândan sonra insanlıktan çıkarır.

Çünkü dünya hareket ediyor, yenilikler, değişimler, hareket, tasarlayan, saçmalayan, bağıran, dövünen, düşünen, bin çeşit ses, renk her gün hayatımıza giriyor, her yeni şeyi karşılayacak, her şeyi düşünecek, tasarlayacak, her yeni şeye cevaplar oluşturacak entelektüel bir birikiminiz olmalı. Aydınlar, âlimler, sanatçılar, bilge politikacılar, hayır hiçbirine ihtiyaç duymadılar, Amerika her şeydi, tek şeydi.

Ve elinizde bir İslamcı ideolojinin hiç kokmayan, eskimeyen, tartışılmayan, yenilenmeyen öğretileriyle bu kadar sesli, hareketli, renkli dünyasına cevaplar vermek zorundasınız, kürtaj yasak, beş yaşında böyle giyilecek, ÖSS hırsızlarını soruşturmuyorum, ne yapacağımı söylemem, istediğim dereyi kaldırırım, diyemezsiniz.

Tabii ki başaramazsınız, yapacağınız tek şey, susturmak, otorite kurmak, Allah böyle diyor, Kur'an böyle diyor diye, güya sözde uydurulmuş bir ideoloji adına 'dine' sığınıp açık bir toplumu dini ve Müslümanlığı tahrif ederek, din ve Müslümanlık değerlerine hakaret ederek yapacaksınız, bu olmaz, olmadı.

Adalet ve merhamet gibi duyguları sırf, arkamızda Amerika var bize bir şey olmaz, diyerek görmezden gelmeye çalıştılar, adını kullandıkları Müslümanlığa tarihler içinde en büyük iftiraları işte bu kapalı, donuk zaman ve mekân duygusunu kaybetmiş ideolojiler yaşattı.

Bu mümkün değildir! Elinizdeki ideolojik İslamcılık, Müslümanlık değildir. Geleneksel Müslümanlığın yüzlerce düşünen, tartışan, değerlendiren, en önemlisi bir lider, bir şeyh değil, Allah'tan başka kimseye hesap vermeyen kurumları vardır.

Bu İslamcı ideolojiler bu kurumların hepsini iptal etmişlerdir, başka türlü düşünen aydınları dünyadan kovmuşlardır, ortada sadece kendi ideolojik liderleri ve kendi cemaatleri kalmıştır, yani İslam'ı dahi gasp edip hepimizi o ideolojik karanlık küflü İslam'la kırbaçlayıp köleleştirmeye, hatta Suriye'de Müslümanları kesmeye, ciğerlerini yemeye başlamışlar ve bundan da hiç utanç duymamışlardır.

Her insan Allah'a inanır, Allah inancı için senin liderine ya da şeyhine danışması ya da Allah'a inanıyor diye senin şeyhinin ve liderinin kulu, kölesi, müridi, esiri olması gerekmez. Senin liderinin ve şeyhinin tek fazlası, arkasında Amerika olması, abartılı olacak ama doğrusu budur, Allah'la Amerika yer değiştirdi, Allah'ın adalet ve merhameti varken tek başına çilelerle dolu zorlu bir hayatı başaramadılar, Allah gidip Amerika gelince, iktidar, belediye, zenginlik, hatta 'Osmanlı Rüyaları' içinde buldular kendilerini.

Üstelik bu ideolojik İslam, ezilmiş sömürge kültüründe tohumlandı ve Batılı ne görse tartmadan, düşünmeden bidat, düşman, ihanet olarak görüyor. Çok yakın bir tarih içinde 'örgütsel' olarak tasarlandı, bir şeyh ve ona çok sadık müritleri tarafından büyütülüp İslam'a sonradan monte edildi, tarikat desen olmaz, cemaat desen tutmaz, mezhep desen uymaz bir tuhaf 'oluşum', bu cahiller komedyası, ülkede onlarca yıl baş tacı edildi.

Lafı biraz daha karmaşık dolandırayım, Müslüman Kardeşler'in lider kadrosuyla birkaç defa konuşma, tartışma şansım oldu, Mısır'da yargıdan ekranlara kadar bu kadar keskin ve sert el koyma girişimlerine ideolojik olarak değil, 'taktik' olarak acelecilikleri beni şaşırttı. Çünkü Müslüman Kardeşler çok temkinli insanlar, elde ettikleri büyük gücü yavaş yavaş, bir sabırla kazanmışlardı, daha yavaş daha toleranslı gitmeliydiler ama şimdi bu akıl almaz hızla toplumu topyekûn dönüştürme iştahları bütün dünyayı şaşırttı ve ılımlı-İslam, demokrasiyle-İslam tartışmalarını kökünden bitirdi. Türkiye'deki İslamcı kardeşlerinin dizginlenemez iştahından etkilenip oyuna geldikleri çok açık.

Medya patronları acımasız despot gücünü 'iktidardan' alıyordu, peki bunlar?

Moğol atlıları iyi bilir, bir Moğol atlısı, ok geçirmez, nerdeyse santim kalınlığında ipek gömleğini giyer, atın terkisine bir kısrak bağlayıp sürükler ve onun sütünü içer, üstüne bindiği atın sağrısından çizikle kanını döküp pişirip içer ve en önemlisi de atı ölmeye yakınken atın etini, bağırsaklarını kurutup yanına alır sonra da arkada, yolda büyümüş takviye kısrağına atlayıp yoluna devam eder.

Ancak dünyaları fetheden Moğol atlılarına o efsanevi gücü veren başka bir şeydir, o da atın koştukça yükselen enerjisidir ve at üstündeki Moğol askeri, o atın enerjisiyle, moda deyimle elektriğiyle başka tür bir insan olur, atla kendisi tek beden haline gelir. At sizi sevmeyegörsün, koştukça içindeki bütün iştahını, enerjisini size geçirir. Kuşkunuz olmasın, mermi, tüfek, bomba, makine, icat olmasaydı şu anda dünyamız Obama'nın değil, Cengiz Han'ın torunlarının elinde olacaktı.

Türkiye'deki İslamcı hareket, ABD'nin Irak savaşını reddeden Türk ordusunu cezalandırmak için giriştiği Balyoz ve Ergenekon Davalarıyla Türkiye'deki İslamcı ideolojiye çok büyük iktidar şansı verdi.

Öyle bir şans ki Osmanlı rüyası Moğol savaşçısının atına döndü, Osmanlı rüyasından büyük bir elektrik enerjisi dolmaya başladı, öyle ki, şimdi anlıyorum, Suriye Savaşı ABD'nin fikri değil bizimkilerin ABD'yi zorlamasıyla oldu. Rüyalarındaki haritaya bakın, Kosova'dan Suriye, Sina, Mısır, Tunus'a kadar, tabii bu kadar toprak içinde Kürt milliyetçilerine de bir parça ekmek düşecekti ki, daha bir ay önce Selahattin Demirtaş, Lazkiye'yi istiyoruz, demeye başladı, ancak görünen o ki Moğol atlılarından da hızlı uçtular.

Dün itibarıyla İstanbul'da toplanan Suriyeli muhaliflerin Humus elden gidiyor feryatlarına hiç şaşırmadım, Suriyeli Sıçanlar Ordusu nerdeyse çaresiz ve yedikleri ihanet bokuyla ortada kaldı. Obama, Suriye Savaşı'nı Tayyip Erdoğan'ın elinden alıp Putin'le Batılı ülkelerle başka bir müzakereci yere, ağlama eşeğime bağladı.

Şöyle düşünüyorum, Obama, Tayyip Erdoğan'ı önce bir 'kâhya' gibi sopasıyla yönetirim sandı, ama Osmanlı rüyalarının hem Mısır hem Türkiye'nin resmi katlarında aleni, açıkça telaffuzuna o da şahit oldu, Osmanlı rüyalarının fütursuzluğu hem ABD hem de Batılıların hızla politika değiştirmesine sebep oldu.

El Kaide'yi şüphesiz ABD de kullanıyor ama Türkiye'nin El Kaide'yi Suriye'de kullanırken El Kaide militanlarına, el altından, şimdi hedef Suriye, sonra İsrail, demesine Batılı istihbaratçılar defalarca şahit oldu.

ABD, Suriye Savaşıyla ortaya çıkan sosyal maliyetlerin Irak ve Afganistan'dan daha büyük olduğunu gördü, şöyle ki, sarin gazından Suriye'de yaşayan büyük ölçekte Hıristiyan nüfusa kadar, Reyhanlı bombalarına kadar, ciğer yiyen insanlık dışı vahşetlerin Batı medyasında sabahlara kadar döndürülmesine kadar ortaya çıkan manzaranın, kendi kamuoyuna anlatılamayacak boyutlara ulaşması ürkmelerine sebep oldu.

Mısır'da ve Türkiye'de ortaya çıkan halk isyanlarının gerekçesi de ABD için bulunmaz bir 'bahane' oldu: Modern insanların en temel haklarının iktidar tarafından asla gasp edilemeyeceği feryatları Batılılarca yavaş yavaş seslendirilmeye başlandı.

ABD'nin Tayyip Erdoğan'a önce sopa göstermesi, sonra ABD ziyaretinde *Diktatörlüğün Psikolojisi* kitabını hediye etmesi, sonra Ankara ABD elçisinin Tayyip Erdoğan'a sarımsak gösterir gibi Atatürk'ün sözleriyle davetiye bastırıp açılış konuşması yapması, İslamcı ideolojinin artık ABD nezdinde tamamen bittiğinin işaretleridir.

ABD ve Batı, AKP ve Mursi için dünya güzeli bir bahane inşa etmişlerdir, o da: Seçimle gelenlerin demokrasinin en temel kurumlarını ele geçirmelerine asla fırsat verilmemeli, düşüncesidir. Buna rağmen Mursi'ye karşı yapılan çok sert bir karardır, ABD ve Batı'nın demokrasiyle iktidara gelmiş bir lidere karşı bu denli acımasız bir sessizliğe bürünmesi hayra alamet değildir.

Kabul edelim ki batının sessizliği altında çok düşünülüp tartışılmış, çok istihbarat elde edilmiş Osmanlı rüyalarından El Kaide'nin yarın İsrail'e bela olma ihtimaline kadar çok şey üzerinde derin bir mutabakat vardır.

Ben aynı sessizlik ve mutabakatı Balyoz Davası'nda gördüm, ki Balyoz'da yargılananların çoğu NATO'da eğitim almış, Batılılarla onlarca kez ortak çalışmış subaylardır.

O gün şu soruyu sormuştum, Batı, daha düne kadar kankası olan bu subayları bir çırpıda ve bu denli gaddarca nasıl gözden çıkarabilir?

Bu sorunun cevabını biliyoruz, Bush'un intikamı, Irak Savaşı'na karşı çıktığı ve ABD'ye direndiği için. Avrupalıların NATO subaylarının içeri tıkılmasına ses çıkartılmama sebebi ise, Güneydoğu'daki etnik milliyetçilik süreç hatırınadır.

ABD ve Batı'nın sessiz mutabakatı beş-altı yıl önce Türk Ordusu'nu çökertti, şimdi aynı sessiz mutabakat 'Ilımlı İslam Projesi'ni bitirmeye kararlı.

Geriye dönüp yakın tarihimizin darbelerine bakın, bu sessiz mutabakatlar altmış yıldır böyle gelmiş bir yüz yıl daha böyle gider.

Bu oyundan bu kumpastan kurtulmanın tek yolu var kardeşlerim, bu dünyada yaşayabilmek için tek şansımız var, o da, bir, açık kanallarımız olmalı, iki, bağımsız, korkusuz ve bilge yazarlarımız her şekilde, her yerde kitlelere seslerini duyurabilmeli.

Yargıdan edebiyata kadar ülkenizde olup bitenleri en acımasız şekliyle her gün ama her gün eleştirebilecek kanallarınız, gücünüz yoksa, bir ülkeniz yok demektir.

Bağımsız yazarlarınız yoksa, bağımsız bir ülkeniz olamaz.

Modern dünyada bir ülke inşa etmek istiyorsanız, bir ülkeniz olsun istiyorsanız, modern dünyanın en vazgeçilmez değeri 'eleştiri'nin her ekranda, her gazetede, her sokakta canlı canlı yaşatılmasıdır.

Zaman ve mekân kavramını yitirmiş ideolojilerle, bir lider ve şeyhe ölümüne bağlanmakla, bir oligarşik medya düzeninde yalandan, sözüm ona üstünkörü eleştiriler yaparak sadece, can çekişen bitkisel hayatınızı uzatır, darbelerle gelip darbelerle gidersiniz, her defasında kardeş kanı kavgası daha da çoğalır.

Gelin bu olup bitenlerden ders çıkartalım, bağımsız birey ve eserin, eleştirinin, üretenin adına, sanına, kimliğine bakmadan sahip çıkalım.

Derelerimize, sahillerimize, ormanlarımıza aynı şekilde sahip çıkalım, akademilerimize gazetelerimize, insanlarımıza sahip çıkalım, eğitim ve sağlık sigortalarına, fırsat eşitliğine geniş, yoksul kitlelerin lehinde sahip çıkalım, altta kalanların, hakkı yenenlerin yanında, acı çeken kanı dökülmüşlerin tarafını tutarak, aşağıda kalmış, ezilmiş, hakkı yenmiş insanları savunarak, geniş kitleleri uyanık ve diri tutarak, gelin, her şeyin başı bağımsız bireyin haklarını baş tacı ederek, yarım kalmış modern yolculuğumuza çıkalım.

Hem Mürsi Mısır'da yargıdan medyaya kendi ideolojik rengini verirken, kendi arkadaşlarından hiç kimse karşı çıkamadı, hem Tayyip Erdoğan aynı şeyleri Türkiye'de yaparken kendi iktidarından kimsecikler eleştiremedi. Bu basit bir şey değil, bir medeniyet kilidi, bir medeniyet krizidir, akademisinden medyasına henüz bu 'kilit'i sağcı, solcu, liberal hem aşabilmiş değil hem de şahsi ego, kin ve ölümüne ideolojik duruşlardan dolayı bir şans da görülmüyor.

7 Temmuz 2013

HAKLI HAKSIZ OLMA ZAMANI DEĞİL, SAKİN OLMA ZAMANI

Mısır'da bu sabah ordu darbeye karşı gösterilerde bulunan Müslüman Kardeşler'e karşı katliama girişti. Arkası önü karanlık bir dizi siyasi oyun, bir içsavaş felaketine doğru gidiyor.

Mısır'daki olaylardan en hızlı etkilenecek ülke Türkiye'dir, ülkemiz iktidarı kendisini Müslüman Kardeşler'le özdeş görüyor, neredeyse darbeyi kendine karşı yapılmış kabul ediyor. Üstelik iktidarlarının zafer sarhoşluğu içinde, çok savunmasız bir zamanda, en güvendikleri yerlerden saldırıya uğradılar, bu şaşkınlık da AKP iktidarının gerilimini fazladan harlıyor.

Mısır'daki darbeyi fazlasıyla üstüne alan AKP'nin Mısır'daki gerilimi önce ekranlara, sonra Türkiye'ye bulaştırma korkusu yaşıyoruz ve iktidardan, Mısır'daki gerilimden çok kendi ülkesindeki asayiş ortamının gerilmemesine daha dikkatli eğilmesini istiyoruz.

AKP'nin Mısır'daki darbeyi üstüne alma paniği çok da yanlış bir psikoloji değil, çünkü on yıllar boyu ılımlı İslam'a açık destek veren ABD ve Batılı ülkelerin ılımlı İslam'a karşı tavırlarını köktenci ve sert bir şekilde değiştirdikleri çok açık. Bu korku, panik hem AKP hem yandaşları hem de kitlelerini büyük bir hayal kırıklığına ve bu hayal kırıklığının paniği, bir seri sorumsuz sosyal olaylara sebep olabilir.

Şu anda hepimize düşen görev, darbeyi o yaptı bu yaptı tartışması değil, deveye sormuşlar neren eğri diye, nerem doğru ki demiş. Bu tartışmanın doğru tarafı yoktur.

İki taraftan birini tutmak ve ülkemizdeki gerginliği artırmak zorunda değiliz. Kediye sormuşlar ağandan mı memnunsun paşandan mı, ne ooo ne ooo, demiş. Ne ağayı ne de paşayı tutmak zorunda hiç değiliz.

Yaşadığımız günler siyasi olarak haklı-haksız münakaşasını sürdürme zamanı hiç değil, bugünler, hepimiz kan, şiddet, darbe, içsavaş çağrıştıracak gergin cümlelerden kaçınma zamanıdır. Bugünlerde ölümcül bir paranoya yaşayan AKP'nin her sözüne, düşmüş bir boksöre yumruk atar gibi tekme tokat girişmek hiç doğru değil, bu sorun, AKP'nin Amerika'yla kişisel sorunu, aşkları bitmiş, daha da ötesi mağduriyetlerini okşayıp siyasallaştıracak kimsecikleri kalmadı, bize ne?

Bu acı trajedileri değerlendirecek, ders çıkartacak çok zamanımız olacak, şimdilik kuracağımız her gergin cümle Mısır'da rayından çıkmış vahşetin Türkiye'ye taşınmasına katkıda bulunmaktan başka işe yaramaz.

Bugünler, demokrasi, insan hakları, birlikte yaşama gibi fikir ve duygularımızın çok sağlam olup olmadıklarını test etme günüdür.

Tayyip Erdoğan Bey'in aylardır kendi halkını düşmanlaştıran sözlerinin herkesi, hepimizi çok gerip delirttiğinin farkındayız, bu öfke rüzgârına şüphesiz boynumuzu eğdirmeyiz, ancak, bu öfkenin 'mantık'tan çıktığını iyi görün, yani bugünlerde 'sorumluluk üstlenmesi gereken' bizleriz.

Kardeşlerim, kolay bahşedilmiş zaferlerle aslan kral kesilenlerin birkaç gün içinde ters bir rüzgârla, derin hayal kırıklıklarıyla zıvanadan çıkması karşısında bize düşen, o insanlığımızı ayakta tutan akıl, sabır ve bilgece duruştur.

Darbelere ve kanlı, vahşi görüntülere gittikçe daha çok alışır hale geldik, hepimiz dua edelim, AKLIMIZ DARBE yemesin.

08 Temmuz 2013

AKP, KÂHYALIKTAN YENİDEN UŞAKLIĞA

Önce şunu bir kenara yazın, Mısır'da ordunun, yargının ele geçirilmesi teşebbüsünü görüp hızla darbeye girişmesinin anlaşılır tek sebebi Türkiye tecrübesi gibi görünüyor. Mısır ordusu, tıpkı Türkiye gibi yargı marifetiyle sonunun hazırlandığı emarelerini gördü ve Mursi'ye şans vermedi.

Ülkemizde Gezi Parkı'yla siyasi savaş, iktidarın tanımadığı topraklara doğru çevrildi, bu yüzden iç politikada denetimi kaybettiler.

Dış politikada da benzer bir şey oluyor, Tayyip Erdoğan 'tanımadığı topraklar'a doğru çekiliyor, bu kısa yazının konusu budur.

Amerika siyasal İslam'ın aklını ele geçirdi, hem psikolojisini biliyor hem istihbaratı var.

Şu anda iktidarımız çaresizce başka bir savunma pozisyonu arıyor, bulma ihtimali de Batı'dan izole olmadan, İranlaşmadan hiç yok. Dikkat edin Amerika'yı saldırıya davet edecek aleni açıklamalardan itinayla kaçınıyor.

Sevgili AKP'miz Mursi kanalıyla tam anlamıyla PUSU'ya düşürüldü ve sevgili iktidarımızın aklı da bunu almıyor. Şu an tek istediği zaman kazanmak. Düşünün, Osmanlı İmparatorluğu için çılgın proje ve kutlamaları zafer sarhoşluğuyla dillendirirken bir anda pusuya düşmeleri olacak şey değil. Hem kendi ruh sağlıkları hem Türkiye'nin asayişi açısından.

AKP'liler bir on yıl sonra kendilerinin büyük devletlerle İran gibi restleşmeye hazır olabileceklerini hesaplıyorlardı, ancak su uyur düşman uyumaz, evdeki hesap çarşıya uymadı.

Mursi destekçileri dire dire kazanacaklarını düşünüyorlar, bu da mümkün görülmüyor, Mursi taraftarları yavaş yavaş adım atamayacak duruma gelecek, sebebi, çevreleri çok kötü, etrafta dost kalmadı, şüphesiz teslim olmayacaklar ama hem sosyal mekân hem siyasal olarak demir çerçeveler içine alınıyorlar, tıpkı Mübarek döneminde olduğu gibi.

Türkiye, İsrail, Mısır, Körfez ülkeleri, Suudlar Amerika için açık bir ringdir. Burada kontrolü tamdır. Sevgili iktidarımız darbe öncesi buralarda az buçuk konuşabiliyor, hareket edebiliyordu, ancak bu kontrol AKP'mizin elinden bir günde, hızla çıktı. Şu anda iktidarımız bu büyük ringde köşeye sıkışmış durumda, rüyalarıyla oluşturdukları dış politikanın kaburga kemikleri çoktan kırıldı.

Suudlara gidemez, Katar'a gidemez, Suriye, İran'a hiç gidemez, Batı zaten kapıları kapatmış, sizce bu boksörün şansı kaldı mı?

Tayyip Erdoğan ve arkadaşları Amerika'yla sıkı ilişkilerinin adını koyarken çok yanıldı, bu denli göbekten bağımlı ülkelerin bağımlılıklarına aşağılayıcı olarak, uşaklık denir, uşaklığın bir üstü 'kâhyalık'. Tayyip Bey 'kâhyalık' rolünü çok abartıp gözünü daha yukarılara, eski 'sahiplik, efendilik' hayallerine kadar dikti.

Şimdi Amerika ve Batı, Tayyip Bey'e tekrar 'uşaklık' rolünü hatırlatıyor.

Yine de, Tayyip Erdoğan sıkıştığı bu köşeden çıkabilir mi, çıkabilir ve ülkemizi onlarca yıl daha yönetebilir, ancak bir şartla: Kayıtsız şartsız Batı'ya ve Amerika'ya diz çökerek, 'UŞAK'lık rolünü tekrar kabullenerek.

Tabii bunun için aslan ve padişah ve başkan ve kral postunu ebediyen unutması gerekiyor.

Ve Batı tarihinin en acımasız yasalarını öğrenerek kral postu giyebilmek için Olimpos Dağı'nda oturmanız gerekir.

Batı'nın tek büyük 'lobisi' bu Olimpos Dağı'dır, uşaklar, köleler, kâhyalar, hatta yurttaşlar dahi o dağda ikamet edemez.

Gözünüzü Olimpos Dağı'na dikmişseniz bunun tek yolu 'bağımsız savaş'tır.

Sevgili AKP, sevgili Tayyip Erdoğan ve yandaşları, Olimpos Dağı sizlerin hiç tanımadığınız topraklardır.

Orada oturabilmeniz için bağımsızlıkla gelen çok soylu bir asalete sahip olmanız gerekir.

Orada oturmak, uşakların, kâhyaların, kölelerin, ilişkilerin, adamların, el altından ittifakların işi hiç değil.

Bence gözünüzden şeytan görmüş gibi uzak tuttuğunuz Mustafa Kemal Atatürk'ün kim olduğunu, ne yaptığını birazcık olsun anlamaya çalışmanızın tam zamanıdır.

Sizler yüzlerce yazarı, subayı içeri atabilmek için haşa Allah'tan bile vazgeçip yerine Amerika'yı koydunuz, buna rağmen 'uşak' yine uşak...

Hatırlatmanın tam da zamanı, içimizde bir adam var, Anıtkabir'de, onun yerini gönüllerde ve siyasette hâlâ hiç kimse değiştiremiyor.

Ayyaş mı demiştiniz? Kim uşak, kim ayyaş gördük işte.

9 Temmuz 2013

ÖLEN BİZ, MAĞDUR ONLAR

1. Neden hep biz ölüyoruz? Madımak'lar, Uğur Mumcu'lar, şimdi de on dokuz yaşında Ali İsmail Korkmaz. Sabaha kadar karakol karakol gezdirilmiş, beyin kanaması bilinmeden gece boyu hastaneye götürülmek yerine bankta oturtularak bekletilmiş. Buna can dayanır mı, hepimizin işte böyle çocukları, on yıllık saltanatınızda ilk defa meydanları boş bırakmayız dediler ve ara sokaklarda başlarına vurula vurula öldürüldüler. Satırlar, sopalarla kafa kemiklerini, beyinlerini patlattınız. İftar çorbanız afiyet olsun, ramazanınız ekranlarınıza, maaşlarınıza, şeyhinize, liderinize hayırlı olsun, saldırdıkça dini rütbeler kazandınız, korumasız, zayıf, incecik bedenleriyle çocuklar ölürken, polislerinize dağıtın emri veren liderlerinize övgüler, dualar düzdünüz, işte böyle. Eee ne yapalım seçim kazandınız; öldürme, yok etme, imha etme, insanların gözünü çıkartma her şey demokratik hakkınız, doya doya keyfini çıkartın.

Daha bir ay önce öldürülen Ethem Sarısülük, okudunuz hayatını, ekranlarınız, gazeteleriniz on yıldır tek satır yoksulları görmez, tanımazdı, bu 'Sarısülük PKK'lıdır' iftirası atınca mecburen tarafınızdan ajanca didiklendi hayatı, ekranlarınız on yıl sonra nihayet hunharca ölümüyle ancak yoksul bir ailenin hayatına şahit oldu. Devlete kahredip dağlara vurmuş dünya güzeli meczup bir baba, genç yaşta kaynakçılıkla hayatını kazanan tertemiz, genç bir emekçi... Gördü mü ekranlarınız, gazeteleriniz nihayet, kimseye muhtaç olmadan nasıl kazanılırmış ekmek parası, eee seçimleri siz kazandınız, artık hakkınız ekmek nasıl kazanılır diye hiç dert etmeden püfür püfür yaşamak.

El Altından Hangi Pazarlıklar Yapıldı?

Sivil kurumlar insanlığın bütün coğrafyalarda yüzyıllık siyasi-sosyal kavga ve gelişimlerinin kazanımıdır, işte Gezi Parkı'na destek verdiler diye yüz binlerce mimar, mühendisin denetim rolüne bir el kaldırmayla son verdiniz, eee seçim kazandınız, bütün sivil kazanımları kurumları iptal etmek babanızın demokratik hakkı. Neymiş bir binanın estetik, kültürel değerini iktidar dışında bir kuruma danışmak, bence de doğru yaptınız, Allah'ın emri birdir, o da partiniz AKP'dir, demokratik sandık hakkınızı tepe tepe kullanın.

El altından hangi pazarlıkları yapmışsanız binlerce jandarma karakolunu iptal ediyorsunuz, eee seçim kazandınız, ananızın ak sütü gibi helaldir karakolları terör örgütlerine peşkeş çekmek, seçimle geldiniz, bence de verin anasını satayım.

Daha üç ay önce bütçeyi meclisten Sayıştay'sız geçirdiniz, kim yedi kim çaldı bilen yok, demokrasinin en temel denetim görevi yapan Sayıştay olmadan tarihlerde ilk defa meclisten bütçe geçirdiniz, olacak şey değil, eee sandıkla geldiniz hakkınızdır hâkimlik kurumlarını ele geçirmek, Sayıştay'ları yok saymak, ÖSS hırsızlıklarını yok saymak. Seçimle geldiniz, kim ne diyebilir, İslam âlemine, şeyhinize, imanınıza, liderinize afiyet şeker olsun.

Şimdi de tarihin ilk gününden beri köylülerin ortak kullanımında olan yaylaları, yirmi otuz yıllığına şirketlere teslim ediyorsunuz, yahu bu yayla, her bir yayla on binlerce dönüm çayırlık, hepsini yandaşlara veriyorsunuz. Eee seçimle geldiniz bize konuşmak düşmez, hakkınız halkın derelerini, yaylalarını adamlarınıza peşkeş çekmek, bize düşen sandıkla gelenlere saygı göstermek, kim çaldı sormamak, karakollar niye iptal oldu diye merak etmemek, kimin yağması, talanı hiç denetlememek, haşa, dil ucuyla azıcık söylersek bunları 'darbeci' oluruz, faşist oluruz, tövbe söyleyemeyiz ama siz sandıkla geldiniz ya artık gülsuyuyla, sütle yıkanmış en ileri demokratsınız, öldürün, sorana darbeci deyin, çalın çırpın, sorana faşist deyin, eee en hakiki demokrat sizsiniz.

Ekranları, Gazeteleri Tapunuza Geçiriyorsunuz

TMSF el koyuyor; siz ekranları, gazeteleri nüfusunuza; tapunuza geçiriyorsunuz, eee seçimle geldiniz hakkınız, halkın vergileriyle banka kredilerini, TRT'leri paşa paşa yiyip içmeyi. Ne bereketi bol bir ramazanmış, iftar sofrasında yaylalar, ekranlar, hırsızlıkla kazanılmış savcılıklar, gazeteler... Allah orucunuzu, iftarınızı, yaylalarınızı Suriye'de öldürüp El Kaide'ye ciğerlerini yedirdiğiniz yüz binlerce Müslüman'ın kanını, hurmasını kabul etsin, Allah demokratlığınıza zeval getirmesin.

Allah demokrat müminlerini ülkemizden mahrum etmesin.

2. Rusya, Suriye'de Özgür Sıçanlar Ordusu'nun sarin gazı kullandığını belgeleyip Birleşmiş Milletler'e getirdi, şimdi Türkiye kaçacak yer arıyor, birkaç aya kalmaz, sarin gazını kim kime vermiş dünyanın büyük kurumları ve gazetelerinden okursunuz artık, çünkü ülkenizin özgür medyası kaç defa Türkiye sınırlarında sarin gazı ele geçirildi, yazmadı.

Dışişleri Bakanımız da sınırda mülteci kamplarında orucunu açıyor, Suriye'den kaçmış yaşlı ve çocuklara bir general gibi konuşuyor.

Yaşlı ve çocuklara, askerlerine cesaret veren komutanlar gibi, eskiler bu asker yiğitleyen konuşmaya 'şecaat' der. Hararetli haması konuşmasında, bir, ileri, hücum, cümleleri geçmiyor, şöyle kazanacağız, böyle mahvedeceğiz, böyle yeneceğiz, kılıç kuşanmış Osmanlı naralarıyla.

Zavallı Davutoğlu, dünya kendini dışlayınca kendini bir anda El Kaide'nin yanında yalnız bir general olarak buldu.

Askerleri de zavallı çocuk ve ihtiyar mülteciler. Humus'u yani özgür sıçanların son kaçacağı yer aynı dakikalarda düştü düşecek, bizimki iftar çadırında yarım Arapçasının belagatiyle terliyor, coşuyor, kuduruyor.

Ve çadırı doldurmuş zavallı çocuk, kadın ve ihtiyarlara da gözucuyla şöyle bir bakıyor, buradan bir küçük ordu daha çıkartabilir miyiz?

Hangi sinemacı çekse böyle bir sahne, insan yok yahu bu kadar da olamaz der. Çok acıklı bu sahne karşısında hangi insan, *nerelere düştük Allahım* vehametine kapılmaz, Osmanlı rüyasını artık bu minnacık çocuk ve çaresiz kadınlar mı taşıyacak? Dünyadan dışlanmış Dışişleri Bakanı, son çare, kaçacak başka yeri kalmamış on üç yaşındaki çocuklara gaz vermek için cihat nutukları çekip cepheye adam yetiştirmenin telaşıyla yırtınıyor. Cephede ölenler de bu küçücük çocukların, bu zavallı yersiz, yurtsuz, mutfaksız, yatak odasız kadınların babaları, kocaları. Ve onlara hâlâ ölecekleri öldürecekleri bir hedefi şahadet, iman, ayet laflarıyla hedefler gösteren bir Dışişleri Bakanı.

(Dursun bu satırlar bu paragraf içinde, belki on yıllar sonra bu akıl almaz sahne, bir genç senaristin aklına gelir.)

Eee seçimle sandıkla geldiniz, on üç yaşındaki mülteci, yersiz yurtsuz çocukları savaşa sürmek Allahınızın, imanınızın, demokrasinizin, babanızın, rüyalarınızın, 'tik'lerinizin, hezeyanlarınızın, cezbelerinizin hakkıdır. Ve o iftar çadırında on üç yaşındaki çocukların içeceği bir sıcak çorba, ne pahasına, babalarının ölümü ve ülkelerinin mahvolması pahasına ve her kaşığına Müslüman kanı cihat, şehit, şahadet doğranarak... İnsanlık utansın.

Mısır'daki Darbeyi Niye Bu Kadar Üstlendiler?

3. İşte böyle bir hikâye ki gerçeğe direnmekten başka şansınız kalmadı. İşte böyle bir hikâye ki gerçeği sansürlemek, gizlemekten başka şansınız kalmadı.

İşte böyle bir hikâye, hakikat ve gerçek, 'tik'iniz oldu, hakikat gösterildiğinde öldürün emri veren, yok edip imha eden, gerçek deyince sizi darbeciler, faşistler diye satırla, sopayla, mermiyle sokak aralarında gencecik çocukları öldürür hale geldiniz ve iftar sofrasında yersiz yurtsuz, babasız çocuklara cengâverlik nutukları çeker hale geldiniz.

4. Mısır'daki darbeyi niye bu kadar üstlerine aldılar sorusu-

nun cevabı bir dünya atasözü: Tecavüze uğrayan yabandomuzunun çok yaman azıdişleri artık işe yaramaz.

Yani üzüntüleri darbeye değil, yalanları, talanları, atamaları, görevden almaları, kurumları iptal etmeleri, yani azıdişleri bu tecavüzle artık işe yarayamayacak.

5. Napolyon'un savaş dehasını inceleyenler söylüyor, iki ordu karşı karşıya geldiğinde iki ordunun da ön cepheleri zırh gibi sıkı ve disiplin içindedir, bu yüzden ön cepheden saldırmaz, Napolyon yandan ve arkadan, yani en kırılgan taraftan saldırır.

Yani Napolyon 'morale' saldırır, ordunun psikolojisini kırmak için.

Mısır'daki darbe, AKP'ye arkadan bir saldırıdır, psikolojisini kırmıştır, telaş ve panik bu yüzdendir.

6. Unutmayın, domuzlar, balıklar ve tavuklar çok düşük zekâya sahip oldukları için onları etkilemek imkânsızdır, fikirle, gerçekle karşılarına çıkmak kadar aptalca bir şey yoktur.

Hem domuzlar hem balıklar hem de tavukların 'perspektifleri' yoktur, şöyle, burunlarının ucundaki 'yemlerle' ilgilenirler, bakışları bir metre derinliğine inemez, hayat burunlarını sürttüğü, eşindiği yemlerin dairesi kadardır.

Bu yüzden domuzları, balıkları 'yenilgiye' uğratmak mümkün değildir, çünkü 'yemlenme' alanı dışına çıkmazlar, çünkü yemlenme alanı dışında hayat bilmezler.

Bu düşük yaratıklar ne önceyi bilirler ne sonrayı, ancak seçimle gelmişlerdir, deryalar, bütçeler, belediyeler, yaylalar, borsalar analarının ak sütü gibi helal olsun, sakın ha, bu yemlenme alanlarına saldırmayın, haşa hem demokrasi hem Allah düşmanı olursunuz.

7. Ancak yolun sonu göründü, Allah'la yer değiştirdikleri Amerika, Batı, siyasal İslam'ı YIPRATMA SAVAŞI'na başlamıştır.

Maymunlar Gibi Kafeslendiler

Artık kendi paranoyalarını iftardan sahura kadar kendileri beslemeye başlamışlardır.

Artık ezan seslerini paranoyak öfke nöbetleri susturmaktadır, işte oyuna böyle gelmişlerdir, çünkü rakipleri için bu öfke nöbetleri, bir silkelenmeyle dalından düşecek kadar olgunlaşmaları demektir, yani saldırdıkça, kudurdukça düşecekler.

Unutmayın, bu eşek ölüsü leşini siyasetin ana yolundan çekip çıkartmak birkaç sene sürer, ancak bu leşin yol kenarında çürüyüp, kuruyup kabuklaşması onlarca yıl.

Zavallılar, kuşatma altında olduklarını henüz yeni yeni hissediyorlar, ideolojik İslamcıların aklı, dünyalılar tarafından 'çerçeve' içine alındı, maymunu ağacından kafesine taşıdılar, şansları yok.

Bu kafesten halkın vergilerini gasp ederek ele geçirdikleri ekranlarda, sabahlara kadar 'darbeciler' cıyıltılarıyla çıkamazlar.

Onlar artık o ekranların büyüsüyle de maymunlar gibi kafeslendiler. Çünkü onları kurtaracak şeyler adalet, doğruluk ve merhametti, bu büyük şansı geçtiğimiz on yıl içindeki gaddarlık, hukuksuzluk ve kibir karnavallarıyla çoktan kaçırdılar.

8. Tekrar hatırlayalım, bir ordu yüz kez savaşır, yüzünü de kazanır, büyüklüğü bu gücü değildir.

Bir ordunun büyüklüğü hiç savaşmadan kazanmasıdır. Dikkat edin, Amerika bu İslamcılar sayesinde hiç savaşmadan kazanıyor, hem Suriye'de hem Türkiye'de hem Mısır'da.

Siz bu devasa ABD ordusuyla hiç savaşmadan, daha baştan teslim olup uşak ilişkisine girmişseniz, bu ordunun artık her olası siyasi manevralarına açıksınız demektir.

Üstelik sizinle hiç savaşmadan, size kendi ordunuzu imha ettirip ortadan kaldırtmayı cemaat ve ajanlarıyla başardı.

Amerika, Türkiye ve Mısır'ı istediği gibi yönetiyor ama ona hâlâ direnen Afganistan'da Taliban'la el altından uzlaşmanın yolunu arıyor, PKK dahi savaşmayı göze aldığı için halen masada belinizi büküyor, karakollarınızı kaldırtmayı başarıyor.

Gerçek bu. Hakikat dışında her şeyi zimmetlerine geçirenler ne bilsin?

Ne bilsinler insanlığın kalesi adalet, hukuk ve merhamettir.

Yüreklerinize bu erdem tuğlalarıyla insanlık kaleleri inşa etmeyen sizlersiniz. Nasıl başardınız ideolojik bir örgüt, bir tuhaf cemaatle bu mübarek dini, suratlarınızda frengiye çevirmeyi, nasıl başardınız?

9. Ve İslamcı yalakalar, yandaşlar! On yıl boyunca bu gaddarlığı sizinle ortaklaşa düzenlemeyi başaran ABD'yi, ajanları ve cemaati, şimdi huzurlarınızda kutluyorum.

Bu gencecik çocukların kanını size iştahla yalatmayı nasıl başardılar?

Bu kadar merhametsiz, adaletsiz hukuku size gönüllüce yalatmayı nasıl başardılar?

Sayıştayları yok saymayı, ÖSS hırsızlıklarını örtmeyi, dereleri, yaylaları babanızın malı yapmayı size nasıl inandırıp imanla, Allah'la, dinle kabul ettirdiler!

Söyleyeyim.

Bir gün Mao, generallerine sorar, BİR KEDİYE NASIL BİBER YEDİRİRSİNİZ?

Generallerinden biri, "Kediyi zorla tutar, zorla ağzına sokarız," der.

Mao, "Hayır zorlamadan yapacaksın," diye karşı çıkar.

Diğer general, "Kediyi günlerce aç bırakıp biberi de bir et parçasının içine koyarız," diye atılır.

Mao, "Hayır, hile yapmadan yapacaksın," der.

Generaller, "Peki, siz nasıl yapardınız," diye sorar.

Mao, "Biberi kedinin derisine yapıştırırsın, kedi yanan derisini elbet yalayacaktır," diye cevap verir.

Kedi kendini yaladığı için çok mutlu olacaktır.

Hem cemaati hem İslamcı iktidarı kutluyorum, o biberi on yıl içinde derinize hatta beyninize yapıştırmayı başardığı için, şimdi hepiniz KENDİNİZ GÖNÜLLÜCE YALIYORSUNUZ o güzel gülbeşeker beyninizi.

11 Temmuz 2013

DİRENİŞ GÜNLERİ

1. Türkiye'yi hiç tanımıyorlarmış, uzaydan gelmişler liberal abiler, 'bu eli sopalılar kim', 'acaba kim dövmüş olabilir', 'Allah Allah kamera kayıtlarına da bir baksak ne desek ki...' gibi bilmez bilmez cümleler kuruyorlar.

Terbiyesiz cahil insanlar, emniyetin 'dayak timi' olduğunu bilmiyor musunuz, sadece emniyet içinde değil, büyük gösterilerde eylemcilerin kaçması muhtemel sokak ağızlarında zulada, sotada beklerler. Genellikle iri yapılı polislerden seçilir ve hem lastik hem odundan yapılma copları bellerinde beklerler. Bazen gözaltına alınanlar otobüste taşkınlık çıkarırsa ortamı sakinleştirmek için devreye otobüs içinde de girdikleri görülmüştür.

Ve olur ya gaz bombaları göstericileri dağıtmaya yetmezse arka sokaktan meydana çağrılırlar. Bu gaz kapsülleri çıktıktan sonra işleri çok hafifledi ve uzun bir zaman da gözden kaybolmuş gibiydiler, ancak Gezi Eylemleri'yle tıpkı 12 Eylül öncesi-sonrası gibi varlıklarını tekrar gösterdiler. Mesela Ankara Konur ve Karanfil Sokak'ta gösterilerin yoğun yaşandığı günler, çevik kuvvet önden gidip dükkân içlerine gaz kapsülü atıyor, millet öksürük, kusma halleriyle yerlere serilmişken arkadan 'dayak timleri' çoluk çocuğa, esnafa sıra dayağına girişiyordu.

Bunun adı 'dayak timidir', eskiden hep takviye güç olarak zulada beklerlerdi, asıl işleri dağıtmak, sindirmek, yıldırmak ve eline düşmüş göstericiye hayatı boyunca kalıcı yaralarıyla unutmayacağı temiz bir dayak çekmekti, unutmayın, gaz bombası kaval kemiklerinize inmiş bir sopanın yanında masum kalır.

Tabii ne memleketin meydanında bulundunuz, ne ara sokaklardan sıvışmak zorunda kaldınız, nerden bileceksiniz? Şimdi emniyete, sizde dayak timi mi var diye sorsanız size söylerler mi, herhangi bir gösteriye gelin, mesela Ankara Adliyesi önüne, gazeteciler ve objektiflerden uzak nerede zulaya yattıklarını size göstereyim, arka yoldan taaa Selim Sırrı Tarcan'ın orada... Tiplerini merak ediyorsanız anlı şanlı medyamızın değil, Leman Mizah Dergisi'nin arşivini karıştırın, her sayısında bir tanesinin karikatürünü bulacaksınız, unutmayın ve şu söyleyeceğim cümleye sakın şaşırmayın, karikatürlerdeki surat, boy, irilik, vahşilik abartma değildir, dayak timine seçilen polislerin 'tipleri', dayaklarından daha korkunçtur.

2. On iki göstericinin gözleri çıktı, liberal ve İslamcı basından tek kişi hiç dert edinmedi, geçtik kınamayı yaralanma dahi demediler, onu da geçtik esnafın zayiatı diye yeri göğü inlettiler, bir hasar raporu tutturdular sormayın gitsin. Ankara Belediye Başkanı'nın, "Fıskıyemi mahvettiler," diye ekranlarda ağladığına şahit olduk, gencecik çocukların gözleri çıkartılıp bu çocuklar susturuldu ama yine ağlayan bunlar oldu, gözyaşlarını, feryatlı ağızlarını susturacak hiçbir güç yok ortalıkta.

Gencecik çocukların kafataslarını kırarak, öldürerek, gözlerini çıkartarak ne yapmaya çalışıyorlar? Ülkenin, bir halkın cesaretini kırmak istiyorlar. Kimler yapıyor bunu? Zenginlik, metres ve refah yağması ve talanı yapan, yalayıp yutan muhafazakâr İslamcı medya.

3. Satırlar ve odun sopalar ortaya çıkınca liberal basınımız nasıl sevindi sormayın, nasıl rahat nefes aldı, satırlar manşetlere çıkınca bir göbek atmadıkları kaldı.

Kızılderililerce kıstırılmış İngiliz rangerlerini hatırlayın, uzaktan ta ta ta boru sesleriyle takviye süvari birlikler geldiğinde nasıl sevinçten çılgına dönüyorlardı, aynen çocukluğumuzda o *Teksas Tommiks*'ler gibi. Ancak şimdi durum çok farklı, o resimli romanlarda baltalar hepimizin bildiği gibi Kızılderililerin ellerinde olurdu. Ey kör dünya bu kadar mı kahpece değişirsin, eli silahlı rangerler sıkıştığında da artık eli baltalılar, odunlular takviyeye geliyor.

4. Gezi Eylemleri'nin ilk rauduna son noktayı seyyar bayrak satıcısının karısı koydu, seyyar satıcı kocası tıpkı Genelkurmay Başkanımız İlker Başbuğ gibi terör örgütü üyesi olmakla suçlandı. Çocuklarıyla basının önüne çıktı, çocuklarını sayarak, "Aha bir, aha iki, aha üç, aha dört, aha beş, terör örgütü dediniz, evet terör örgütü aha bir, aha iki, aha üç..."

O seyyar bayrak satıcısını bulup ondan bir bayrak satın almak şart oldu, bayrağın üstüne de yazmalı: 'Aha örgüt'.

5. Medyanın penguen yayınıyla Gezi Eylemi'ni karartması karşısında Türkiye halkı ayağa kalktı. İçimizden biri, bir sporcu, basketçi Cenk Akyol, önüne tutulan NTV mikrofonuna konuşmayacağını söyleyince, çocuk milli takımdan atıldı, liberal ve İslamcı yazarlardan yine tık yok, ahlakı bu kadar mı derinlere gömdünüz?

Bu kadar derine saklamasaydınız insanlığınızı, belki torunlarınızın torunu merak eder, bizim dede o sarsıntılı günlerde neler yazmış diye, yoksa *bizim torun da nasılsa Londra'ya belediye başkanı olur canım* diye mi düşünüyorsunuz?

Cenk Akyol ortaçağlarda kiliseden aforoz yemiş gibi milli takımdan kovuldu, Türkiye basını sessiz kaldı, doping kullansaydı keşke, ödüllendirilirdi herhalde, Milli Takım'ın vazgeçilmezi olurdu.

6. Nihayet serinleyiverdi liberal ve İslamcı yandaş basınımız, emniyet mağaralarında yaşayan canavarları sokaklara salıp on altı-on yedi yaşlarındaki genç çocukların kafataslarını patlatınca.

Durum çok umutsuz görünüyordu ama bir anda eli baltalılar sayesinde 'güvenliklerinin sağlandığını' görünce sevinçten çılgına döndüler. Halkın sokaklara dökülmesi, yağmacı ve istilacıları nasıl paniğe soktu, dünya gördü, buradan onlara 'bu geçici huzur ortamını iyi kullanın' derim.

Panikle bir gecede polis sayısını Güneydoğu'dan takviyeyle

iki katına çıkardılar. Yetmedi jandarmayı da yer yer göreve çağırdılar. Bir hafta kadar korkudan dillerini yutup tir tir titreyerek sessizce beklediler. Yüzbinlerce insan Tuzluçayır Abidinpaşa'dan, Mamak'tan, Dikmen'den başkentin göbeğine doğru yürüyünce, dengeleri, psikolojileri, öfkeleri, iktidarları altüst oldu. Ve o an ne olduysa ne hak kaldı ne hukuk, eli baltalılar güvenlikleri için yeni Tanrıları oldu.

An itibarıyla, temmuzun ortası, eli baltalılara ibadet ediyorlar, savcıları saklıyor, mahkemeden kaçırıyorlar, artık eli baltalılar iktidarlarının 'kutsal emanetleri', Topkapı Sarayı'nda gülsularıyla saklasınlar o baltaları, odun sopalarını, gaz fişeklerini.

Tarih gördü bu anları, liberaller ve İslamcılar, eli baltalılara an itibarıyla şükranla dualar ediyorlar...

Bu ruhsuz, ahlaksız, liberal ve yandaş güruha bir de sanatsız, esersiz, kariyersiz, mutsuz, sıkıcı insanlar diyorduk, işte buldular müzikal şovlarını: Eli Baltalılar.

Artık bu eli baltalıların resimlerini tişörtlere basar giyersiniz, *Sabah*'tan *Yeni Şafak* genel yayın odalarına kadar duvarlarınıza asarsınız...

7. Osmanlı Padişahı I. Mustafa, kız kardeşinin evini ziyaret ettiğinde nefis güzellikte bir Habeşli cariye görür ve onu hemen haremine alır. Habeşli cariyenin tiryakisi olur. Hanım sultan Habeşli cariyeyi kıskanır ve boğdurtur.

Ancak padişah durumu çakozlamasın diye, boğdurtulan Habeşli cariyenin yerine başka bir Habeşli cariyeyi sultanın koynuna sokar.

'İş anlaşılmadı'...

Padişah değiştirildiğini bilmediği bu Habeşli cariyenin de tiryakisi olur ve Hanım Sultan bu Habeşliyi de kıskanıp boğdurtur... Ve yerine koyacak başka bir Habeşli cariye bulunamadığından, Padişah Habeşli cariyeyi arar bulamaz.

Durumu öğrenen I. Mustafa'nın bir hışımla Hanım Sultan'ın yüzünü yırtıp derisini ayağı altında çiğnediği söylenir.

Bu hikâyenin en güzel tarafı 'iş anlaşılmadı' cümlesi...
Cumhuriyet mitingleri yapıldı, iş anlaşılmadı, boğdurtuldu, yıllar sonra Gezi Direnişi ortaya çıktı, iş yine anlaşılmadı...

Elinizdeki bütün zamk stoklarını muhaliflere 'Ergenekon' yaftası yapıştırmakta kullandınız, Gezi Direnişi başlayınca elinizde iftira 'zamk'ı kalmadı, ancak stokların bitmesi sorun olmadı, anında yeni bir 'zamk' icat ettiler, tabii ki kullandıkları Ergenekon zamkının acemice bir kopyası: 'lobi'.

Gerçek bir zamk elde etmek istiyorsanız, mevsimidir kırlangıçları seyredin, niçin o kadar yüksek ve yorulmaksızın uçarlar, uçtukça tükürükleri koyulaşıp tutkallaşır ve yuvalarını bu yapıştırıcıyla kurarlar.

Bu ilahi tutkal için özgürce uçabilmeniz lazım, sizi uçuranlar dillerinizi, kanatlarınızı kesmiş.

Ve bu kalınlaşmış kafalarınızla uçabilme ihtimaliniz hiç yok.

8. Osmanlı tarihinde adıyla şöhret olmuş bir Öküz Mehmet Paşa vardır, bir gün Halep'te valiyken çadırda yaverleriyle oturur, tam o sırada, bir öküz gelir ve çadırın içine doğru uzun uzun bakar. Yaverleri, Mehmet Paşa'nın lakabını bildiğinden öküzün bakması üzerine gülme krizine girerler... Öküz Mehmet Paşa, "Niye gülüyorsunuz, öküz, *bizim öküz bu eşeklerle niye oturuyor*, diye merak etmiş," der.

Bunca acımasız, merhametsiz ölüm ve yaralanmadan sonra birçok muhalif yazarı hâlâ bu yandaş medyada güya tartışırken görüyoruz, orada, o eşeklerin içinde bu öküzlerin hâlâ ne işi var?

9. Durmak bilmez saldırı savaşlarıyla Roma'yı canından bezdirip karizmasını yerle bir eden tarihlerin unutulmaz komutanı Kartaca'nın meşhur (H)annibal'idir... Annibal'in filleri çok meşhurdur, savaş meydanında ürküntü yaratır... Ancak Annibal'in filleri kadar meşhur bir de öküzleri vardır...

Roma nihayetinde Annibal'i bir geçitte kıstırır, kaçacak şans bırakmaz. Annibal'in işi gerçekten zor, hatta imkânsızdır. Gece boyu düşünür... Etraftan bulabildiği kadar çok öküz ve boğa toplar. Öküzleri kurumuş sarmaşık ve kuru çalılara bağlar ve ateşe verir. Öküzler gecenin zifir karanlığında tepelere doğru delirmiş, kudurmuş birer ateş topu gibi kaçarlar...

Tepelerden Annibal'in ordusunu gözleyen Romalılar, hayatlarında hiç görmedikleri bir sahneyle karşılaşırlar, alev topları dağ başlarına doğru hücuma geçmiş, olup bitenler nedir hiç anlamazlar ve Roma ordusu bu alevden, öküzlerin yarattığı şaşkınlıkla panikle kaçışıp dağılır.

Gezi Eylemleri yoluna 'barışçı' çıktı barışçı devam ediyor... Ancak daha üç-beş yıl öncesinden Paris'in banliyölerini hatırlayın. Gezi Eylemcileri geri çekilip bambaşka lümpen saldırganlar devreye girdiğinde neler olup biteceğini bir düşünün.

Gezi Eylemleri'nin barışçıl olması iktidar için de bir büyük 'şanstır'...

Az buçuk okumuşsunuzdur sosyal olayların nasıl geliştiği, nasıl evrildiğine dair birkaç satır...

Gezi Direnişi sizden hukuk istiyor, cevabınız 'hukuk' olmalı, cadı avlarıyla, tezgâh polis soruşturmalarıyla, katilleri ve eli baltalıları devlet himayesinde korumalarla nereye varacağınızı sanıyorsunuz.

Hiç unutmuyorum yirmi yıl kadar önceydi, Tansu Çiller iktidarında, Ankara Siteler esnafı Tandoğan'da güya miting yapıyordu, her şey birkaç dakika içinde oldu, (birkaç saat dahi değil), yüzbinlerce insan birkaç dakika içinde mitingi bırakıp Tandoğan ve çevresinde cam, çerçeve, araba bırakmadı, Türkiye meydanlarının en arızalı mitingi oldu...

Sonra bu gözü dönmüş vahşi saldırganlığın üstüne düşünmeye başladık, aç, susuz, sigortasız ve hepsi gecekondulu, yoksul ailelerden, bakımsız, tuvaletsiz, yarınsız, tiner kokuları içinde, her biri ergen yaşta ihtiyarlamış, sayıları yüz elli bini geçen çırak, genç, çocuk... Birdenbire dükkânları, araçları, her yeri parçaladılar. Gece karanlığında Siteler Önder yolunda zevkten çığlıklar atarak küfürlerle, yanan arabaları ateş topları gibi yokuş aşağı yuvarladılar... Annibal'in yanarak kaçan öküzleri gibi...

Barışçıl sol eylemlere alışmış emniyet, hayatında hiç görmediği büyük bir hasar, zayiat raporu karşısında neye uğradığını şaşırdı...

Gezi Direnişi'nin bir 'lideri', 'örgütü' olmadığı söyleniyor, bu çok da doğru değil, liderleri ve örgütü 'okumuş, bilge çocuklardır'...

Gezi Direnişi'nin barışçıl, bilge, okumuş çocukları Türkiye için bir şanstır.

Unutmayın, Paris'i bir gecede yaktılar.

10. Balzac'ın lafıdır, bir insanın bütün bir ulustan daha akıllı olması mümkün değildir, Tayyip Bey, liberaller ve İslamcı yandaş hariç...

11. Hükümet, Gezi Eylemleri'ne destek verdi diye 'mimarların' denetimini ortadan kaldırdı, oysa yüzyıllık bir sivil toplum kavgasının kazanımıydı...

Hükümet, PKK'yla ne anlaşmışsa jandarma karakollarını kaldırıyor...

Hükümet, şirketlerin ricasıyla tarihlerin ilk gününden beri köylünün ortak kullanımında olan yaylaları büyük şirketlere peşkeş çekiyor. (Sebebi, *köylüyle tarım olmaz, tarımı artık büyük şirketler yapacak*, bunu diyenler üstelik muhafazakâr, yani 'aileyi' sosyal olarak koruması gerekenler, anlaşılan o ki hükümet köylüyü sosyal olarak ayakta tutmaya, ne üretim ne aile değerleri ne gelenek açısından artık hiç inanmıyor.)

Hükümet, geçtiğimiz yılın bütçesini 'Sayıştay'sız geçirdi...

Hükümet, gazeteleri ortadan kaldırdı, nüfusuna geçirdi...

Hükümet, ekranları ortadan kaldırıp, hepsini tırstırıp tapusuna geçirdi...

Daha nice B2 arazileri, HES'ler, sahiller, ormanlar, istihbarati milli kurumlar...

Bunları söylediğinizde liberal ve İslamcı yandaşların suratlarında küstah bir muziplik, ne o 'darbeci misiniz?'

Başka, daha dün Balyoz Davası görüşülmeden bir gün önce,

Yargıtay Başkanı Genelkurmay Başkanı'yla görüşüyor, bundan âlâ darbe mi olur?

Hiçbir tanık dinlenmeden ve sahteliği belgelenmiş 1500'ün üstünde uydurma belgeyi yüzlerine vurduğunuzda, liberal ve İslamcıların yüzünde yine küstah, muzip bir ifade: *Ne o darbeci misiniz?*

Yok estağfurullah olur mu, buyurun demokrasinin bütün kurumlarını ortadan kaldırın, yeter ki siz bize darbeci demeyin, Sayıştay'ı, 'hukuk'u, Yargıtay'ı, HES'leri, nicesini babanızın malı gibi tepe tepe kullanın, sakın ha darbeci demeyin...

Hegel'in lafıdır, insanoğlu ancak kendisine engel olunduğu kadar vardır, ne doğru laf, bizim de siyasi sosyal mücadelemiz ve haklarımız ve insanlığımızın sınırları, işte bu 'siz darbecisiniz' lafına kadar, biz sandıktan geldik, siz darbecisiniz dendiğinde insanlığımız bitiyor...

Bin çeşit insanız ama sonunda siyaset bir hesap kanunu içine, seçim sandıklarına hapsolduk.

Sandıkta sayıca fazla olanlar, Sayıştay'dan ÖSS hırsızlıklarına kadar her şeyi ele geçirme hakkına sahip oluyor...

Sandıkla geldiniz, demokrasinin en temel kurumları, ülkenin en temel varlıkları hepsi bizim olsun diyorsanız, hadi bağışladım sizin olsun...

Sandıkla gelen bu insanlar, sırf sandıkla geldim diye insanlarımızı ve varlıklarını tapusuna geçirip köleleştirmeye çalışıyor.

Bir de üstüne kendilerini okumuş yazmış, eser vermiş insanlardan üstün sayıyorlar, bir seçim hesabından bu kadar büyük bir eşitleme çıkar mı?

Tekrar edelim, sandıktan hesap usulü üstün çıkanlar, hadi ülkeyi yeme içme hakkına sahip görüyor kendini, bu bir siyasal hesap üstünlüğü, ancak kendini sırf sandıktan çıktı diye eser sahibi insanlardan üstün görmesi neyin hesabı?

Yani sandıktan öyle bir hesap çıkarıyorlar ki kendilerini her şeyle eşitleyip hatta üstüne çıkıp tepiniyorlar.

Benim kurnaz kardeşlerim, sandık hesabı üstün olmak başka şey, bu hesap kanunu sizi sosyal hayatta üstün kılmaz, sosyal hayatta kendinizi üstün, bilge, saygın kılmak istiyorsanız, sandıktan gelip hayatın her değerinde baskın çıkamazsınız, oturup ciddi, bilimsel, edebi nitelikte bir eser inşa edeceksiniz.

Sandık sayı hesabıyla siyaseten üstün olup Türkiye'yi yağmalıyorsunuz, hadi bir şey diyemiyoruz, iyi de sırf sayısal üstünlük sağladınız diye kendinizi eser sahibi insanlardan üstün görmeniz neyin kompleksi?

Çocukken don için önce Sümerbank'tan bez alınır, biçilir, sonra da dona geçirmek için elinize bir kancalı iğne ve lastik satın alınırdı. Lastik satanların hileleri anlatılmakla bilmez... Lastikçinin önünde yatay bir mezro yani metro var ve lastiğin boyunu böyle ölçer...

Lastikçi otuz santimlik lastiği eliyle çekip uzatıp açar bir metre diye satardı, lastiği sarmaya gelince foyası ortaya çıkardı, çünkü bir metre dediği bir karış ancak çıkardı.

Annem de tembih ederdi oğlum bak lastiği sündürüp uzatıp seni kandırmasın diye, ben de lastikçi tezgâhı önünde gözümü dört açardım, gerçekten adam lastiği iki eliyle çekip uzatıyor, ama adamın boyu kilosu, yukardan sert bakışları yani sayısal üstünlüğü aşikâr, hadi kalk da sıkıysa amca lastiği çekiştirme, deyiver, aradan elli sene geçti, şimdi dahi kim diyebilir?

Bu lastik hesabına Sayıştay gitti, HES'ler gitti, hâkimler, Yargıtay gitti, belediyeler gitti, ÖSS hırsızlıkları gitti, yaylalar gitti...

Sevgili yandaşlar, o bir karışlık don lastiği aklınızı eserimle, yazarlığımla boy ölçüştürmeye kalkışmayın.

12. İnsan yasa koyamaz diyen bir dinin mensuplarıyız, bu ortaçağlarda Hıristiyanlar için de böyleydi...

İslamcı ideolojilerin şimdiki meclise, parlamentoya, anayasaya itirazları bu yüzden, 'beşeri oluşları', yani insan elinden çıkmaları.

Anayasaya Allah'ın mutlak yasalarını geçirmeye çalışırlar, çünkü İslamcı ideolojilerin anayasası Kur'an'dır yani şeriat ve modern yüzyılımızda sıkıştıkları bu durumu bir türlü aşamadıkları için Müslümanların Müslümanları öldürme savaşı bitmiyor...

Ortaçağda Katolikler, Protestonlar yüzlerce yıl savaştıktan sonra bir anlayış yavaş yavaş hâkim olmaya başladı, bu 'mutlak yasalar' bir arada yaşayan bizlerin kimilerini Protestan kimilerini Katolik yapıyor, gelin bu hesabı başka türlü yapalım.

Allah'ın mutlak yasaları yine içimizde ve başımızın üstünde olsun, ancak, bir arada yaşamak için kendimize Katolik Protestan değil 'yurttaş' diyelim ve sayısal olarak hepimiz birbirimizi ilahi, ulema, evliya demeden eşitleyelim...

Aydınlanmanın önü yüzlerce yıl süren bu tartışmayla açıldı, gelin görün ki kendine İslamcı diyen İran'da, Afganistan'da, Pakistan'da, Mısır'da ülkeler ve ideolojiler işte bu kalın perdeyi yırtamıyorlar.

Aydınlanmanın yazarları yüzlerce yıl süren mezhep savaşlarını çok iyi bir 'bahane' olarak kullandı. Bahaneleri Hıristiyanlar birbirini öldürmesin, birbirimizi öldürmeyelim. Gelin insan elinden geçici ve her zaman değiştirilebilir yeni yasalar bulalım, işin özeti budur.

İslamcı ideolojiler de bu mutlak 'söz'ü aşma işini pekâlâ yapabilirdi, çünkü örneği var.

Mesela 'tarikat' kurumu... Allah'la arasına şeyhlerini koyuyor... Şeyh beşer değil mi, hatta günümüzde uydurma şeyhlerin kendi sözlerini mutlak sözün üstüne çıkarttığı nice örnekleri var...

Diyelim meşhur cemaatimiz, Allah'ın mutlak sözü orada dururken, şeyhin yorumlarını, analizlerini, fetvalarını pekâlâ hem siyaseten hem sosyal olarak araya sokabiliyor...

Şeyhler nihayetinde 'insan', demek ki pekâlâ 'insan sözü'yle de siyaset toplum mühendisliği yapılabiliyormuş.

Tarikatlara bir de böyle bakmak lazım, bizim şeyhimiz tefsiri, fıkıhı çok iyi biliyor diye aşılamayan mutlak 'söz'e (ayet'i) karşı, siyasi ve sosyal olarak bir perdeleme yapılabildiğine göre, demek ki mutlak söz orada dururken bir insan olan şeyhin yardımıyla bu duvar çok rahat aşılabiliyormuş, daha da özeti, şeyhin sözü ilahi bir söz gibi dinlenebildiğine göre aynı şeyi seçilmiş bir meclis de pekâlâ yapabilir?

Demek ki mutlak söz birer insan olan şeyhler vasıtasıyla yorum, içtihat zenginliği bahanesiyle pekâlâ siyasette şeyhlerin keyiflerince düzenlenebiliyor.

Hem insan sözü beşeridir, yani Allah katında yeri, hükmü yoktur diyeceksin ve bu yüzden modern siyasetin kurumlarını reddedeceksin, hem de şeyhin sözlerini işine geldikçe mutlak sözün yerine koyacaksın...

Allah sözü orada durduğu halde şeyhinle onun sözünü delecek, türlü türlü yorumlayacak bin türlü siyasi hilelere pekâlâ başvurabileceksin.

Durum budur, İslamcı ideolojinin yüzyıldır aşamadığı bu duvarı asırlar boyu şeyhler vasıtasıyla tarikatlar, cemaatler çoktan aşmış...

Şeyhin yerine yine beşeri olan modern meclisi, modern anayasaları bir kılıf, bir hile bulup pekâlâ koyabilirsin ama koymak istemiyorsun, neden?

Şeyhlerine tanıdıkları bu ilahi hakkı, seçilenlere ve halka vermeye hiç yanaşmadıkları için.

Şeyhlerini tanrılaştıran, putlaştıran, bu insanlık dışı kölelik anlayışına kul, kurban olmayı milyonlarca Müslüman'ın birbirini öldürmesine rağmen çok sevdikleri için.

Fıkıh tarihi bahane arayanlar için sonsuz örnekleriyle hileyi şeriye dolu, Müslümanların birbirini öldürmesinden gerçekten büyük bir endişe duyanlar pekâlâ bahane 'bulabilir'...

Şeyhlerini hem beşer hem de birey saymaya hiç ama hiç yanaşmadıkları için sırf bu yüzden, İslamcı ideolojinin modern toplumda kendi aydınlanmasının önünü açması hiç mümkün görünmüyor.

Tartışma uzundur, kısa keselim ve şeyhleri de FBI tarafından kontrol altına alındığına göre, Allah'ın mutlak sözü FBI'ın emri altına girebilir, bundan da rahatsızlık duymazlar.

13. Bir lafım da sarin gazları kullanan, insan ciğeri yiyen El Kaide'yle at koşturan Davutoğlu'na...

Sevgili Davutoğlu Bey, okumamış olamazsınız...

Açın bir daha bakın... Machiavelli'nin ünlü *Prens* kitabından:

"Kuvvetli bir müttefikin gücü, ona başvuracak kişiler için yararlıdır ama ona bağımlı olanlar için tehlikelidir..."

Olsun, üzülmeyin...

Savaşta yenilmiş olmak, eğer bir azledilme, bir yargılama, bir halk isyanıyla yüzleşmiyorsa, hiçbir lider ve komutan için üzülecek bir durum değildir, saygıyla...

18 Temmuz 2013

TAYYİP ERDOĞAN SEÇİMLER İÇİN MASAYA OTURDU: PKK BUNU EŞSİZ BİR FIRSATA ÇEVİRDİ

Kurtuluş Savaşı yıllarında, sözleri tam hatırımda değil, aklımda kaldığı kadar, Atatürk, ayağının altındaki yeri işaret ederek "İsmet, dünyanın burasından bir mızrak soksak nereye çıkar, Yeni Zelanda Avusturya, kurtuluştan sonra oraya gidip bir çiftlik evi kuralım," demiş.

Ege'de bir kasabaya yerleşeceğim, köye, kıra, dağa çıkıp yaşayacağım, diye içimizde çok yaygın 'kalıp' bir söz vardır, her birimiz bu sözü hayatında en az bir kez söylemiştir ve çoğu zaman sarhoşluktan da şehvetten de yüksek bir iştahla bulunduğun yerden çıkmak istersin.

İçimizde bu sözü hayatında bir kez söylememiş insanlar da vardır, diyelim Tayyip Erdoğan, Davutoğlu, mermer lahitlerinde böyle tek başına kaçış, huzur arayışı dile getiren cümlelerini hiç duymadık, bu kısa yazımın konusu böyle şeyler.

Tarihin Üç Büyük Fatihi

Napolyon adı Batı'da İskender ve Sezar'la 'üçlü' olarak anılır, Batı tarihinin üç büyük fatihi. Fransız İhtilali günleri bir emniyetçi olarak sokaklarda dinmek bilmeyen kaosu dindirerek işe başladı ve imparatorluğunu ilan etti, Avrupa haritasını yeniden çizen peş peşe seferlere çıktı, İtalya'dan Avusturya'ya, Mısır'a kadar defalarca.

Napolyon yeryüzü haritasını değiştirmek istiyordu.

Moskova seferine bu yüzden çıktı.

450.000 kişilik bir orduyla. Lojistik destek, zamanlama, mevsim şartları, haritalar, teçhizat, inanç, her şey dört dörtlük.

Çar Aleksandr, Napolyon'un askeri gücünden çok psikolojisini iyi teşhis etmişti: Napolyon kendi dehasını sergilemek istiyordu, çünkü dehasına tapıyordu.

Bu yüzden Napolyon'un bu olağanüstü askeri gücüyle bir meydan savaşına girmek aptallıkların en büyüğü olurdu. Napolyon, Rusya içlerinde ilerleyip bir yığın şehri ele geçirdikçe Çar yüzleşmekten kaçındı ve sürekli geri çekildi.

Düşmanı Yeterince İçeri Çekmeden Asla Savaşmazlar

Arapları Osmanlı'ya karşı ayaklandıran ünlü Lawrence'ın lafıdır, "Araplar sabırlıdır, düşmanla asla önden, aceleyle hesaplaşmaya girmezler, sizi çölün içlerine kadar çekerler, düşman ordusunu çölün zamansız, mekânsız, çaresiz içlerine çekme alışkanlığı Araplarda bir gelenek olmuştur. Düşmanı yeterince içeri çekmeden de asla düşmana saldırmazlar."

Çar geri çekilirken boş durmadı, Napolyon'un yolu üzerindeki şehirleri boşalttı, tarlaları yaktı, nehirleri, su depolarını zehirledi, yol üstünde atları için arpa, askeri için buğdayı öğütecek değirmen, buğday bırakmadı. Napolyon ilerledikçe ordusu açlık ve hastalıktan kırılmaya başladı, tamamen boşaltılmış Moskova'ya Napolyon girerken ordusunun yarısı hiç savaşmadan yok olmuştu.

Çar, bununla da yetinmedi, Kazakları vur kaç gerilla taktiği uygulayarak ön cepheye sürdü, gerilla taktiğiyle beş-on Kazak, Fransız ordusunu sağdan, soldan, arkadan ani baskınlarla uyutmadı, tarihin bütün büyük orduları gerilla savaşı karşısında çaresizdir, Fransızları psikolojik olarak haşat etti.

Ve Rus köylüsü, Napolyon ordusuna asla yiyecek vermedi, aç kaldı, öldürüldü asla istihbarat vermedi.

Ve Napolyon Moskova'ya kadar Rus topraklarını işgal ettiği halde, bütün bu şehirleri ayakta tutacak 'gücü' elinde kalmamıştı, atlarının yarısından çoğu öldü. Su yoktu. Yiyecek yoktu. Kış yaklaşıyordu ve Fransız ordusunda huzursuzluklar başladı.

O kadar yolu git ve hiçbirini elinde tutamadan (Moskova'da yağmaladığı sanat eserleri dışında) geri dön, olacak şey mi, 450.000 kişilik ordu geriye dönerken 25.000 kişi kalmıştı, üstelik Paris'te darbe olmuştu, Napolyon bu 25.000 kişilik ordusunu da arkada bırakıp hızla Paris'e döndü.

Bu büyük yenilgi sonrası hem Çar hem Napolyon'un psikolojisi üzerine konuşmamış yazar, filozof kalmamıştır. Çar'ın dehası Napolyon'a karşı bir meydan muharebesini reddetmiş olması; Çar'ın dehası, Napolyon'un içindeki 'doldurulamaz boşluğu' keşfetmiş olması.

Çar, Napolyon'un içinde büyük bir boşluk olduğunu, dünyayı fethetse dahi o boşluğu asla dolduramayacağını biliyordu, bu yüzden, oyunlar, tuzaklar kurarak geri çekildikçe Napolyon'un ilerlemeyi sürdüreceğini ve ilerledikçe uykusuz, zamansız, mekânsız, susuz, arpasız kalacağını, hem hastalıklar hem büyük bir psikolojik çöküş yaşayacağını hesaplıyordu.

Napolyon'un içindeki o büyük boşluk, aslında hepimizin içinde, ancak yazar ve sanatçılar o büyük boşluğu, yazarak, üreterek doldurmaya çalışır, bir siyasetçi bu boşluğu, neyle doldursun?

Erdoğan Kadar Olabilecek İnsanlar Var İçimizde

Kanımca, mesela Tayyip Erdoğan'dan daha gaddar olabilecek insanlar var içimizde. Mesela hayatlarını psikolojilerini tanıdığımız Cem Uzan, Ertuğrul Özkök, ancak bu isimler eski İtalya Başbakanı Berlusconi yöntemleriyle kendilerini hafifletmeyi başarırlardı. Osmanlı sultanlarının hareminin kalabalık olması tebaanın hayrına bir şeydi, haremdeki her bir içim su cariye, sultanın gazabını azaltmak için halkın tek şansıydı, türlü türlüdür, kolay değildir insanın kendini tamamlaması.

Bir şair, bir mısra inşa ettiğinde dünyayı doldurduğunu düşünür, bu yüzden bir sanatçı öfkesini asla yumruklarına taşımaz. Bir heykeltıraş bir mermer heykeliyle uzayları fethettiğini düşünür, sanatçılar bu büyük boşluğu sembolik değerlerle doldurur,

Orson Welles'in *Yurttaş Kane* filmini izlemişsinizdir, dünyaları ele geçirecek bir zenginliğe sahip olur ama çocukluğunda elinden alınan o kızağın boşluğunu ihtişamıyla dolduramadığını görürüz.

Tayyip Bey'in Gaddarlıkta Kararlılığı Övüldü

Bir siyasetçi, bir komutan, bir lider için o büyük boşluk, işte tarihleri 'kahramanlar' üzerinden okuyanların en çok konuştuğu psikoloji.

Tayyip Bey, üst üste yüzde elli gibi tarihlerde az görünür seçim zaferleri kazandı, o boşluğu dolduramadı.

Tayyip Bey, Ergenekon Davası'yla muhaliflerini topyekûn ya yıldırdı ya içeri tıktı, o büyük boşluğu dolduramadı.

Tayyip Bey, Balyoz Davası'yla askerleri hukuk mukuk tanımayarak içeri tıktı, o büyük boşluğu dolduramadı.

Tayyip Bey, muhalif partilere ekranları kapattı, ekranların ve gazetelerin nerdeyse tümünü nüfusuna geçirdi, o büyük boşluğu dolduramadı.

Belediyeler, bütçe, aklınıza gelen bütün servetleri ya yandaşlarının tapusuna geçirdi ya yağmalattı, içindeki o boşluğu dolduramadı.

Ve Tayyip Bey'e bu peş peşe zafer günlerinde aslansın, kralsın, dünyada eşin yok, Atatürk'ten de büyüksün, orduyu ezdin, muhaliflerini bitirdin, senin gibisi gelmedi, destanları yazılmaya başlandı, hukuksuzlukları yüzüne söylenmedi, aksine gaddarlıkta kararlılığı övüldü, bu hiç kimseye nasip olmamış gerçek olmayan övgülerin hiçbiri Tayyip Bey'in içindeki boşluğu doldurmaya yetmedi.

Bu kadar zafer kazanmış(!) liderin durup dinlenmesi, gücünü pekiştirmesi, kazandıklarını hazmetmesi ileride ki hayallerinin istikbali için de daha akıllıca olurdu, olmadı.

Tayyip Bey'in kavrayamadığı, sırrını çözemediği hiçbir şey olmadı. Hiç tereddüt yaşamadı, evreni çözdü, değil Anadolu'ya,

Ortadoğu coğrafyasına kendi suratlı posterini yapıştırdı, ateşi buldu, ezilen mağdur halkının ayağındaki kara çalı devedikenlerini çıkardı.

Erdoğan'ın İçindeki Boşluk Acımasızca Müslümanları İmha Savaşlarına Başladı

Tayyip Bey'e, doksan yıllık Cumhuriyet'in kaderi ellerinde, bu Cumhuriyet sadece bir parantez, bu parantezi tekrar kapatmak iki dudağın arasında, denildi, bu parantezin bayrağını, ordusunu, kurumlarını kapatmak için yola çıktı. Abdülhamit'in bıraktığı yerden yeniden fetih hayallerinin peşine düşüp ekranlardan yıllarca tuğralar parlatıldı, padişah gibi kutsal ilahi nizam nutukları çekti, içindeki o boşluğu yine dolduramadı.

Yetmedi, Suriye'ye Müslüman kardeşlerin de kışkırtmasıyla savaş açtı, içindeki boşluk acımasızca Müslüman imha savaşlarına başladı, Şam'da, Halep'te cuma namazı kılacağını söyledi, hiç yaralanmadı, gırtlağımızı sıktı, üstümüzde tepindi hiç kınanmadı, içsavaş kışkırtan sözler söyledi, tüccar medya manşetlere taşıdı, o boşluğu yine dolduramadı.

İçindeki o boşluk için, olacak şey değil, insan ciğeri yiyen, sarin gazı kullanan El Kaide'ye destek verdiler, akıl sır almaz silahlar TIR'larla Hatay'dan taşındı ve Bosna'dan Tunus'a kadar bu topraklar daha bir ay öncesine kadar bir Osmanlı İmparatorluğu'nun prova dikişi olarak dışişlerinde teğellendi.

Ve Tayyip Erdoğan'ın kahraman dünya lideri naraları eşliğinde Ortadoğu topraklarında, katliamlarla, tarihi çarşıların, camilerin bombalanmasıyla utanç dolu insanlık dışı kirli savaş sahnelendi.

Devleti, diyaneti, Sayıştay'ı, hâkimleri çocuk oyuncağı, demir telden tekerlek, çocuk arabası gibi parmağının ucuna sarıp çocuk neşesiyle sokak sokak Ortadoğu'da gezdirdi, ılımlı İslam, Müslüman demokrasi, ses çıkmadı.

Tam zıllullah bir halife geliyor diyorduk ki sanırım Amerika, bizden önce Tayyip Bey'in içindeki bu kemirici 'boşluk'u keşfetti, o boşluğu yular gibi kullanıp öyle bir çekti ki Tayyip Bey'i boşluğuna, Tayyip Bey Osmanlı'yı kuramadı ama PKK Suriye'de rüyasında göremeyeceği boşluğu bulup devletinin önünü açtı, Tayyip'in boşluğunda daha neler kurulacak bilemeyiz.

Tayyip Bey Seçimler İçin PKK'yla Masaya Oturdu

Tayyip Bey'in Osmanlı İmparatorluğu'na değil içindeki o bitimsiz, anlamsız boşluğuna doğru çekilip Tayyip Bey'i yiyip bitirip büyük derin bir kuyuya düşürdüğünü, birileri iyi teşhis etmişti. Mesela, Tayyip Bey sırf seçimlere kadar zaman kazanmak için PKK'yla masaya oturdu, güya PKK'ya geçici silah bıraktırıp daha da güçlenecekti, oyun içinde oyun, PKK bu zamanı Suriye'nin kuzeyinde eşsiz bir fırsata çevirdi. Bu bir Osmanlı rüyası mı, ruhun dehşetengiz karanlıklarına esir olmuş acıklı bir adamın öyküsü mü?

Tayyip Bey, içindeki boşluğa yalnız kendisini ve partisini değil, Anadolu coğrafyasını, haritaları, bizleri, kardeşliğimizi, huzurumuzu bekamızı, her şeyi de peşinden, bu son on senede, yavaş yavaş öfke nöbetleriyle vakumlayarak çekiverdi. Yitip gittik be, içimizde yumuşacık bir ot filizi dahi kalmadı, Tayyip'in ruhunun gölgesinde koskocaman bir ülke küf tutmuş çalı dibinde zehir zıkkım bir mantara döndü.

Napolyon hiç değilse, ölmeden, bütünüyle yitmeden ve Fransa'yı tamamen mahvetmeden az bir kuvvetle de olsa 'geri çekilmeyi' becerdi.

Şayet bir insan, dehasının farkındaysa, geri çekilme, acı tecrübe, hayal kırıklıklarını da kabullenip tanımalı.

Tayyip Erdoğan sandıktan çıkan yüzde ellisi dışında gerçek tanımıyor, ne katliamlar ne hayal kırıklıkları, hiçbir vahşilik ruhunun derinliklerine inmiyor, Suriye'den kaçmış milyonlarca insan şakır şakır ağlıyor, Tayyip Erdoğan'ın parlak nutukları santim geri adım atmıyor, bu halüsünatik rüya dur durak bilmiyor.

Ve en acıklısı Tayyip Bey'in hâlâ parçalanarak düşmekte olduğu bu devasa 'boşluk'tan nasıl çıkacağı tam bir muamma, şimdilik hepimizin mahvına sebep olmayan bir ihtimal siyasette görünmüyor.

Ortaokulda şair Necip Fazıl'dan işittikleriyle dünya siyaseti yapılamayacağını anlayıp ona dur diyen sadece Amerika, Obama beyzbol sopasını 'kurt'un kafasını parçalamak için değil, onu bu derin uykudan uyandırmak için indiriyor, sopa yemiş bu sersem kafayla da bir on yıl daha huzur içinde giderim, diye hesaplıyordur.

İktidara geldiğinde dokuz yüz kilometrelik Suriye sınırı en huzurlu sınırımızdı, şimdi aynı sınır tüm dünya coğrafyaları içinde Afrika dahil, en çok çatışma çıkan, belirsizliğe, kaosa mahkûm ve yeryüzü tarihinin en azılısı El Kaide'nin, PKK'nın ve Hizbullah'ın birbirini imha eden en acımasız, en kalleş yöntemlerle kirli savaşlarının sahnesi haline geldi.

İktidara geldiğinde Türkiye tek parça üniter bir ülkeydi, şimdi dünyada ve Türkiye'de, Türkiye'nin Tayyip'ten sonra tek parça kalabileceğine inanan kim kaldı?

Şüphesiz Tayyip Bey'in o büyük 'boşluk'u hepimizin içindeki insan boşluğu, bizleri kara rüzgârına alır savurur, mahveder, değiştirir, kıvrandırır, çaresizleştirir, paranoyasını, halüsinasyonunu içimize salar ama çoğu zaman dünyayla, çağınızla sizi büyük bir hesaplaşmanın içine sokup, işte yaşadığımız dünyanın nimetlerini, eserlerini, özgürlüklerini insan sınırlarının gücüyle ortaya çıkartır, bu harika şeyler hangi savaştan geliyor sanıyorsunuz?

Hadi tehlikeli sulara uzatalım yazıyı.

Yazarlar çoğu kez kahramanlardan bahsedince olayları egosunun tuzağına düşüp kişileştirir, ortada Napolyon, Tayyip lafları geçiyor, susmak ne kabil, fırsat bu fırsat.

Genç bir yazar olarak otuz beş yıl önce her yazar gibi bu kusursuz 'boşluk'u çırpınarak anlamaya çalıştım.

Manevi ve dini gerçeği kazıyıp o boşluğu daha da ıssız, adasız, sahipsiz bıraktım.

En güzel ve en zararlı yaratık gurur ve egoyu beyaz kâğıdın dışına atıp bedensiz o heyulayı daha da korkunç bıraktım.

Sarı, kirli sayfalar üstünde gözlerimin soğuk ışığından başka dünyalı nesne bırakmadım.

Her şey iç dünyanın tekinsiz 'poz'unu gün yüzü görmemiş kelimelerin içine almak için.

Üslubum güzelleşip süslü kılıklara girmeden sahiden çırılçıplak, o canavarın tek tek ifrit kıllarını kopartıp kıvrımlı kelimelere kaş, göz, kulak yapıp kocaman kitaplar yazdım.

O boşlukta sızlayıp kanıyla kâğıda döküldüm.

İçimdeki nafile, içimdeki beyhude, içimdeki büyük çaresizliği eşeleyerek o silik boşluğa elli yıl sonra nihayet odaklanarak portremi çizdim.

O boşluk bir altın madeni, zümrüt, pırlanta, süslü kelimeleri sırtıma alıp, o kuyudan, her bir senesi ayrı maceralı, basamak basamak merdivenlerinden, işte kitapçı vitrinlerinde gün ışığına çıkarttım.

Neyin nesi o boşluk derseniz, bilemem ama o muhteşem tablonun içine, bir altmış yıl daha susarak, balıklama dalarak girerim derim.

Her bir kelime içinde, bir kuş kalbinin sıcacık atışlarını duyana dek...

Hayatımı yazmadım, o boşluğun deseni, tezhibi olsun istedim kalemim.

Hâlâ onunla ilk karşılaşmış gibi sarhoşum.

Ve sorun, neymiş bu boşluk, yine bilemem, söyleyebileceğim tek mesleki 'sır'rım, kıpırtısız bir konuşma içindeyim.

İşte böyle günlerde, onlarca yıl 'siyasete gir' denilerek çok zorlandım, hazır bir 'maaş'a ihtiyacım olduğu halde, kabul etmedim, çünkü bu cansız soluyan yaratığı ancak edebiyat paklardı, biliyordum. Şimdi Tayyip Bey'in hayatını gördükçe, şu gaddarlığı asla, ama şu Osmanlı rüyaları yok mu, benimki-si de ondan eksik olmazdı diyorum. Ama neyin pahasına? Şu Müslüman kanı, şu El Kaide, hile, tezgâh, asla.

Bir yüzyıl daha kâğıdın üstünden gitmeliyim diyorum, kâğıdın üstünde bu boşluk, içimizdeki en ıssız yerlere adaleti, erdemi, insanlığı sarsılmaz, yıkılmaz şekilde nakşedene kadar, o nalları altından atlarım, tercihim boş, beyaz kâğıtlardır, benim de yol haritam budur.

Kaba, yakışıksız bir politikacı olacaksan hiç sorun yok.

Beyaz kâğıda uğramadan direkt gerçek bir siyasetse derdin, öyle elektrik yüklü bir tarihten geliyoruz ki, başkalarının mahvı-na, imhasına sebep olursun, insanlığa rezil kepaze olursun, ülke-ni ve çocuklarını ödenmesi mümkün olmayan utançlıklar içinde bırakırsın.

Henüz otuzlu yaşlarımda, bu ülkenin eleştirmen ve aydınla-rının akıl sır hâlâ erdiremeyeceği iki büyük roman yazdım, sonra bugüne kadar otuza yakın hikâye, makale, deneme karışımı ki-taplar geldi.

İstediğin güzellikte, dolulukta şelaleler gibi yaz, o 'boşluk'u kim doldurabilir? Cami avlusuna bırakılmış bir bebek gibi kim-sesizliğini dahi bilmeden dünyaları fethet, o boşluğu doldura-mazsın.

Beyaz kâğıt üzerinde otlaşmanın sessizliğini talim etmeden adaleti, erdemi, hukuku kim anlayabilir, kim yaşayabilir?

Modern toplumda büyük rüyaları ancak beyaz kâğıtların mil-yarlarca nüsha boşlukları yazar.

Hazreti Ali cenkleri okuyan Züğürt Ağa'nın, dizine vurup haddini bilerek 'biz onların yanında neyik ki' diyen sözlerinin Tayyip Bey'in o boşluğunda yankılanabileceğini hiç sanmıyorum.

Napolyon'un, Enver Paşa'nın boşluğunun da sınırları vardı, gün geldi geri çekilmeyi bildiler ancak Tayyip Erdoğan gibi in-sanların boşluğu, bir sayfiye yerine yerleşeyim diyemez. Benim benden başka bir ülkem var diyemez.

Tayyip Erdoğan'ın boşluğundaki insanlar duramazlar, dinlenemezler, bekleyemezler, yaşadıkları günü, anı hazmedemezler. Sabahından akşamına sessizce, kımıltısızca bir gün geçirmeye tahammül edemezler.

Bir obezite hastasının durmaksızın gırtlağından midesine inen lokmaları gibi, boşluklarının iştah bilmez midesine çekilirler.

O boşluk cehenneme, dehşete dönüşmeden, yorgunluk, bitmişlik, yenilmişlik hissetmezler.

İnanın, çevresini de tanıyoruz, bu 'boşluk'un cehennemini şimdi durduracak gücü olmayanların, hepsinin içinde aynı Gayya Kuyusu var.

Hiç şansımız yok, bir kuşağı böyle yetiştirdiler, güya mistik bir edebiyat, güya mistik bir yazar, sırf artistlik olsun diye içine çekildiği hastalıkları insanlığın büyük 'girdapları', bu dipsiz, çaresiz kuyuları da 'ilahi yücelik' sandılar.

Kimse sormadı bu mistik ideolojiye, adalet olmadan 'yücelik' nasıl olur?

19 Temmuz 2013

DİĞER YAZILAR

FİLMİN ADI: 51 NO'LU DVD

Hayatımın iki-üç yılı Kültür Bakanlığı'nda para desteği verilecek senaryoları okumakla geçti, amirim de, şaşırmayın, şimdi Odatv'de birlikte yazdığımız Mümtaz İdil'di.

Senaryoyu ve senaryo tekniklerini iyi bilirim, üstelik edebiyatçıyım, ancak şimdi bu sütunda daha başka bir şey yazacağım. Senaryo teknik olarak başka bir şeydir, sonrasında yönetmenin oluşturduğu çekim senaryosu başka. Aşağıdaki metne senaryo hikâyesi diyebiliriz, karakalem çalışması, müsveddesi, uzun özeti de diyebiliriz. Yani senaryonun bir önceki aşamasıdır.

Sanatçılar tarihin her döneminde en yüksek, en ulaşılmaz 'erdem'in peşinde olmuştur. En olmayacak şeyleri görülmemiş cesaretleriyle dile getirerek büyük sanatçı unvanı alırlar.

Picasso'nun Guernica tablosu, Nazım'ın zindanda yazdığı özgürlük şiirleri böyle bir şeydir.

Çok büyük sanat eserleri, hayret, hep faşist rejimlerin baskısı altında ortaya çıkmıştır. Bu sert rejimin işkenceleriyle yüzleşmiş, bir şekilde kaçmış ya da öldükten sonra araştırmacı, çok meraklı gazeteciler tarafından ortaya çıkarılan gizli notlarından hareketle yazılmış, yüzlerce sarsıcı film, tiyatro, roman, belgesellere şahit olmuşuzdur.

İşte aşağıda bu tür bir metin bulacaksınız.

Cesareti ya da parası olan birileri, Türkiye'de ya da başka bir ülkede, olur ya aklı eser, olur ya içinden geçer, olur ya 'yahu bir zamanlar Türkiye'de neler olmuş'u özetleyecek bir senaryo yazmak ister.

Özetini geçiyorum, telif ücretini bağışlıyorum, içini dışını kendi sanatçı kimliği nasıl istiyorsa o şekilde doya doya döşenir, ben sadece hikâyenin çerçevesini ve akışını veriyorum. Kaynakça, mahkeme tutanaklarıdır, fazladan tek kelime ilave edilmemiştir.

Filmin adı: 51 NO'LU DVD
Senaryo yazarı: Henüz bilinmiyor
Sanatçılar: Henüz ortalıkta yok.

ÖYKÜ:

Sahne 1

Senarist, kendi genel kültürü çerçevesinde askeri okuldan mezun olmuş teğmen bir gencin fotoğraflarını, heyecanını, ailesinin sevincini ve birliğine katılmasını genel hatlarıyla verir. Senaristin bu sahnede tek dikkat edeceği, kahramanımızın ailesini ve kendisini iyi, temiz, şehirli giysiler içinde resimlemesidir. Aynı dönem asker arkadaşları içinde bir iki arkadaşının resimleri daha gecekondulu, daha köylü resmedilir. Uzun ve sıkıcı Silivri Karayolu'nda cezaevi arabası ilerlerken jenerik iner.

Sahne 2

Senarist, kendi genel kültürü çerçevesinde, teğmenimizin üsteğmen oluşunu, arada bir ev iznine gelişini, annesiyle kucaklaşmasını ve annesinin onu 'benim kara subay oğlum' diye sevişini özellikle verir ve aynı zamanda yine doğuya göreve gideceği için annesinin endişelerini yani Türkiye'nin güneydoğusundaki PKK savaşından birkaç çarpıcı sahne verir.

Sahne 3

Üsteğmenimiz bir cephede çatışma anında komuta ettiği birlikle saldırıya uğrar ve önünde bir el bombası patlar. Sedye, helikopter, hastane... Üsteğmenin birçok organı ağır hasar görmüş ve onun için yıllarca bitmeyen bir tedavi başlamıştır. Yıllar sonra taburcu olurken artık 'gazi'dir ve görev yapamayacak durumdadır. En büyük hasar gözlerindedir, gözleri çok az görüyordur, bir şarapnel parçası gözünde patlamıştır. Upuzun tedavi günleri büyük ve derin okumalara da burada başlar.

Bu sahnede senaristin tek dikkat edeceği, üsteğmenin cephedeki asker arkadaşlarından bir uzman çavuştur, uzman çavuş ilerleyen yıllarda üsteğmenini ziyaret eder, ayrıca çok ilerde, mahkeme safhasında eski günlerin sessiz tanığı olarak birkaç karede görünür.

Sahne 4
Üsteğmenimizin sivil hayatta ilk işi, yeni bir okul okumaktır, hukuk okur, avukat olur. Senaristimiz okul yıllarını istediği şekilde süsleyebilir ancak tek dikkat etmesi gereken, okulda kendisine İslamcı denen birkaç arkadaşı, çok ama çok iyi davranmakta hatta nezaketleri altında ezilmektedir ve çoğu zaman içinden, *bu Anadolu'nun ne güzel, ne saf çocukları var*, diye geçirmektedir. Meslek hayatına başlar. Buraya kadar hayatında olağanüstü hiçbir şey yoktur. Fonda neşeli, civcivli bir müzik...

Sahne 5
Fon müziği hikâyenin başlamakta ya da hızlanmakta olduğunun habercisidir.

Türkiye'de siyasi iktidar ve tutuklamaların genel görüntüsü, birkaç gazete manşeti ve ekran tartışmaları ve kelepçelenme fotoğraflarıyla verilir... Özellikle Cumhuriyet Başsavcısı İlhan Cihaner'in makamında polis marifetiyle tutuklanması. Yüksek rütbeli subayların tutuklanması... Gazete binalarına polis baskınları...

Bu saate kadar eski üsteğmen yeni avukatımız, olup biteni sadece seyirci olarak ama endişeli bir şekilde ekrandan, gazetelerden izlemekte. Bir şeyler döndüğünü anlamaya başlıyor.

Sahne 6
Avukatımız sonunda kendi hayatını akıl almaz bir karanlığa sürükleyen bir davanın savunmasını alır. Aldığı dava, kendi gibi eski bir asker ve sonra kendi gibi avukatlık mesleğini seçmiş bir eski meslektaşıdır.

Müvekkilini tanımaya başlarız.

Güneydoğu savaşında muhteşem kahramanlıklar yapmış ve asker içinde adı efsaneye çıkmış ve birçok üstün hizmet ve cesaret madalyası almış ancak kamuoyunun İtalya'dan PKK lideri Apo'yu getiren adam olarak tanıdığı bir isimdir.

Gazete kupürleri... Madalyalar.... Halen internette bulunan bir dizi kısa görüntüyle müvekkilinin özgeçmişi verilir. Bir gazeteci diğerinin kulağına fısıldar: "Yüzyıl geçse kimse söyleyemez bunu, hükümet tarafı, PKK'yla Oslo'da yapılan gizli görüşmelerde barışı sağlamak ve masada PKK'nın güvenini sağlamak için bu çok başarılı komutanın tutuklanıp içeri tıkılacağını bir taviz olarak peşinen vermiş," der.

Sahne 7

Müvekkilinin yakalanma sebebi, avukat bürosunda bulunan meşhur 51 No'lu DVD'dir.

Ergenekon adı verilen davanın onuncu dalgasıyla işte bu DVD delil olarak gösterilip hapse atılmıştır. Bu DVD'nin özelliği ve suçlaması, askeri sır niteliğinde bilgiler ihtiva ediyor ve hâkimleri, savcıları fişliyor iddiası. Şok şok şok, itham itham itham görüntüleriyle verilir.

Ekranda yandaş, İslamcı yazarların 'iddialar var efendim' lafları, 'askeri kimse yargılayamaz diye bir şey yok' lafları... Liberal yazarların 'askeri vesayet sona erdirilip özgürlüklerin önü açılmalı' sözleri ya da senaristimizin takdir edeceği çarpıcı görüntüler, benzer şeyler.

Sahne 8

Avukatımız kısa bir incelemeden sonra müvekkilinin neyle karşı karşıya olduğunu anlar.

Fethullah Gülen Cemaati'ne bağlı bazı polislerin askeri casusluk yaptığına dair somut kanıtlara ulaşır.

İşte bu bilgiye somut olarak vâkıf olması, kahramanımızın (avukatımızın) sonunu hazırlayacaktır.

Avukatımızın kendince yaptığı araştırmalar ve karşılaştığı gerçekler birkaç sahneyle anlatılır. "Bütün bu tutuklamalar, ekranlarda söylenenler, yazılıp çizilenler, hepsinin özgürlükle, demokrasiyle, soruşturmayla hiçbir alakası yok, olup biten her şey tezgâh," diye konuşur etrafına.

Türkiye'ye büyük bir kumpas kurulmakta, çember daralmaktadır.

En yakın arkadaşlarına sıranın herkese gelmekte olduğunu söyler, "Benim bir şeyim yok, beni niye alsınlar," diye çıkışan arkadaşlarına da, "Herkese bir belge uyduracaklar," der. "Afganistan'ı, Irak'ı silahla, Türkiye'yi 'düzmece belgelerle' işgal ediyorlar," der. Arkadaşları kahramanımızın çok fazla 'kurgu' romanı okuduğunu söyler, hukukun eninde sonunda sahteliğe asla müsamaha gösteremeyeceğini iyi niyetle açıklamaya çalışırlar.

Ekranlar, yazılanlar, manşetler çok boğucu şekilde halkın beyninde baskısını kurmuş, sıradan insanların dahi kafasında kuşkular oluşturmaya başlamıştır, kahramanımız en yakınlarına dahi derdini anlatamaz duruma gelir, gördüğü gerçekle yalnız, baş başa kalır.

Sahne 9

Avukatımız kendi araştırıp ulaştığı bilgileri, henüz vakit geç olmadan, genelkurmay başkanına, genelkurmay istihbarat başkanına, harekât başkanına ve adli müşavire, inanılmaz bir süreç yaşandığını, bu sürecin normal bir hukuki süreç olmadığını, durumun savaş hali kadar ciddi olduğunu ve hedefinin silahlı kuvvetler olduğunu iki sayfalık bir mektupla bildirir. Bu mektubu yazmak dahi cesaret işiydi ve bu yüzden kahramanımız hedef tahtasına konulur.

Sahne 10

Avukatımız öncelikle, müvekkilinin bürosuna ilk baskın anında, bir emniyet görevlisinin karışıklıktan yararlanarak bu DVD'yi bıraktığını tespit eder.

Belgeyi koyan polisin kimliğini teşhis için konuyla ilgili bir dizi hukuki süreç başlatır. Ve bu DVD'nin ofise 'konulduğu' yönünde çok kuvvetli şüpheleri olduğunu ve adı geçen görevlilerin soruşturulmasını talep eder.

En büyük şoku işte bu süreçte yaşar, 'soruşturma' dilekçeleri sümen altı edilir, gizli bir el, ofise DVD koyanları gizler ya da sürüncemede bırakıp savsaklar.

Ve avukatımız ısrarla müvekkilinin suçlandığı 51 No'lu DVD'nin içeriğini avukatı olarak savcılıktan ister, DVD verilmez... Avukatımız şaşkındır, müvekkilinin nasıl, niye, neden suçlandığını bilmeden müvekkilini nasıl savunacaktır?

Sahne 11

Inının ınnn. 51 No'lu DVD'nin İstanbul adli emanetinde kırıldığı anlaşılır.

Sahne 12

Inının ınnnn, ancak tezgâh düzenleyenler bir yerlerde, sık sık, çok vahim hatalar yapmıştır, bunlardan en önemlisi, meğerse polisin DVD'yi müvekkilinin ofisine yerleştirmeden önce bir kopyasını aldığı ortaya çıkmıştır.

Sahne 13

'Kopyasının önceden alındığı' şu anlama geliyor, daha DVD ofiste bulunmadan 7 gün önce DVD'nin tüm muhteviyatı ile birlikte İstanbul Emniyet Müdürlüğü TEM Şubesi Müdürlüğü'nde mevcut idi...

Bu akıl almaz polis tertibini ortaya açıklıkla çıkartan bir gerçektir, avukatımız sevince boğulur çünkü nihayet sonunda başardığını, tezgâhı ortaya çıkarttığını sanır.

Sahne 14

Heyecan. Arama. Takip. Avukatımız emniyette, müvekkili gözaltında iken İstanbul Emniyet Müdürlüğü'nden birkaç polisin kendisine 'komutanım biz ülkücüyüz, buraya Amerikalılar gelip gidiyor, amirlerimiz sürekli toplantı yapıp duruyorlar, ne yaptıklarını bilmiyoruz' demesi üzerine Amerikalıların da bu sürecin içinde bilfiil bulundukları, hatta nezaret ettikleri bilgisine ulaşır. Bu akıl almaz sözler karşısında kahramanımız şok geçirir, çünkü büyük bir tertiple karşı karşıya olduğu inancı sağlamlaşır.

Sahne 15
Avukatımız kulaklarıyla duyduğu bu gerçeği sonraki günlerde kendi gözleriyle görür, şahit olur, avukatımız gözlerine inanamaz, "Amerikalıları bizzat gördüm," der.
Dilekçe yazar, soruşturulmasını, araştırılmasını ister, cevap yok, dinleyen yok.

Sahne 16
Avukatımız, askeri casusluk suçundan dolayı suç duyurusu dilekçesi yazmaya koyulur. Bilgisayarı kontrol edilmekte, telefonları dinlenmekte, kendi izlenmektedir. Ayrıca tehditler almaktadır. Bir avukat arkadaşı, "Sizi yönlendireni tanıyoruz, onu da (avukatımızı) buraya getireceğiz," diye uyarılmıştır. Tehditleri ensesinde hisseder, dilekçelerine cevap da alamaz, çember daralmaktadır.

Sahne 17
Avukatımız bu dinlenme ve tehditlerin de hukuki sürecini son bir gayretle başlatır, yine cevap alamaz.
Ekranlarda ve manşetlerde yüzlerce yazarın katıldığı hararetli suçlamalar, 'iddialar var efendim' lafları dönmekte, hükümet yazarlarının ağızlarından suçlamalar alevler gibi fışkırmakta; halk tam bir korku filmi izler gibi sessiz, soluksuz olup biteni izler. Suçlanan, mahkûm edilen, linç edilen, manşete çekilen; avukatımızın müvekkili ve kendisidir, sesini duyurmak için çırpınır ancak kendisini ve müvekkilini savunacak ekran bulamaz, bir tek Uğur Dündar'ın haber programı dışında, Uğur Dündar ekrana çıkarttığı avukatımızı ağzı açık, şaşkınlıkla izler.

Sahne 18

Nisan 2009 tarihinde Fethullah Gülen Cemaati'nden olduğunu ifade eden Sorbonne Üniversitesi'nde öğretim görevlisi olduğunu söyleyen bir şahıs, emekli bir hâkim meslektaşı vasıtasıyla dolaylı bir haber gönderir, polislerle fazla uğraşmamasını tembih eder. Her dakika başı tutuklanacağına, vurulacağına ya da akıl almaz bir iftirayla kendisine tezgâh düzenleneceğine yüzde yüz bir gerçeklikle inanır ve bunu etrafındakilere söylemeye başlar, tam anlamıyla kıstırılmıştır.

Sahne 19

Her an bir saldırı altında olduğunu iyice anlamasına rağmen işin içinde askeri casusluk şüphesi vardır, avukatımız kendiyle derin bir muhasebeye girişir, asker damarı kabarır, çekinmenin, korkmanın, geri adım atmanın bu saatten sonra kendisine asla yakışmayacağını, hem kendisine hem etrafına telkin beyan etmeye başlar.

Sahne 20

Avukatımızın arabası 6 Mayıs 2009 tarihinde Etimesgut'ta bir istihbarat aracı tarafından sıkıştırılarak kendisine ölümcül bir kaza yaptırılır. Aracı kullanan eşidir, emniyet kemeri sayesinde kurtulmuştur.

Sahne 21

Inının ınnn, olmayacak bir şey olur, avukatımıza hukuki süreçteki ısrarlarına rağmen verilmeyen belge basına sızdırılmıştır, manşetlerdedir...

Avukatımız kendisine verilmeyen belgeyi manşetlerde görünce şaşırır ama biraz da sevinir.

Sahne 22

Çünkü bu vesileyle DVD'nin içeriğinden haberdar olan avukatımız, kamera kayıtlarından bu DVD'yi oluşturanların bulunabileceğini düşünür, müvekkilinin eşi olan Yargıtay Tetkik

Hâkimi'ne sevinçli, müjdeli bir haber verir, "Yolun sonuna geldik, davayı kazanıyoruz," diye bir telefon eder.

Sahne 23

Yolun sonu, aslında yolun başıdır. Senaristimiz istediği şekilde müziği hızlandırabilir. Inınının ınnn, öykümüz yeni başlıyor.

Sahne 24

DVD kayıtlarından DVD'yi kaydedenleri bulabiliriz umuduyla müvekkilinin eşine müjdeli haberi verdikten tam iki gün sonra...

Senaristimiz esrarengiz bir atmosfere girerek hikâyeyi derinleştirmeye başlayabilir.

Inının ınnn, kim olduğu bilinmeyen iki meçhul kadın, avukatımızı telefonla arar...

Sahne 25

Senaristimize not, buraya kadar başrolde avukatımızın müvekkili ve onun davası olan verilmeyen, ofisinde bulunan DVD'nin gelişimi anlatıldı.

Ancak şimdi bu hikâye bitmiş, yeni hikâye başlamıştır, yani artık başrollere avukatımız yerleşir çünkü hedef, bu iki meçhul kadının aramasıyla şimdi kendisidir.

Arayan kadın kamuoyunda meşhur bir tarikatın ya da grubun üyelerindendir. Telefonda gerçek ismini saklar. Telefonda, masum bir şekilde, kardeşinin bir hukuk problemi olduğundan bahisle avukatımızdan randevu ister. Avukatımız randevu verir.

Sahne 26

Kadınlar avukat bürosuna gelir. (Senariste önemli tüyolar: Kadınlar aslında ofisi, mekânı, kapıcısını, çevresini, komşularını da iyice bir incelemeye gelmişlerdir.) Ve kadınlar avukatımıza, kamuoyunda çok meşhur olan tarikat lideri ya da üstatlarını, bugüne kadar hep şöhretli avukatlarla davalarını savunduklarını, ancak şimdi sıradan, mütevazı bir avukat aradıklarını söylemişlerdir.

Sahne 27

Ancak kadınlar laf arasında avukatımızdan 'Yargıtay'da bir davaları için yardımcı' olmasını istemekteler. Yani argo anlamıyla 'zarf' atmışlardır, çünkü müvekkilinin eşi Yargıtay hâkimidir. Böylelikle kadınlar avukatla Yargıtay hâkimi arasında illegal mafyatik bir ilişkiyi ortaya çıkartmaya çalışmaktadırlar.

Avukatımız önce nezaketle kadınlara kendi işi için dahi Yargıtay'a gitmediğini, böyle bir tarzı olmadığını söyler.

Sonra da kadınlara kendisini nereden bulduklarını, sorar.

Sahne 28

Avukatımız kadınlardan doyurucu bir cevap alamaz, üstelik hareketlerinden fazlasıyla şüphelenir. Bir meslektaşına şüphesini dillendirir. Bu kadınları Fethullah Gülen Cemaati'ne mensup polislerin göndermiş olabileceğini söyler.

Sahne 29

Ve nihayet film içinde film başlar.

Senaristimiz istediği heyecan ve şok görüntülerini kullanabilir.

Inının ınnn. Sahneye Türk kamuoyunu yıllarca meşgul etmiş o meşhur belge çıkar:

AKP ve Gülen'i Bitirme Planı.

İşte bu meşhur belge, avukatımızın ofisinde polis aramasında şimdi bulunmuştur. Belgenin bulunmasıyla Türkiye kamuoyu altüst olur. Türkiye'de hiçbir skandal, hiçbir sansasyonel olay, gündemde, bu belge kadar konuşulmadı, tartışılmadı. Türkiye'de yer yerinden oynar, meşhur belge aylarca, yıllarca manşetlerde yerini korur.

Sahne 30

(Senaristimiz bu bölümü mutlaka bir avukat danışmanıyla düzenlemeli.) Avukatımızın ofisini arama kararı, gizli izleme kararları gibi, hukuka aykırı süreçler karşısında avukatımızın eli kolu bağlıdır.

Üstelik arama, avukatımız Ankara dışındayken yapılır. Avukatımız, kendi ofisine konulan bu belgenin kendisini ziyaret eden kadınlarla bağlantısı olduğuna yüzde yüz inanmaktadır, ancak vakit çok geçtir artık.

Sahne 31
Avukatımızın bürosuna yerleştirilen sadece meşhur AKP'yi bitirme belgesi değildir, fişleme belgeleri, mermiler de bulunmuştur, ayrıca Genelkurmay Başkanlığı'ndan çalınmış kozmik gizlilik dereceli belgeler.

Sahne 32
Avukatımız, bürosunda bulunan sahte, uydurma belgelerin hepsine teker teker itirazlarını yapar, öncelikle ileri derecede kördür ve değil silah kullanması çatal kaşık kullanması dahi problemlidir, en azından bu mermilerle işi olmadığını kendisi bilmektedir.

Mermilerin kaynağını araştırır ve NATO Genel Sekreterliği'ne başvurup mermilerin incelenmesini ister. Ve ofisinde kendisine ait olmayan 433 tane yabancı parmak izi bulunur. Ayrıca soruşturma, kovuşturma sürecinde kendisine ait olmayan elektronik postalar delil olarak diğer sahte belgelerle dosyasına konulur.

Sahne 33
Avukatımız artık hapiste tutukludur ve bütün bu süreci dışarıda kendine yardımcı olan meslektaşlarıyla insanüstü güçlüklerle sürdürür.

Sahne 34
Inının ınnn. Türkiye'nin medyası. Televizyonları. Bir yıl aralıksız iki yıl kesintili şekilde işte bu belgeyi ekranları savaş meydanına dönüştürürcesine tartışır.

Senaristimiz maharetini burada ortaya dökecek. Ekrana çıkan yazarların belgeyi nasıl savundukları kara mizah örneği ya da şeytani bir tuzağa aklı başında yüzlerce yazarın nasıl ortak olduğunu bir şekilde verebilmeli.

Gazete manşetlerinde belgenin nasıl savunulduğu ayrıntılarıyla verilebilir. Hatta senaristimiz bu sahte belge operasyonları henüz olmadan önce, bir dizi TV baskınlarını, siyasi iktidar eliyle, halkın parasıyla TV satın almaları, hatta muhalif basını susturup içeri atmaları, muhalif basına seslerini kesmeleri için uygulanan akıl almaz vergi cezalarını, yani kamuoyunun nasıl susturulduğunu, işte bu sahte belge savunulurken kimse sesini soluğunu çıkartamasın diye ön çalışma olduğunu dahi çok kısacık verebilir.

Çünkü bu sahte belgelerin asıl gücü 'ekranlarda', 'manşetlerdeydi', bastıran kazanıyordu. Belge mi belge, o halde tutukla hepsini içeri at diyen ağzı köpürmüş bir linç kampanyası bu iktidarı destekleyen basın tarafından başarılmıştır.

Belge tartışılmaya başlandığında öyle bir kamuoyu oluşturuldu ki başta silahlı kuvvetler, yazarlar, aydınlar bu sahte belgenin varlığıyla topa tutuldu, fareler caniler gibi suçlandı.

İftiraların, ithamların bini bir para ve yavaş yavaş, sıra yüksek askeri komutaya geldi, şok şok onlarca yüksek askeri rütbeli içeri tıkılmaya başlandı.

Senaryonun en mühim ve en problemli tarafı burasıdır.

Avukatın ofisine konulan sahte belgeleri demokratik bir hukuk toplumu mağdurdan yana tartışır.

Ya da şüphe üzerinde ilerlemesi gerekir ya da belgenin incelenmesi hukuki olarak şart iken, belge manşetlere atılır atılmaz kamuoyunda büyük bir tozu dumana katıp karambol yaratıldı. Artık senaristimiz için malzeme çoktur, keyfince sıraya koyabilir, Kozmik Oda aranırken dalga geçilerek 'neler bulundu neler' manşetlerinden, başbakan yardımcısına suikast hazırlığı gibi yalan düzmece haberlere, subay ve yazarların bir gizli cinayet şebekesi gibi suçlandığı, mahkûm edildiği manşetler, gırla gidiyor.

Sahne 35

Bu arada, hücresinden yakınları yardımıyla başına gelenleri

anlamaya çalışan avukatımız, kendine telefon eden kadınların ifade yanlışlıklarına ulaşır.

Kadınlar, avukatımızın, "Beni nasıl buldunuz, bana niye geldiniz," sorusuna, şöyle karşılık vermişlerdi: "Avukat tabelasını büronuzun yanından geçerken gördük."

Avukatımız kadınların telefon kayıtlarını inceletir ve gerçekte avukatın ofisini oradan geçerken değil, teee İzmir Caddesi'nden aradıkları anlaşılır.

Şu küçük ayrıntı senaryo için çok önemli: Avukatın bürosunu gözleyip kadınlara yardım eden başka tür yardımcı insanların hayatlarındaki parasal gelişim ve dönüşümlerle ilgili de birkaç fotoğraf verilebilir.

Sahne 36

Avukatımız içeriden dilekçe üstüne dilekçe vererek birçok hukuki süreç başlatır, ancak hepsi boş duvara çarpıp geri döner, çünkü bu şok operasyon baskınlar sonrası: Çok karanlık belgelerle medyada sansasyon oluşturulmasıyla asıl hedef Türkiye'de bir anayasa değişikliğine gidilmesiydi.

En önemlisi, hâkimler ve savcı kurumları topyekûn kökünden, işte bu estirilen karambol fırtınasıyla değiştirildi.

Hâkim ve savcı kurumlarının tamamen ele geçirilmesi Türkiye'de bir devrin bittiğinin de işaretiydi.

Yani avukatımızın, hukuki sürece itiraz olarak yaptığı bütün şikâyetler, artık değişmiş, hâkim ve savcı kurumlarına boşuna gidiyor, boşuna çaresiz dönüyordu... Artık hukukun gücünün, sesinin bittiği, tam anlamıyla hücresinde unutulduğu bir dönem başlamıştır.

Senaristimiz anayasa reformu sonrası bu iş işten geçti durumunu nasıl anlatır bilmem.

Ancak senaryonun kilidi, burasıdır. Hâkimler, savcılar ve kurumları değişmiş, iş bitmiştir. Ekranlardan iktidar yazarlarının 'devlet pisliklerinden temizlendi, eski devir bitti' gibi bağırtılı konuşmaları verilebilir.

Sahne 37

Türkiye'nin siyasi, hukuki sahnesi tam olarak el değiştirmiştir. Artık senaristimiz ince ince cicilikler, süslemeler yapabilir.

Mesela Sahne 4'te resmedilen ve nezaketinden ezildiği okuldan İslamcı arkadaşları, bu hukuk sürecinde hâkim, yargıç olarak çok defa karşısına çıkar.

Aynı insanların yüzlerinden yine nezaketleri eksik olmaz ama ona söyledikleri ya da kararları, gestapo gibi yolları tıkamakta. Bu vahşeti maskeleyen nezaketin nasıl verileceği senaristin maharetine kalmıştır.

Tatlılık ve güya yardımcı oluyor gibi, ancak tam anlamıyla dalga geçer gibi, hileleri örten, inkâr eden bir tutum izlemekteler.

Kamuoyunda hararet yavaş yavaş artık dinmiştir. Kamuoyu yıllarca tartıştığı belgeyi dahi, artık hiç ama hiç tartışmamakta.

Hatta üç buçuk yıl sonra, bürosuna gelen kadınlar hakkında verdiği ifadeden dolayı, kadınların kendilerine iftira edildiği gerekçesiyle avukatımıza açtığı mahkemeye bile, tek bir basın mensubu gelmedi, kimsecikler ilgi göstermedi.

Mahkeme koridorundaki bu vurdumduymaz sağırlık, senarist tarafından çok iyi işlenmeli.

Asıl büyük zindanın işte bu ilgisizlik olduğu hatırlatılmalı.

Belki sokakta insanların her gün bu davanın sahte belgesini tartışırken bugün bu davayı hepten unutup Fenerbahçe'yle, Alex'le laf yarıştırması, gibi kısa sahneler kullanılabilir.

Yani senaristimiz geniş kitlelerin halkın vurdumduymazlığı, körlüğü, hafızasızlığıyla ilgili birkaç kare fotoğraf verebilmeli.

Mesela şu sahne kullanılabilir, avukatımızın bir meslektaşı mahkeme önündeki kimsesizliği görünce, şöyle der: "Oysa Mendel, yüzyıl önce bezelyelerin bile yedi kuşak öncesini unutmadığını keşfetmişti."

Sahne 38

Türkiye'deki siyasi yapının bu şok dalgaları ve ekran marifetiyle nasıl değiştirildiğini, insanların dilekçe ve hukuki süreçleri nasıl sürüncemede bırakıldığını bir güzel anlatılabilmeli, tabii bunu, dün avukatımızın yanında olan yakınların, dostların süreç içinde nasıl tırstırılıp sindirildiği gibi kısa sahnelerle pekiştirebilmeli.

Şimdi mahkemede yanında yalnız eşi, annesi, bir de cepheden silah arkadaşı uzman çavuş dışında kimsenin kalmadığını, tek bir fotoğrafla anlatabilir.

Sahne 39

Avukatımız jandarma korumasında mahkemeye getirilir.

Etrafında birkaç kişi, eşi, dostu ve ailesi kalmıştır. Hem ailesi hem kendisi hem de üstü başı yıpranmış, pörsümüştür.

Sahne 1'de resmedilen arkadaşları ise, şimdi adliye binasında uzaktan kendisini izlemekte ancak çok temiz ve şık giyinmişler, korumalar ve özel arabalar içindedirler.

Müvekkilimizin aşırı miyop ve hasarlı gözleri her şeyi buğulu görür, tek derdi vardır, ifadesini her şeye rağmen eksiksiz vermek.

Kamuoyu yapacağını yapmış, asacağını asmış, değiştireceğini değiştirmiş ve sert sessizliğine bürünmüştür. Her şeye rağmen avukatımız iddiasını sürdürmekte. İfadesinin ilk cümleleri de budur, "Beni artık kimsenin duyacağını, dikkate alacağını, hukuki soruşturmayı genişleteceğini sanmıyorum, ben insanlığa konuşuyorum."

Senaristimiz avukatımızın hiç kimse kalmadı, ben burada 'insanlığa konuşuyorum' vurgusuna özellikle önem vermeli.

Sahne 40

Tam 3,5 yıl avukatımız mahkeme edileceği bugünü beklemiştir.

Hâkim daktilosuna, ifadesini tane tane yazdırmakta.

Avukatımız bu kadar tezgâhın, bu kadar garip hukuki süreçlerini yine de özetleyerek tane tane, kelime kelime anlatmaya koyulur. Bir saat kadar ancak geçer ki...

Hâkim, uzunca ifadeden biraz sıkılır, tutuklu avukatımıza

seslenir: "Bir cenazem var, kısa kes..."

Avukatımız: "Efendim, bu mahkeme için üç buçuk yıl içeride, özgürlüğümden yoksun bekledim. Her şeyi anlatmam lazım. Ayrıca ben artık her şeyden umudumu kestim, ben insanlığa konuşuyorum. Belki ilerde bir gün hayatımızı, başımıza ne geldiğini merak eden birileri çıkar, ben size değil, o meçhul insanlığa konuşuyorum."

Sahne 41

Mahkemesine gelen, cephede yani önünde bomba patladığında onu sırtında taşıyan ve o günden beri uzaktan olsun kendisini takip eden arkadaşı mahkeme salonundadır.

Olup bitenden sonra, isyanını dile getirecek kimse bulamayınca, mahkemenin karanlık koridorunda mahkeme duvarına doğru deli gibi konuşur: "Yıllarca 51 No'lu DVD'yi ve sahte belgeyi manşetinizden indirmiyordunuz, nerdesiniz?" Kafasını duvara vuracak gibi, "Bizi PKK'nın bombası öldürmedi, bizi hâkimlerin, gazetecilerin bombası öldürüyor." Kendi kendine çıldırırcasına konuşur.

Senarist buraları fazla da süslemesin, yeterince gerçekçi ve soğuk bu sahne, eski asker arkadaşının duvara kafa geçirmesi ve birkaç cümlesiyle son bulsun.

Sahne 42

Mahkeme ileri, bilinmez karanlık günlere ertelenir.

Annesi jandarmalar arasında götürülen oğluna uzaktan hıçkırarak bağırır: "Benim kara subay oğlum, benim kara subayım!"

Sahne 43

Önce ağlayarak evine dönen annesini takip ederiz. Annesi, yırtılıp çöp kutusuna atılmış bir Atatürk posteri görür. Sağına soluna bakıp yırtık posteri çöplükten alır, önce öper, sonra, "Sana bir değil, bin oğlum feda olsun," deyip, tıkıştırır gibi koynuna sokar...

Sahne 44

Avukatımız hücresindedir. Önce önünde yüz sayfayı geçen doktor raporunu okumakta, ciğerlerindeki, böbreklerindeki, gözlerindeki ciddi hasarların gün geçtikçe tehlikeli, ölümcül hal aldığı bilimsel bir dille anlatır.

Sonra Türkiye'deki hâkim, hukuki ve sivil kurumlar, gazete, medya umudu ve beklentisi hiç kalmadığı için, yabancı gazete ve insanlık kurumlarına boşlukta bir çığlık gibi hikâyesini özetleyen İngilizce mektuplar yazarken, sona erer.

Filmimiz sona erer.

* * *

Yıllar sonra, olur ya, bir büyük erdem arayıcısı merak eder, belki bir senarist, belki bir belgeselci, belki bir romancı...

Bu ham şekilde kayda geçirdiğimiz hikâyenin ayrıntıları çoktur. Okuyucuyu yormama, dallandırmama telaşı vardır.

Mesela bu sahte belge ekranlarda aylarca tartışılırken Anadolu'nun bir köyünde, bir kadınla ayaküstü konuşurken kadın bana şöyle dedi, (avukatımı şeytan gibi suçlayarak) "Bunlar memleketi mahvetmiş, satmış, yemiş, çoluk çocuk öldürmüşler."

Bu sahte belge yaygaraları halkın içinde bu tür sarsıcı ve bambaşka travmatik değişimlere yol açtı. Bunları da boğmadan birkaç fotoğraf kullanmak lazım.

Asıl önemlisi, ancak büyük erdem sahibi insanlar, tarihin büyük sayfalarını okuyabilir. Ancak büyük erdem sahibi insanlar, ne pahasına olursa olsun korkusuzca, her şeye rağmen, gerçeği, yalnız 'gerçek'i anlatabilirler.

9 Ekim 2012

SEFİLLER

Dün öğrendim, bir hafta önce ölmüş, kimsesizler mezarlığına kaldırılmış hurdacı Özcan Abi. Özcan Abi elli kilo var yok, Ankara'nın en hırpani adamı, suratı eski, tozlu, kısmen kurtlanıp yırtılmış, kararmış eski kâğıtlar gibi. İki büklüm, sakallı bir sinek kadar zayıf, tam bir dilenci. Bu yazın meşhur elli derece sıcağında dahi çıkartmadı kirden kararmış paltosunu, yağlanmış bir kat tozlu, kalın ciltli kitaplar gibi. Ne zaman sahafa gitsem kalın paltosu içine sivrisinek kadar küçücük başını çekmiş, sigarasını içiyor oluyordu.

Daha iki hafta önce Kızılay'da yıkılan Fransız Kültür inşaatının cadde tarafı kaldırımında yere birkaç kâğıt mendil koymuş satıyordu. Eski topçu menajer arkadaşlarla önünden geçiyorduk, çömeldim, kulaktan kulağa sağda solda bir şey var mı diye konuştuk, arkadaşların, "Bir yazar, bir dilenciyle kulaktan kulağa böyle hararetli bir şekilde, dakikalarca ne konuşur," sorusunu, "Bizim de menajerlerimiz bu hurdacılardır," diyerek şakayla karışık geçiştirdim.

Hangi işi yapsa sırtındaki palto ve ağzındaki Marlboro sigara üniforması gibiydi. Her 'iş'in bir fırıldağı, her fırıldağın bir nam salmış ustası vardır, hurdacıdan ne bekliyorsunuz? Tiyatroya, kokteyle giden beyler gibi giyinemezdi, çekle, senetle, tarihle, imzayla, kravatla, banka kredileriyle çalışamazdı.

Özcan Abi öldü, onu tanıyanların hafızasında meşhur, kaskatı, kirli paltosu ve fırıldak dümen hikâyeleri hiç ölmeyecek. Hurdacılığında kitaptan anlarım havasıyla ağır, bilmiş konuşup kılığından çok başka bir soyluluk verirdi, en çok da bir zamanlar neymişiz havası, insan hayal edemeyeceği yere palavralarıyla kestirmeden gidebilirdi, ağzın laf yapabiliyorsa bir hurdacıyı soylu bir İngiliz lorduna dönüştürebilirdi, bu lafların ne kadarını yiyorsan o kadar kerizinden müşteri namzeti değilse, dinleyicisi olabiliyordun.

Sahaflara, sabahları sokak sokak topladığı kitapları çuval hesabı, torba hesabı üç-beş liraya satardı. Müşteriliğin de bir ahlakı vardır, Özcan Abi'den kitap almaz, satmasını bekler sonra sahaftan alırdım. Bir roman dolduracak kadar, öğleye doğru henüz kapısı açılmamış sahaf önlerinde sıkılmışlığım, laflamışlığım çoktur, konuşmaları 60'lı yılların Türk sineması saflığında kalmış, yarısı palavra, yarısı sıkı hikâye, yarısı boş hayaller... Yarısını yemiş yarısını yutmuşumdur, yarısı kaymış bir hayatın iltihabı, uflar puflarla, zehir gibi çaylarla deşip irin patlatmak gibi ama neyi anlatsa hâlâ fare avlayan bir sinsi tezgâh kurgusu, çakal tuzağı kokusu doluydu.

"Hadi bırakayım sana on liraya," dese de bir puştluk vardır bunda diye çekinir temkinle aşağıdan alırdım, çantasındaki değil kitapları, katlanmış kâğıtları bile telaşla incelerdim, başka neler getirmiş, meraktan çatlardım. Özcan Abi'yi kapıda gördüğümde merhabadan önce heyecanla "Mal var mı?" derdim, elindeki siyah buruşuk kirli torbaları gösterir, gizli elmas ticareti yapan Yahudiler gibi sinsi sırıtan bir suratla, "Bir şeyler var," derdi, o şehrin lağımlarının sorumlusu, ben de fare leşini bekleyen tekir kedisiydim.

Ve bizim için gün şöyle başlardı, torbaları açıp tek tek dergi, kitap kapaklarına, içine bakıp, bir nevi çöplük ayıklardım. İşte orada laflardık, bazen bir kitabı gerçek bir maden bulmuş gibi, bataklık çamuru pisliğinden elmas yüzük bulmuş gibi enine boyuna çevirir, incelerdik. Yanımda Özcan Abi sigarası elinde, sinek kadar küçücük kafasını salyangoz kabuğu gibi paltosunun içine çekmiş, ben kitaplara 'vay be' diye naralı heyecanla baktıkça o eski sokak bitpazarı seferlerinden bir bir maceralar anlatırdı.

"Ya helal olsun Özcan Abi," derdim, "nerden buldun bunu, bu var ya, en az dört yüz lira." İşte o zaman milyon ayrı gün, milyon ayrı tanesinin hep ayrı hayal kırıklığını yaşadığı boş umutlardan birini daha, kitap yığınları yanında gizlendiği çalılıklardan başını çıkartmış yaşlı bir kaplumbağa gibi, sigara üstüne sigara içerek, siyah naylon torbasının başında beklemeye koyulurdu. Sonra şöyle tekrarlar olurdu, hayal basılmış sigarasını üfler, "Dört yüz vermezse bırakmam. Üç yüz de olur ama aşağı bırakmam..." derdi. Sahaf dükkânı açıncaya kadar beynindeki pazarlık 'on liraya' kadar piyasayı düşürürdü, düşürdükçe omuzları küçülür, kalın paltosu içinde ensesi kat kat, giydiği kirli gömleğin yakası görününceye kadar diplerde kaybolur, tozlu rafların önünde başka bir âlem içinde saklanırdı.

Hurdacılar, ölmüş profesörlerin, Yargıtay üyelerinin, eski milletvekillerinin kokusunu, haberini bilmem nasıl başarırlar da hemen alır, adreslerini görünmez cinler gibi bulurlar. Çoğunun ailesi kurtulmak için önüne çıkan hurdacıya kitapları çok az para karşılığı verir, çoğu kitaplarını değerlendirmek için soruşturur, hurdacılar vasıtasıyla kütüphaneyi topyekûn pazarlıkla iyi bir fiyata satmak ister. Ama asıl ahlaki kural, kitap sahibiyle ilk konuşup pazarlık yapanın öncelik hakkıdır, diğer sahaflar izin almadan devreye girmez, hatta önceliği olana nakit yardımı yaparlar. Yeter ki kütüphane düşsün, yolu, adresi, sokağı gösterip bulan hurdacı da üç-beş kuruş kırıntısıyla ve iş bitirmenin esnafçılık havasıyla geçinsin, ortak bir kütüphane düşürmüş olmanın mesleki dayanışması hurdacıyla sahafın aynı ekmeği yedikleri esnaf kardeşliği ruhlarını büyütsün.

Asıl macera sahafın 'kütüphaneyi bir görelim'iyle başlar, akademik ve mesleki kitaplar, ders kitapları, piyasa kitapları... Eski yazılı ayrı değerlendirilir, içinde değerli kitaplar yoksa çoğu sahaf hurda yüküne girmez, alışverişten çekilir. Ama hurdacılar için her ıvır zıvır, her eften püften en değersiz şeyler, ele gelen, tutulan her kâğıt parçası 'mal'dır, depo ya da dükkân sahibi olmak hurdacıyı sahaflık statüsüne yükseltir, deposu olmayıp cebinde nakit alım için peşin üç-beş bin lirası olan hurdacılar da kendini sahaftan sayar.

Kütüphaneyi 'ilk görmeler'in serüveni bitmez, sürprizlere açıktır, bilinmedik, az bulunur eski, değerli kitapların çıkma ihtimali her sahafın, hurdacının rüyasını süsler. Çoğunlukla yolunuz hüsrana çıkar ya da sırf eski yazı diye, kitap sahibi aslında çok değersiz, diyelim ki Hüseyin Rahmi'nin Osmanlıca kitaplarını bir şey sanıp insanı güldürecek kadar çok para ister. İşte sahafta gün boyu böyle şeyler konuşulur ama en çok, kitap repertuvarından ölen kişinin karakteri, hatta gizli maceralarına kadar mahrem ve mesleki kariyer yorumları yapılır. Evlatlarının (vârislerinin) kitaplarının değerini hiç bilmeyip ziyan ettiği dilden dile anlatılır, dünyada tüm nesneler içinde satışa geldiğinde en büyük değer kaybeden tek nesne kitaptır, sadece kitap mı, babanın, dedenin kitabına değer vermeyen her evlat, sahafın gözünde insanlıktan düşer.

Eski kitapçılık, adı üstünde insana sabrı öğretir. Yeni baskı kitaplar ok yemiş ceylan gibi piyasaya çıksa da, sahafın sarraflığı, o taze kitabın raflarda can çekişmesi, sonra nüshalarının tükenip unutulması, sonra cildinin soyulması, sayfaların dağılması, sonra küflenip kurtlanıp kâğıdının kıtırlaşmasını, zamanı bir dikişte unutup tilkinin kürkçü dükkânına gelmesini beklemesini bilmektir.

Hurdacılıkta 'kütüphane düşürmek' en sansasyonel kavramdır, aslında hurdacıların yaşamları günlüktür, pılı pırtı giyinir, pılı pırtı, ıvır zıvır satarlar, gün, her gün uçurumun kıyısı gibidir. Boğaz tokluğu birkaç liraya her gün muhtaç olmak, hurdacının piyasasını on bin yıldır en düşük yerinde tutar. Birkaç lira, bugün yarınki güne dikiş tutsun, merdiveni olsun, bugünü yarına bir lokmayla tuttursun, ayağımızı yürüyecek kadar sokaktan kesmesin diyedir.

Bu piyasa her gün 'ne verirsen'e çıkar. Bugün karnımız doysun, yarın Allah kerime, çıkar. Çöple hurda arasında 'değer' farkı kalmaz. Müşterisi olmadıktan sonra bir gün çöp hurda, bir gün hurdalar çöp olur. Alıcısı gelene kadar hastalıktan, kangrenden derisi kararıp, pörsüyüp, gebermiş bu çok yorgun ihtiyar kitapların değeri bazen yüz yıl geçse de hiç çıkmaz, firavun mezarı gibi kara kaplı kitapların üstüne birkaç kat toz mumyalanıp katmanlaşır, cilt iplikleri çürüyüp püskülleşir, yine de kapıdan milyonlarca insan geçer tek bir geleni gideni çıkmaz.

Gündelik alışverişleri taş çatlasa otuz-kırk liraya çıkmaz, gelin görün ki hepsi ellerindeki iki naylon torba kitapla tarihin en büyük tüccarları havasındadır. Umudun, hayalin, buluşun, rastlantının, tesadüfün, beklemenin hiç tükenmeyeceği, tarihin en eski piyasasıdır, her Allah'ın günü kader, kısmet, talih, elmastan değerli bir kitap düşme ihtimali hep vardır, hurdacılar bu yüzden her gün çöp kovalarında, durmaksızın boşalıp akan nehirler gibi sokakların akıntısında beklerler.

Bu piyasayı en eski pazarların masalsı yasa haline gelmiş inançları ayakta tutar: Yangın çıkar, fırtına gelir, ev yıkılır, insanlar başka memlekete kaçar, sonsuz kalabalıklar, tesadüfler içinde biri mutlak karşına çıkar, bu hayat kanalizasyonun içine elini uzat, bir satılacak şey, farenin ağzından mutlak inci bir diş eline gelir, hurdacı böyle yaşar.

Ve beş kuruşsuzluk sahafla kurdukları esnaflığı yoksulluk feleğinden mecbur kadirşinaslığa dönüştürür, üç lira beş lira, olsun yarın yine gelecek, yarın yine yüzüne bakılacak, zorunlu bir bağımlılık ilişkisi, bu yüzden, yeri gelir el değmemiş kitapları dahi birkaç liraya burnundaki sümüğü yol ortasına fırlatır gibi sahafa atar giderler.

Elde kalmış, satılmamış kitap, hurdacının ruhunu yıpratır, elini yakar, hayata küstürür. Hurdacı eline geçen her şeyi birkaç saat içinde çıkartmazsa ölür, bulduğu şeyi el bombası gibi fırlatıp atmak ister, hayat sıhhati, topla, bırak, topla, bırak, ritmiyle yerine gelir. Çöpe, zamana saklamaya, yarına bırakmaya tükürüğü kadar kıymet vermez, çünkü hurdacının bütün serveti iki elinin kaldırabileceği kadardır, iki elin her gün boşalması gerekir ki aynı eller yarın başka torbalar taşısın.

Bir sahaf kapısında hurdacı-sahaf alışverişine şahit olmuşsanız hurdacıların kitabın içini çok da merak edip açmadıklarına şahit olursunuz, hiç anlamazlar demeyin, hayır, asıl endişe yüzyıldır birbirine yapışık, kaynaşmış kitap yapraklarına zarar vermemek içindir. Kitabı buldukları gibi bırakmak, duruşunu, pozunu bozmamak isterler. Hatta üstündeki tozları bile ellerine, dizlerine şöyle bir vurup temizleme bu meslek için zararlıdır. Yeni bulunmuş, hiç kapağı açılmamış oluşu, el değmemiş, dokunulmamış oluşu gizemli bir antik değer katar. Eskiliği bozmak kitaba en büyük saygısızlıktır.

Hırsızlama, aşırma hurdacılık değildir çünkü yarın yine aynı sokaktan güven içinde geçecektir ama terk edilmiş, dışarıda, uzakta, ortada, korumasız bırakılmış her şeyi sahiplenirler, daha doğru bir cümle, beleşin, kelepirin tadı bütün çağlarda başkadır, kerizlik her dinde bol miktarda mevcuttur.

Hurdacı, kitaba cımbız parmaklarla dokunur, tozunu üflemeye bile çekinir, kitabın üstündeki kir, nem, pörsümüşlüğü, şişmişliği, solmuş sararmışlığı, küflenmişliği, iğne iğne delikli böceklenmişliği, hepsi kitaba asalet katar. Kitabın içeriğinden çok, zamanla girdiği yıpratma savaşından ne kadar az ziyanla çıktığının gururuyla yaşar.

Eskiyen, eskiten zamanın değerlediği bu bitpazarının avcı-toplayıcıları ve insanlığın en eşsiz, en değerli bahçesinin bahçıvan yamakları hurdacılardır, çoktan ölmüş o muhteşem yazarların beş kuşak sonra dahi kim bilir tesadüf izlerini süren periler, cüceler gibi her gün sokaklardadır.

Kitabın değeriyle fiyatlanması, kazıklanmayla ilgili hile-hurdalık sahafın merhameti, el göz ayar terazisinin bozukluğunda ya da düzeltelim cümlemizi iş bilirliğindendir, daha da düzeltelim insafına kalmıştır, unutmayalım her alışverişte hem cezbedicilik hem de kumar tadı vardır. Sahafın da hakkını yemeyelim, girdi 'mal'ı 'çöp'tür, çöpü değerleyip mallaştırır.

Hurdacılar sahaflar için sokak istihbaratçısı gibidir, kim kitap satıyor, hangi tür ağırlıklı satıyor, kim taşınmış, kim elden çıkarıyor, kim ölmüş haber onlardadır, her Allah'ın günü bir kitap alışverişi olmasa da birkaç saat laflayıp birbirlerini gizlice sorguya çekerler, bu dedikodular sahafla hurdacıyı samimi, çaylı kahveli hoş arkadaşlık içine sokar.

İşte kırk yılına yaklaştığım bu sokaklarda beş-on renkli adamdan karikatüre en benzeyeniydi Özcan Abi.

Her insanın bir 'mottosu' vardır, yani ağzından düşürmediği, hayatı özetleyen bir kısa cümle, Özcan Abi'nin ağzından her gün işitirdim, Fransızca yazılışı nasıldır bilmem, söylediği gibi yazayım: "A be la ven ku," doğrusuna sözlükten bakın, "Kahrolsun Mağluplar," demek.

Özcan Abi için "Kahrolsun Mağlup" demek bir sürü kütüphane düşürme işine girmiş, tezgâh, dümen, birçok fırıldak çevirip şansını kullanamamış, bu yüzden kahrolsun, demek. Dümene girmiş bir adam mutlaka kazanmalı, asla mağlup olmamalı, eğer eline yüzüne bulaştırmış, köşeyi dönememişse, işte o zaman kahrolsun mağluplar, kahrolsun beceriksizler der gibi.

Ama başka bir şey de var "Kahrolsun Mağluplar" deyişinde, artık büyük düşler, büyük dümenlerden yorulup tövbe edip, sıradan birkaç eski dergi, kitap bulup yetinen bir hayatı kabullenip en basitiyle yaşayınca, fırıldakla yaşadığı günlerinin ta baştan mağlup ve yalan olduğunu, işte sıcacık çayı avcunda, sigarası ağzında, cebinde birkaç lirası, dostlarıyla her gün bunları konuşurdu. En azından bizim 'sefil hırpani' dediğimiz bu hayatta, hiç isyan, pişmanlık dile getirmeyişi, durulmuşluğu, oturmuşluğu, rahatlık mı, böyle gözle görünmez, elle tutulmaz şeyler konuşurduk.

Fırıldaklarından çıkarttığı hayat dersi şuydu, her dümen mağlup olur, her fırıldak hüsrana çıkar. Oysa sıradan, basit birkaç liraya yaşayan 'mağlup' olmaz. Belki böyle, belki başka sahaf esnafıyla karşılıklı birçok felsefi analizini hâlâ yapar dururuz "Kahrolsun Mağluplar"ın ama belki de en çok sahafta aydın, akademist insanlara hava olsun diyedir böyle Fransızca kalıplı laflar etmek, belki de sahaflık atmosferi zorluyor klas, yüksek konuşmaya.

Anlattıklarından hatırladığım, amcası İstanbul'un meşhur Parmaksız Hıfzı'sı. Birinci sınıf, sosyete, zengin muhit cepçisi ki Özcan Abi gibi dibe vurmadı, köşeyi döndü.

Az bir emek değildir, herkesin yemek artığı cılk çorba döküp tükürdüğü çöp kovasını, önce gözleriyle kurcalayıp sonra kibarca elleriyle kulaklarından tutup çıkartıp, usulca silkeleyip, unutulmuş eski bir filozofun kitabını yeniden kıymetleyip, başka bir çağda yeniden uygarlık bahçesine sokmaları.

Bu sanat değil mi? Ne çok unutulmuş yazar, yeniden geldiler aramıza ikinci hayatlarına, bu yoktan var eden sihirbaz marifetlerinin en büyüğü değil mi? İçi oyulup demir telinden iskeletle kurutulmuş eski kartal şairleri, bir daha heybetli tepelere taşır gibi her gün yüksek raflarında baş köşeye yerleştirmek, her insana ve bütün uygarlığımıza en soylu duyguları öğretmez mi?

Hurdacının 'vole'li hayalleri bitmez, kendileri düşmemek için sonunda birkaç liraya, birkaç ıvır zıvıra bu basit hayat için razı gelip kabullenmiş insanlar, işte gerçek hurdacılar onlardır, ne kitabın değerini ne büyük 'vole'yi düşünürler, onlar durmaksızın karın tokluğuna her gün çöp taşırlar sahaf meslektaşlarına.

Yine de Özcan Abi yerde kâğıt mendil satacak kadar düşse de, meslek kibrinden zerre taviz vermedi, beni görünce kaldırımda hâlâ, "Şöyle bir kütüphane var, şu kitaplar var, biraz zaman ver bana," demeye, yalandan bile olsun.

Yarısı palavra ama nereden baksan eşsiz bir macera, yine bir yollara düşme öyküsü ama inanın, parası içeriğinden çok bu kitabın peşine takılan, bu bitmeyen serüvenin kendisi güzel. Topladığı, bulduğu kitap değersiz olsa da o kitabın bulunuş macerasına öyle bir senaryo çeker ki kitabı anında satın alıp bir de beş-on nüsha kopyalarını ciltleyip süslesem diyen düşlere dalarsın. Böyle kitaplar çoktur, kimden geldi, kim buldu, kimin kütüphanesinden çıktı, bu üç günlük dünyada başından geçenler içeriğinden güzeldir, sırf başından geçen macera için alınır, okunmadan raflarda kuşaktan kuşağa, birinci sınıf, ağır misafirler gibi tutulur.

Sahaflık mesleğinde değersiz kitapları hikâyeleştirme, maceralaştırma sanatı, şehirli, bitirim, okumuş, birazcık da Cingöz Recai gibi fırıldak bir kültür ister.

Özcan Abi'de fırıldağın bini bir para, hangi dümenini anlatsa film olur, ya da argo tabiriyle bizi yeme ya da muhteşem üçkâğıt öykülerinin başrolündeki hayatı, işte bu hikâyeleri anlatıp anlatıp sorguladı.

İtfaiye Meydanı'nda zamanında (seksen beşinde, hâlâ yaşıyor olmalı) dünya güzeli bir eski kitapçı nam-ı diğer Cino Dayı vardır, Özcan Abi Cino'nun deposunda on binlerce eski yazma kitap görür, bayılır.

Bir fırıldak kurar, Cumhurbaşkanlığı Muhafız Alayı'ndan emekli bandocu, kimsesi yok, evlenmemiş, Osmanlı parası, kitap, eski eşya toplayan bir yakını vardır. Eski kitap işi tabela, asıl işleri 'vurgun'.

Özcan Abi bandodan emekli arkadaşını Cino'ya yollar (ismini vallahi unuttum), Cino'ya, "Elimizde bir Stradivaruis keman var, büyük vole, keman Özcan'ın elinde, ne para istiyorsa çekinme ver, büyük iş," deyip ikna edip yemi atar.

Cino, Özcan Abi'yi bulur, kemanı sorar. Özcan Abi, "Vallahi para istemem, ben kitap hastasıyım, sende kitap çok, iki bin kitap verirsen, sana kemanı veririm," der, *Binbir Gece Masalları* gibi.

Özcan Abi depoya girer, kitapları sayarak atar, anlatımına tüm Ankara sahaflarını inandırdığı şekliyle iki bin kitabı elleriyle üç beş sayıp atıp sayarken çaktırmadan el marifetiyle o sayıyı beş bin yapar.

(Sonra bu kitapları halen yaşamakta olan Ankara'nın en namlı sahafı Külüstür Turgut'a sattığı söylenir.)

Cino Dayı kitapları verir, kemanı alır, İstanbul'da İzzet Günay'ın antika dükkânına gider, İzzet Günay kemanı görür, sıradan, her yerde bulunan elli yıllık bir keman olduğunu söyler, Cino'nun dünyası yıkılır.

Önce inanmaz, kemanı kime gösterse, dümene geldiğini anlar. Yani Cino kumpasa gelmiş, bir uyduruk keman uğruna koca kütüphanesini kaybetmiştir.

Bu tezgâhtan sonra Cino'nun kitap işine soğuduğu söylenir. Özcan Abi'nin meslek kariyerindeki dönüm noktası işte bu hikâyedir. Sonu hüsranla bitse de kumpasın tilkiliği, senaryosunun güzelliği ve anlatımı halen sokaklarda sürünen Özcan Abi'ye yüksek bir bitirim statüsü katar.

Özcan Abi'nin babası Ulus, Heykel Önü'nden Bahçeli semti ringinde dolmuşçuluk yapan Ankara'nın en matrak şoförlerinden, 40'lı 50'li yıllarda onu tanımayan yok, meşhur 'Hidrolik Hasan', 46 model Ford'unu anlata anlata bitiremez, bu da ayrı renkli bir eski Ankara hikâyesi.

Tuhaf olan Özcan Abi'nin hayatta başka bir yakını, akrabası yok, sırf bu yüzden etrafında dedikodular sürer, Özcan Abi'nin doğduğu semt İskitler'de bir Yahudi mahallesi. Bazen en yakın sahaf arkadaşları bile ya da son yıllarda ad-soyaddan çıkarım yapmaya meraklı kitap okurlarından, "Yahu Özcan Abi sahipsiz bir Ermeni çocuğu mu," diye soranlar da vardır.

Hangi telaş içinde olursam olayım Özcan Abi, "Şöyle bir kitap var elimde," dedi mi dünyalar değişir, ama bilirim aslında bana soylu bir davetiye çıkartıyor, tavlasına, muhabbetine, oltasını meraktan ölen beynime atıp tıpış tıpış ayağına

145

çağırıyor, g.tünden ayrılmamamı sağlıyor. Dışarıda bahar havası, Ankara'nın en havalı sokağı, birbirinden güzel su gibi kızlar geçiyor, insanlar keyifle kafe önlerine şekil oluyor, ben, gün boyu yerin iki kat altında, Tunalı'da Tunalı Pasajı'nın bodrum katında Özcan Abi'nin yanında, solucan gibi kıvrılıp bükülüp laflıyoruz. Çok felsefi psikolojik gayretler gösterdim, bu fotoğrafta geçen otuz beş yılı anlayamadım, belki aynı fotoğrafın arabını da görmek lazım, ona da satırlarımın içinden siz bakın.

İşin gerçeği çöplükte eşiniyoruz ama en cins Fransız şarapları içiyor havasındayız, bir şekilde üç-beş lirayla o sürünüyor, ben peşinde teliflerimi alamadan, işte dayandık altmışlı yaşlara, hâlâ kelimeleri zihnimizden değil, burun deliklerimizden soluklarla geçiriyoruz.

Her katlanmış kâğıda bir bokmuş gibi şehvetle saldırdık, ne oldu, sonunda ikimiz de kaldırımda sattığı kâğıt mendillerin, yıllarca kapı kapı topladığı kitaplardan daha değerli olduğu bir dünyaya düşüp öcüler gibi çarpıldığımızı, kaymış suratlarımızla çok geç anladık.

Ya da sarıp başına hayatı, şimdi bari doğru yerinden oyup açalım gözlerimizi, kâğıt mendilleri okusaydık bu kadar derin mi olurdu şu üç günlük dünyaya kalp kırıklığımız?

Hangi öfkeli düşüncelere dalsan da ertesi gün yine kaldığın yerden uyuşturucudan kurtulamayan hastalar gibi "Var mı bir şeyler Özcan Abi," dediğimde, "Bir kütüphane var, fiyat düşürsün diye bekliyoruz, bakalım, bu sefer olacak" derdi. Palavraları hem ciddi hem çok saygındı, sakin, usulca, düşünceli ve kararlı, inandırıcı cümlelerdi, en azından öldüğü güne kadar hepimizi hayrette ve merakta bıraktığı için, taşıdığı, sattığı, vesile olduğu kitapları değil de bizi peşinden sürükleyen bu merkezi tavrını korumayı başardığı için onu saygıyla anıyorum.

Her defasında palavra olduğunu bile bile, belki, kim bilir diye peşine takılırdık, palavraları en kral reklam spotlarından daha şık, daha ayartıcıydı, böyle bir dünya işte, aynı kitapların o fiyatlarıyla biz içeriğiyle yaşayıp, sonunda, aynı eşit dibe vurmuş, elde var sıfır maddi koşulların sınıfsız komünizmiyle denkleştik.

Oysa ne o müsrif ne biz hovardaydık.

Sanırım şöyle bir hastalık, daha önce tanımadığın bir kitabın kapağını açmak hem tuhaf bir gurur hem de esrarkeşlik gibi bir şey. Sayfaları çevirdikçe tarihin içinden sesler, iniltiler, hırıltılar duymak, her ayrı yatakta başka tür kadın çığlığı, Kazanovalık gibi bir şey ya da tarihten birileri, avuçlarına, beynine kese kese altın döküyor gibi bir hisse kapılıyorsun ya da asırlar öncesinden simli kıvılcımları hâlâ ölmemiş, pırıltıları sana ait bir testiye durmaksızın dolduruyorsun.

Özcan Abi Ankara sokaklarından milyonlarca kitap toplayıp sahaf tezgâhına getirdi, bu kitaplardan yüz binlercesi tek tek elimizden geçti, ilk elden kitapları karıştırmak yazarlar için de sürprizlerle doludur, birçoğunu anlatmanın öyküsü uzun sürer, geniş kitlelere daha kolay anlatılacak ortak bir tanesini söyleyeyim aklınız çıksın.

Ergenekon operasyonları yeni başlamış, dinleniyoruz, takipteyiz, herkes ha bugün yarına kalmaz içerdeyiz diyor, işte bu günlerde sahafa Alpaslan Türkeş'in askeri öğrencilik yıllarından kalma ders kitapları geldi, daha bismillah tozlu tozlu birini elime aldım, içinden daktiloyla yazılmış bir kâğıt çıktı. 60 ihtilalinde kendisine sunulmuş bir çalışma raporu, sıkı durun, başlığı: Ergenekon...

Silahlı, gizli bir örgütle alakası yok, gençlik ve kültürel çalışmalar planlanması Ergenekon başlığıyla isteniyor. Bu Ergenekon başlıklı tavsiye raporu şu anda raflarımda bir kitabın içinde, düşünün evim basılıyor ve bulunuyor, bu ne manyaklık demeyin, sürmekte olan ve hiçbir ciddi delil bulunamayan Ergenekon davası için bu sıradan bürokratik rapor bile sanırım en 'ciddi' ipucu... Ne mi yaptım? Elime kezzap dökülmüş gibi kitabı fırlattım... Korkudan birkaç gün yanaşamadım, üç dört gün sonra, *yahu ben paranoyak bir manyak mıyım,* deyip gidip kitabı titreye titreye satın aldım.

Özcan Abi sokaklarda süründü, hurdacı, hırpani giysileriyle sokak arasında tanınması gerekir, bu sefil kirli giysiler biraz da iş elbisesi gibiydi ya da Goya'nın körleri dilencileri ucube tablolarından kalma sahaf dükkânına çok yakışır bir resim gibiydi.

Unutmadan palavralarıyla ünlü Özcan Abi'yi son gününe kadar tavlada hayatı boyunca bir kez olsun kimse yenemedi, kaskatı kirli paltosu ve bu inanılmaz rekorun sahibi olarak öldü.

Sokaklarda yatıp altına sıçıp işeyen adamlara benzeyen Özcan Abi hırlayarak, tıksırarak, balgamlayarak da olsa düzgün Türkçesiyle yere çömelir, şehirli, zevk sahibi beyefendiler gibi, bir de iddialı tavla maçlarını, yerleri, stadı, durumu, hava şartlarını, bahisleri, kişi adlarını, atılan her zarı tane tane sıralayarak Macarları yenmiş eski Türk milli takımı gibi keyifle anlatırdı.

Bazen iğrenirdim Özcan Abi'den, taşıdığı kitaplar yüzünden, öyle tuhaf, lüzumsuz kitaplar getirirdi ki, fare bokundan değersiz, *ya ne bunlar* deyip tiksinir, yanına yaklaşmazdım. Son on yıllarda ne ucube kitaplar çıkmış haberimiz yok, kitabın ismi, kendisi öyle bozuk öyle sümüksü ki bir tarafına bulaşır, çıkmaz diye korkar sinirlerin altüst olur, çöpten bile kıymetsiz, sidikten şarap denemesi, balgam kokteyli ucube kitaplar, yüzyılımızın veba salgını işte bu kitaplarla çürütüyor milyonları.

Bazen küfrederdim, yılların hurdacısına *şu kitapları görünce insan tifo gibi tüberküloz gibi hastalık kapıyor, taşıma artık bu kıymetsiz şeyleri,* desen de ne fayda. Artık çöpten değersiz binlerce ıvır zıvırı hamuru için presleyip fabrikasına göndersen, genetiğiyle oynanmış bitkiler gibi yeni kâğıdının genetiğini de ruhunu da bozar.

Oysa hurdacılığın ve sahaflığın altın kuralı 'her malın mutlaka müşterisi vardır'. Tarihlerin sarsılmaz bu tüccar yasasına rağmen bu eften püften şeylerin yarınki yüzyıllarda değer bulabileceğini hiç sanmıyorum. Bizim kuşak kimi kırk, kimi yüz yıl aynı rafta asırlarca müşterisini bekleyen soylu kitaplarla tanıştı ama bu 'çağ'ın son on yıllarında kurulmuş kütüphanelerin toz kadar değeri olabileceğini hiç düşünmüyorum. Bir ucube mezarlığı, kolu bacağı sakatlanmış birbirinin ölü parçalarını yiyen çiftlik tavukları gibi yazarlar, kitaplar, yayınevleri, vah maşallah bir de hepsi üstüne ödüllü, alnında madalya kurdelesi eserler. Böyle nöbetlerim vardır siz bana bakmayın, küfreder geçerim, yine de tavsiye ederim hep o eski hayallerle büyüyün. Düşünün falan pasajın filan bodrum katının en dip rafının iki sıra arkasında gizlenmiş kitabın müşterisini. Kim bilir, belki iki yüzyıl sonra gelecek. Kim bilir belki sümük kadar değersiz bu kitabı bulunca Mozart'ın kayıp bir konçertosu gibi sevinçle sarılacak. İki yüzyıl sonra yine sokaktan su gibi kızlar akarken yüzlerce yıl öncesinin sayfalarında birileri yine bizim gibi kıtır kıtır burun bokları ufalanmış sayfalara sarılacak.

Aynı kitapların aynı raflarda yıllarca granit kaya katmanları gibi taşlaşıp fosillenip durması sahaf dükkânına heybetli bir duygu verir.

Ama çoğu zaman insanı sinirlendirir, hep aynı yerde, gözünün önünde hep aynı kitap, hiç değişmeyen zaman gibi, rahatsız eder sizi, hiç akmayan havuzlanıp çürümüş ırmak gibi, bir mezarlık gibi, hepsi ölmüş, hepsi gömülmüş, hepsi çürümüş sayfalar, yapraklar tarihin derinliklerinden, cesetlerden hâlâ yükselen hırıltılı çığlıklar gibi.

Tekrar, aynı, yine, usandırır insanı, bu duygularla *Sefiller* kitabının eski bir baskısını tahtadan paslı çivi söker gibi çekip aldım tozlu rafından.

Aynı kapağı, aynı yüzü, aynı rafta, aynı mezar yeri gibi görmekten gına gelmiş olmalı, küfrederek kitaba: ".mına koduğum, bir dilenciyi yazdın iki yüzyıldır yüz ayrı dilde, yüz ayrı coğrafyada hâlâ okutuyorsun," dedim.

Küfrümün salyaları sağa sola sıçradı, yerde çömelmekte olan Özcan Abi'nin gözlerinde o güne kadar görmediğim hüzünden beter bir karanlık gördüm.

Bir densizlik mi yaptım? Şakayla karışık küfrettim, ne var bunda, niye bu kadar bozuldu?

Tunalı'da Tunalı pasajının altındaki sahaf Erdal, çok affedilmez bir ayıp etmişim gibi bir zaman sonra fırsatını bulup koluma girdi kulağıma fısıldar gibi.

"Bu bizim Özcan Abi var ya hurdacılık yapmadan önce Etlik Garajı'nda 'dilenci' çalıştırıyordu."

"İki dilencisi vardı, elleri, burunları bahçe makasıyla kırpılmış, el arabasına koyuyor, otobüs müşterilerine ucubelerini gösterip dilendiriyordu..."

"Hayat işte, tıpkı Sefiller romanı gibi, kendini hep bu kitaptaki kahramanlarla özdeşleştirirdi," diye devam ederken...

Çakozladım, düpedüz eşeklik etmişim, kitapçıda bir an canım sıkılmış, bilmeden, Sefiller'in kötü dilencisinin dürüst bir 'ahlak'a çıkan evrensel dünya dersini unutmuş, densizlik etmişim.

Özcan Abi için Sefiller kitabı hayatının birebir tıpkı otobiyografisi gibi çok kutsal, kendi hayatı yazılmış gibi.

Büyük insanlığın büyük kitapları işte bunlardı, kitap yüz elli yıl önce yazılmış ama kahramanı hâlâ yanımda, canlı canlı sigarasını içiyor, nefes alıp veriyor.

Donakaldım. Gözlerimin içine bakarak palavrası zevkli bir hikâye anlatmasını boşuna bekledim, boşuna nezaketle çay sigara tavla ikramında bulundum.

O sefil ama zengin ruhları çoktan unutmuşum, bize de ders olsun, demek ki Sefiller'i ruhumuz sarsılmadan okumuşuz.

Ya da bizimki bir kitap deliliği mi 'hayatları' 'kitapların içinde' sanmışım.

Nezaket kıvamını kalbiniz soluk alıp veren canlı insanlardan tutturamıyorsa bu nice okumaktır?

Okumak kaşık kaşık harfleri toplamak mıdır yoksa okumak aynı kaşığı kalplere bandırmak mıdır?

10 Kasım 2012

TOP KUMAŞTAN BAYRAMLIK YAZI

1. Uzun bayram günlerinde okumanız dileğiyle.

28 Şubat süreci hem mahkeme hem mecliste hâlâ bitmeyen bir mağdurlar diliyle tartışılıyor. 28 Şubat bin yıl sürmedi ama 'mağduriyet' dili bin yıl sürecek gibi iddialı. Sorun şu, bunca ifade, itiraf ve yazıya rağmen hâlâ samimi konuşabilen tek insan yok.

Yüz binlerce düşman askeriyle dört taraftan işgal edilip İstiklal savaşı verenler dahi hem savaş halinde hem kurtuluş sonrası bu denli yaygara kopartan bir 'mağduriyet' dili kurmamıştı. Savaş bitince 'haydi şimdi hasat zamanı' deyip bir yandan tarlaların bir yandan piyanonun başına oturdular, haklı ve dürüst insanlardı, bu yüzden ülkeye şimşek gibi bir neşe yayıldı. Şimdi, iktidarın her bir aile bireyi, müstakbel eşleri, liberal dostları hepsi kovayla başımızdan mağduriyet döküyor, kırklanıyoruz, bitmiyor, darbecilik oyunundan usanıp yorulmuş halleri de hiç görülmüyor, kimleri dillerine dolasalar köleleriymiş gibi bir dil kullanıyorlar. Galiba yandaşları coşturan da hukukları sayesinde hepimizi 'esir' olarak kucaklarında bulmuş olmaları.

Ve 28 Şubat'ın kaynayan kazanına daha kimleri atalım konusunda tam bir mutabakat sağlanmış değil, bir yarışma düzenlenir gibi en pis manşeti kim attı tartışmaları da bir netice vermedi, yani tarla artık kendilerinin istediklerini damgalayıp 'yabanotu' yoluyorlar.

Savcılar marifetiyle büyük siyasi zaferler kazandılar, hatta medya maskelemesiyle yüzlerce komutanı hukuksuz içeri tıkmanın çok kolay olduğunu gördük, ancak sıra sivillere gelince kimleri içeri atalım karmaşasından bir türlü kurtulamıyoruz. Çünkü hepsi 'birleşik' bir aile ve 'dokunulmazlıkları da' aynı kaptan, oysa birilerine dokunabilmekten büyük özgürlük sevinçleri duymuşlar ve bir asit yağmuru gibi geçtiler Türkiye'nin üstünden, halen adı dokunma olan şarap stoklarını tüketmekle meşguller.

Bence dünün ve bugünün medya patronları Boğaz yalılarından karşıya yüzme şampiyonası düzenlesin, yalılar arası iş tatlıya bağlansın, sonra topluca mehtaba çıkılıp kürekler aheste çekilsin, sonra sahura kalkılsın ve bu darbe festivalleri kandillerle mahya çekilsin, sonra sırayla minareden, darbe darbe diye çığlıklar atarak atlayıp geleneksel hale getirilsin.

Kardeşim 'paraları' inceleyin paraları, 28 Şubat'ta kimlerdeydi şimdi kimlerde. Hangi darbe gelirse gelsin ikinci hayatları da üçüncü hayatları da zenginlik içinde. Sıkıyorsa servetleri hiç azalmayanları bulun, yiyor mu? Yemiyor. Hatta her darbeyle biraz daha güçlenip sonunda beşinci darbesiyle ölümsüzlüğe kavuşan Barlas, Ilıcak gibilerin maskları çıkartılıp yeni Türk malı ekran modeli üretilip patenti alınsın.

Bizler gibi 12 Eylül korkusuyla donuna işeyip soğuk betonda donarak birikmiş çişinin durgun sularına çakıltaşı atarak şiirler mi yazmışlar? Soğuktan, hastalıktan, açlıktan apış aralarında yaralar dudak dudak açıldı mı? Bu ülkede doğmuş olmanın nefretini irin irin bu dudaklardan kustular mı?

Üstelik 28 Şubat'ta medyanın reklam nimetlerini yiyenler ya da medyayı hiç eleştirmeyen liberal yazarlar, o gün de baş tacıydı bugün de. Bence normalden daha büyük beyne işte bu yazarlar sahip. Beyinleri nadir görülen zührevi hastalıktan mustarip, bazen savaş savaş diye öyle coşuyorlar ki bizleri bırakıp savaşa koşacaklar ve yalnız kalacağız diye ödüm kopuyor.

Darbe lafıyla göbek atıyorlar, darbe lafıyla doğum sancıları başlıyor, darbe diye diye obezleşiyor, darbe dedikçe iktidarlarına, bayraklarla süslenmiş viyadük köprü oluveriyorlar, yürüyün cemaatin, İmam Hatip'in altın nesli, yürüyün, Allah Allah illallah, kâfir ne bilir cengi gazayı.

Hadi sıkıysa bunlara dokunun, olan bize oluyor, o günlerde Aydın Doğan, Dinç Bilgin'lere karşı seri yazılar yazdık diye yediğimiz ambargolar hâlâ dört bucakta sürüyor, güya iktidarlar değişti, değişen ne, daha öncekiler işkence uzmanıydı, dünküler andıç ustası, bugünküler bilgisayar virüsü uzmanı, değişen ne?

Değişti de bugün kim, hangi yazar kendine bağımsız bir kişilik seçebiliyor, güldürmeyin insanı, böyle bağımsız fikirler birkaç saniye içinizden geçebilir, geceleyin dahi korkudan içinizdeki bağımsız çocukla konuşamayacak haldesiniz.

Hadi, berbat etmeyin 28 Şubat'ı, bari bu fırsatı kaçırmayın, sıkıyorsa askerlere, yazarlara yaptığınız hukuksuz, belgesiz içeri tıkmayı o ima ettiğiniz medya patronlarına yapın.

Askerlere manşetlerde çok bağırdınız çok, cezaların fiyatını yükseltmek için, kozmik odalara da girip fiyakalı çalımlar attınız ama 'yalılar'a girecek dötünüz yok işte. Siz yalılara değil kahpece bilgisayarlara girebilirsiniz, ancak virüslerle gökleri ele geçiremezsiniz, uyanın, zulmünüze boyun eğmeyenlerin yazıları, resimleri çoktan ışık hızı mavi yıldızlara ulaştı, boşuna kötü adam kahkahaları atmayın, kendi bebekleriniz için bile gün ışığınız kalmadı.

Darbe dediğiniz bir devirdir, bir zaman, devir değişir, darbelerin sahipleri değişir, dolarlar değişmez, bankalar, ihaleler değişmez, bu çağlar 'dolar' zamanları. Ancak sizin devrinizin de bir emsali görülmüş değil, hesaplaşmayı on yıllara yaydıkça kudurdunuz, bir halkın kulağına bu kadar çok darbe darbe diye bağırılır mı, bağırılır. Çünkü bağırdıkça avantanız büyüyor, bağırdıkça bir milyonluk gazetenin parası nerden geliyor, maaşlarınız, ekranlarınız, nicesi nerden akıyor merak etmeye vakit kalmıyor, halkın kafasını taşlaştırıp ekranlarınızla betonlayıp kazanabiliyorsunuz ancak.

Sayısız askeri içeri tıkarken ne kadar rahattınız, hadi yiyorsa, ağzınızdaki baklayı çıkartın ve bitirin şu 28 Şubat'ı, elinizi çabuk tutun, yargıçlarınız buna göre mahkemede ödeme yapacak, bizi de enayi yerine koymayın, darbe yaygaralarının iziyle paracuklarunuzun izini mi kaybettirmeye çalışıyorsunuz? Gerçek bir darbeden değil 'sürümünden' kazanmayı kim öğretti size? Aksine medya patronlarının bedenleri kendi cemaat ve parti bedenleriyle çoktan ikiz kardeş oldu. Sağlık ve mutlulukla dolup taşıyorsunuz. Mutlu döngünüz çoktan kuruldu. O ima ettiğiniz liberal yazar ya da patronları içeri tıkmaya piyasanızın gücü yetmez. Komedyenliği bırakın, 28 Şubat'ın medyasıyla çoktan bütünleştiniz. Yaygarayı bırakın, darbeleri eleştirme patentini Amerika sizlere mi bağışladı? Sizin gibi özgürlükçü martıların rotasının hep simit kırıntıları olduğunu içimizde ilk ve en iyi teşhis eden Amerikalı o ajan yazarlar hepinizi teşhis ve teşhir etmedi mi?

Olan şudur, bir gün onlar bir gün bunlar iktidarı ele geçirir ve aynı yöntemi kullanırlar, aynı yöntemi kullananların hepsi aynı soyun sopun çocuğudur, bunlar geometrik istatistik tablolarda bir yarısı kırmızı bir yarısı mavi renkle gösterilir, yani ne siz güya Müslümansınız ne karşı taraf bilmem ne, biriniz mavi diğeriniz kırmızı güçlersiniz, bir yabancı el, eline boyalı hamur almış yoğurmuş sizi kıskacında.

Boyalı hamurdan oyuncak müritler, yazarlar yaratabilirsiniz, üstelik mutluluk düzeyi en yüksek aptallıktan yüz binlercesini üreterek, ancak boyalı hamurun gücü, şakaklarda çatlayan damarları göstermeye yetmez. Bunun için hayatta birazcık ıkınmış olmanız, birazcık gayretiniz, sizi deviren bir yorgunluğunuz olmalıydı.

Değil boyalı hamurlar, size etnik mezhep, renkler verdiler, içsavaşa çıkan bir yolun başına koydular. Etnik mezhep ayrımlarıyla değil birkaç parçaya bölünmek, ufaladılar sizi, lise yıllarından samimiyetinizin sürdüğü bir arkadaş dahi bırakmadılar size.

Bu yüksek darbe çığlıkları, dalgaları, öğrenci seçme sınavından belediyelere kadar her şeyinizi allem güllem, ham hum elinizden kapıverdiler işte, boyalı hamurdan adamlar. Dünkü 28 Şubat da Amerika darbesidir, bugün savcıların sivil darbesi de Amerikan marifetidir, bu kadar, o küçük her çağda alay edilen, sömürülen küçük dünyanızın ufkunu bu kadarcık olsun açamıyorsanız, oturun genetik kodunuza ağlayın, yoksa yine gidin üfürükçü hocalara göbeğinize sabit kalemle muskalar yazdırın.

Bir ülke bir insan yabancı bir ülkenin bu kadar oyuncağı olabilir mi, sıkıyorsa bunu tartışın, bu nasıl İslam'ın nuru, ışığıdır, önünüze engel diye çıkıyor, Amerika deyince gık diyemiyorsunuz, Amerika'nın şarap kadehi de olsanız bir nebze iyi, dünya âlem seyrediyor işte Amerika'nın kusmuk torbası oldunuz. Daha dün akşam Suriye'de yenilip dünya âleme rezil oldunuz, Rusya'nın tehdidinden sonra ateşkes ilanını imdat diye acilen siz istediniz.

Bundan hiç ama hiç utanç duymayanlar şimdi manşetlerde ve ekranlarda birbirleriyle sidik yarıştırıyorlar. Üstelik sormalı kimin sidiğiyle? Amerika'nın dünkü sidikleri maviydi bugünküler kırmızı, on yılda bir attırın birbirine, Amerika'nın sidiği nedense gözlerinizde yıldızlar gibi çakıyor, gözleriniz İslam'ın nurunu buradan mı alıyor, yeter be daha fazla hırpalamayın dini imanı, yeter be, daha ne kadar sokacaksınız Müslümanlığınızı Teksaslı damızlık boğaların ahırlarına.

Tabii ki iktidarı olamayanların erki, erkekliği olamayacağına göre, bu sidiği kim nerelerinden döküyor, ortak bir sponsor bulup ya da meclise yasa teklifi verip hadi bunun için de komisyon kurup bari bunu merak edelim ya da büyük caddelere, on yılda bir birbirine attıranlar, *siz kardeşsiniz* pankartları asalım, çıldırıp uçmuşsunuz, arada bir, bir üzüm tanesini yazı masanıza alın, bir üzüm tanesinin ıslak gözlerine girsin gözleriniz, üzümün buğusunda saklı ışık, korkmayın temizler sizi, yeniden toprağı, imanı, bereketi kurumadan o üzüm tanesi öğretir, kim bilir?

Askere işersiniz, yazarlara işersiniz, medya patronlarına işe-yemezsiniz, çünkü global statüko kararını böyle vermiş, yerli, milli olan her şey bezelyeden nohuta, yazara, askere işi bitirilsin denilmiş ve görev sizin büyük coşkun kudurmuş nur odalarıyla gübrelenmiş aşkınıza verilmiş.

Global statüko, hukuksuz belgesiz işi bitirilenlere sesini çı-karmayıp yeni dönemi alkışlayanlarla, yola devam edilsin de-miş, işte bu ülke cumhuriyetten, yaşlılıktan değil sizin hukuk, din, merhamet bilmeyen vahşi köpekliğinizden çöküyor.

Ey darbe ticareti yapanlar, 28 Şubat bu büyük 'statüko'nun oyunuydu ve şimdi aynı 'statüko'nun kararı budur, içeri tıkılma-yıp kalanlarla yola devam edüle.

Amerika böyle mundar eder insanlığınızı, ilk darbeyi yaptı-rıp karşı tarafla münasebetsizce cinsel ilişkiye girer ve sonra dar-be sırasını alanlar kendileriyle münasebetsiz cinsel ilişkiye giren-lerle kendi fantezi hazretlerinin keyfince yeniden münasebetsiz ilişkiye girerler. Frengileri, AIDS'leri salgın haline gelip birbirine bulaşır, açın onlarca sosyal siteyi nasıl frengiyle çürümüş yüz binlerce Müslüman gencin beynini, bir bakın, darbe çığırtkanlı-ğı yapanların beyin kayıtlarını inceleyin, artık tövbe deyip yeni, yerli bir diyete başlasanız, elinizde organik de kalmadı.

Somut, elle tutulur tarih, somut, elle tutulur olgular bu denli ortadayken, Amerikan işbirlikçilerinin laf yarışlarına şempanze gibi kafanızı sokup beş-on yıllık iktidar azgınlığınız uğruna bin yıllık gelenekleri, kendinizi, ülkeyi yok ettiniz. Statüko duru-ma göre her on-yirmi yılda (kırmızı-mavi yumurtalar) yumurta tokuşturur gibi ne kolay kırdırdı birbirinize, bakın bizler de bu ülkede büyüdük, o kırılan yumurtalar gibi siyasi kimliklerimiz vardı ve her şeyi ölümüne bir yalnızlık uğruna göze alıp kırıl-madan o yumurta kardeşimizin kafasında içinden bir kuş olup, uçup kaçtık, bu kardeş kanından.

Üretimsiz, ürünsüz, beceriksiz Batı dışı topraklarda hayat

dediğiniz de kırıla döküle, köpüre çürüye böyle ilerler. Darbe karşıtlığıymış, güya özgürlükmüş, güya soruşturmalarmış, çocuk mu kandırıyorsunuz? Alzheimer hastalarına beyin alıştırması mı yaptırıyorsunuz?

2. Ya da izleyin şu *Radikal* gazetesi reklamlarını, internet sayfalarına yeni Cüneyt Özdemir'ler, yeni Oral Çalışlar'lar, yeni Cengiz Çandar'lar arıyorlarmış. Şahsen bu insanlara iç rahatlığıyla 'meslektaşım' diyecek bir gazeteci bulunamazken onlar bir de yenilerini arıyor.

Siyasi tartışmalarından çok etkilendik doğrusu, arayın bakalım. Bakın Akif Beki de o gazetede yazıyor, niçin yeni Akif Beki'ler arıyoruz demiyor reklam, çünkü İslamcı-Yippie karışımı ya da rahleden piyanoya olmaz mı demek istiyorlar, ya da İslamcı yazarları küçümsüyorlar mı? Dikkat edin bu yazarların pozlarına, gözlerindeki gülümsemeyle dudaklarındaki gülümseme birbirini tutmuyor, dikkat edin, sanki birilerinin 'omuzunda' Budha gibi oturuyorlarmış gibiler.

Neden yenilerini arıyorlar? Aynı statüko, içine bir tutam hafif sol özgürlük tozu ekilmiş, emmeye gömmeye cemaate iktidarlarına uygun liberal yazarlar arıyor.

Peki statüko bir İslamcı iktidarda niçin saf İslamcı yazar aramıyor, yoksa bu bir internet sayfası yani 'çevrimiçi'ne Akifsel İslamsal bir akış istenmiyor mu, onlar da kestaneden çıkmış şimdi İmam Hatip'ten kopup hevesle gelmekte olanları sevmiyor mu?

Ya da içine bir tutam sol özgürlük lafları ekilmiş makaleler mi aranıyor, hayret nesini sevmişler? Şu 'bir tutam solculuk' arada bir mutsuzluk konuşmak olsa gerek, ya da arada bir bazı büyük şirketler ve belediyelerden 'sızlanmak mı' demek. Neyse demek ki görüntüyü kurtarıyorlar. Ya da bilmediğimiz derin etkileri mi var, çok sık şampuan reklamları seyredip saçımızın sanal ve beleş yıkanmış olması gibi bir şey mi? Etnik özgürlükle ilgili konuşup PKK kanlarını temizlemek gibi...

Yoksa bu hafif özgürlük liberal tozları ekilmiş yazarların

marifetiyle tek el silah atılmadan ülkenin işgalinin pırıl pırıl, acente teslim tamamlandığını dünya âlem hepsinden öte statükomuz iyi bildiği için mi?

Bence aranan yazar özellikleri açıklıkla belirtilmemiş, mesela bir blokta, tam kutuplaşma sağlayan yazarlar, diğer blokta, orta kutuplaşma sağlayan yazarlar, diğer blokta, etliye sütlüye, kutuplaşmaya faydası olmayan yazarlar, ya da başka sınıflama, PKK'ya tam destek yazarları, PKK'ya arada bir destek yazarları, PKK'yı demokrasi gereği destekleyen yazarlar, diye ayrılabilirler.

Bence aranan yazar özelliği, kolaylıkla herkesin taklit edebileceği, bir çırpıda, birkaç dakikada kopya metinler yazabildikleri, okuma yazma bilen herkese, *ne var ki ben de yazarım* iştahı verdikleri, yani 'kolay üretilen metin' yazmaya hevesli, onurla hayatları hiç kesişmemiş yazarlar aranıyor.

İçinde hafifçe sol olsun ama çalınan paraları görmesin. İçinde hafif sol olsun ama iktidarımızı, cemaatimizi eleştirmesin. İçinde hafif sol olsun ama cemaati, şeyhi, efendiyi, patronumuzu zerre eleştirmesin. İçinde hafif sol özgürlük lafları olsun ama beş yılı aşkın Ergenekon, Balyoz Davalarındaki her hukuki iddia ve belgenin şaibeli ve uydurma olduğunu asla sormasın.

Peki ne yapsın, ne yapsın güzel abim, ömür boyu non-stop etnik ve mezhep vurgulu yazılar yazsın, işte *Radikal* gazetesi yazarlarında aradığı 60-90-60 ideal ölçüleri bunlar.

Murat Belge'sinden Ahmet Altan'ına onlarca yıl Aydın Doğan niye bunlara yazdırdı, maaşladı çünkü asıl arka kapak güzelleri bunlardı. Her birinin soyulan bankaları zırnık eleştirmeyen ideal ölçüleri vardı ve dünya değişti *Burda* dergisi model çizimleri gibi bu liberal modellerimiz sabit kaldı, asla değişmedi.

Bu değişmeyen durum size heykellerin taştan sakallarını hatırlatsın, bin yıldır orada heykeller ama sakalları uzamaz, hatta onlar kokmaz da. Kardeşlerim ben dingin ve soylu bilgelik diye işte buna derim, aslında resimler, grafik olarak biraz eksik kalmış, Oral Çalışlar'ın gölgesi Voltaire'in, Çandar'ın gölgesi

Sokrates heykeline arka planda düşürülebilir ve hoş olurdu.

Şu soru neden sorulmaz, bugünün iftiralar ve hukuksuzluk diz boyu ülkesinde, cemaati, savcıları, patronları zerre, bir satırcık eleştirmeden nasıl yazar olunur?

Bu soruya cevap verecek cesaretteki muhtemel yazar adaylarından tekliflerini kapalı zarf usulüyle alacağız ve zarfları cemaat huzurunda açacağız, ona göre, sıkıyorsa.

Ya da bu soruya cevap vereceklerin dikkatine, güvenlik tedbirleri için sorumuza cevaplar internet üzerinden değil, birebir gizlice sokak lambası altında buluşulup alınacaktır, yazarlarımızı (dinleme, fişleme) risklere karşı korumak için.

İşte *Radikal* gazetesinin ve diğer yandaş gazetelerin olağanüstü kimyası budur, Türk ve Amerikan tütünleri karışımı, promosyon çakmaklarda ve demir sigara kutularındaki delikli kabartma tasvirlere uygundur, okunma oranlarına göre değil, Pensilvanya'ya ziyaret sayılarıyla sıralamada yerlerini alırlar.

Hatta bunca yararlıklarına rağmen bazen hafif solcu birkaç laf edip Başbakan'ın bir öfke anına kurban gidip karga tulumba içeri tıkılırız korkusuyla Cüneyt Özdemir İngilterelere kaçtı, bari bunu yazın diyeceğim.

Hayır, bu kadar karmaşık psikolojik ilişkiye ben de gelemem, yandaş mı değil mi, niçin kaçsın, karısının işi var, neyse unutmayalım, sonra kaldığımız yerden tekrar güncelleyelim, bu 28 Şubat artığı vahim memleket meselesini.

Türk milli futbol takımına yaşadığı seri hezimetlerden dolayı niye kızıyorsunuz ki? *Radikal* gazetesi yazarları neyse, Orhan Pamuk'lar, Elif Şafak'lar neyse, *Zaman* gazetesi, *Taraf* gazetesi neyse, futbol takımı da o: Emeksiz, çabasız üfleme, şişirme sistemi, heykellerimiz, büstlerimiz ekonomiden edebiyata, futbola, aynı kalıptan çıkmadır, kabartmalı pozları medya bronzundan cemaat ve iktidardan izin alınarak dökülmüştür.

3. Ülkemiz şöyle bir ülke: Herkesin sabah-akşam 'sistem' diye şikâyet ettiği bir 'sistem' kurulmuş. Sızlanmamız sistemden,

bedduamız sisteme, derin analizlerimiz sisteme, giriş sistem, gelişme sistem, bozukluklar sistem, içinden çıkılamayan her şey sistem, kahrolsun sistem, Kemalist sistem, tek partili sistem. Bu kelimeyi bu topraklarda ilk kim kullanmışsa iyi halt etmiş. Tek başına yüz bin sözlük kelimesine karşılık geliyor.

O meşhur 'sistem' sizsiniz işte. Bu gazeteler bu yazarlar hepsi şikâyet edilen sistemin ta kendisi. 'Statüko'nun moda tasarımcıları böyle buyurmuş, sabah-akşam dizlerini dövüp sızlanan tüylü, sorguçlu, boynuzlu sistemin ta kendisi, sistem diye bağıracak. Şikâyetçi, şikâyetin ta kendisi.

Sistem denilince toplu katarsis sağlanıyor, ağalık, şeyhlik, feodal düzen, gelenekler, devlet, tapu kadastro, herkes, her şey işin içine dahil oluyor. Bu toprakların gazete ve ekranlarındaki en büyük tapınak: Sistem.

Sonunda hepimiz toplanıp bir kelimeyi toplu paranoyamızı sembolleyecek şekilde kodladık, eline kalem alan sistem diye çığlıklar atıyor ama kimse uçurumdan atlayacak gücü bulamıyor, yani sistemden çıkmayı göze almıyor.

Sistem şöyle kelime, bu kelimeyi takip et, anında topla kestirmeden kaleye in, hem durumu hem ekonomiyi hem kendini kurtar, ey hayat, ey modern uygarlık, bu kadar basitsin işte, sistem kelimesine yazarların küçük prensesi diyebilir miyiz, kimsenin görmediği herkesin öptüğü?

İddiam o ki, sistem diye kullanışlı kolay bir kelime varken, kimsenin, hiçbir kurumun, ülkenin, hiçbir şeyin sistemi olamaz, sistem kelimesinin kullanımı üzerine çokça ciddi denemeler yazılmalı. Mesela sistem denilince artık maçın, filmin sonucunu biliyormuş gibi bir rahatlığa, genişliğe de sahip oluyorsunuz, sistem denilince 'meraklar' uçuyor, sistem denilince 'araştırma', anlama' boşluğa düşüyor.

Yani sistem Allah'ın Dediği Olur gibi bir şey, sistem denince, 'her şey olacağına varır' gibi anlıyorsunuz, sistem, yarınınızı da bloke ediyor, sistem böyle işte, yarın olsa ne olmasa ne. Sistem bence hepimizin kabullenip çaresizleştiğimiz ama iman gibi kulu kölesi olduğumuz bugünün Tanrısı: Sistemin Dediği Olur gibi, başka bir şey.

Sistem denilen kolaylık varken kültüre, metine, 'eser'e, kuyuya, öteye, derinliğe zırnık giremezsiniz.

Sistem günlük yazarlarımızın başında duran İbiş takkesi, üstelik halkın üstüne salgın bir hastalık gibi bulaştırmışlar. Üç saat süren konferans veriyor altından girip üstünden çıkıyorum, kapıda konferansımı dinleyen abi çoktan özetlemiş olayı, yüzüme karşı gülerek: "Yani Nihat Bey kısaca sistemi eleştiriyorsunuz?"

Delirmemek için içimden, *ananın .mı* diyorum, ki konferans boyunca *sistem kelimesinin kolaycılığıyla her şeyi anladım, yuttum ama bir bok üretemiyor bir bok anlamıyorum* zihniyetini eleştirmiştim zaten.

Yıllarca ama yıllarca Türk Milli Takımı hocası Abdullah Avcı'yı yıkayıp yağlayıp şişirip salmışlar, seri hezimetler gelince, bu kadar yağlayıcının söylediği 'şey'e bakar mısınız: SİSTEM. Zaten milli takımın başına da 'sistem yok' diye diye getirmişlerdi. Çıkın bu sistemin içinden bakayım.

Birileri sistem kelimesinde hem ikonik bir güç hem ekonomik bir kolaylık buluyor.

Yoktan var eden böyle bir illüzyonist, kullanışlı bir kelime olduktan sonra artık, kuklalar, hazır giyim, balonlar, köpükler, taklitçiler, yaygaracılar, iftiracılar, işbirlikçiler, maymunlar, her gün sistem kurar, sistem yıkar... Mesela bu yazıyı ilk iki paragrafta kısa kesip 'sistem' deyip bağlayabilirdim, ki binlerce yazarınız her gün aynı şeyi yapıyor. Mao'nun *Kızıl Kitap*'taki lafıdır, kuyunun dibindeki kurbağaların gökyüzü, kuyunun ağzı kadardır. Sistem kelimesi ve sistem kelimesiyle anlatılmaya çalışılan her şey, sizlere kuyu dibindeki kurbağa kadar bir gökyüzü verir.

Etkili, çarpıcı, can alıcı, şaşırtıcı, düşündürücü, büyüleyici, sarsıcı metinler üretemeyen, hatta okunmayan, bayi satışları ortada, evet okunmayan yüzlerce sözüm ona yazar Türkiye'nin en büyük yazarı diye ekranlarda baş tacı ediliyor, işte sisteminiz bu, Türkiye'ye dayatılan genç nesillerin ağzına tıkılan tuğladan proje bu. Oysa sistem diyenlerin, mimar olsun edebiyatçı olsun, bahçıvan olsun, kendi zevk ve bilgi dağarcıklarıyla bir 'sistem' kurmuş olmaları gerekir. Mesela her eser 'bir sistem'dir. Sistem kurmamış insanlar fareler gibi cıyıklar, bu kadar.

Sorun çok basit, 'eleştiremeyen' insanlar yazar olamaz, sanatçı hiç olamaz ancak eleştiriye kalkan insanların yaşadıkları, toplumun zevk ve beğenileriyle en az eleştiriye uğrayacak sağlam şeyler inşa etmiş olmaları gerekir.

Bilimsel gerçek bu kadar düz ve anlaşılır.

Sistem diye diye g.tünüzü yırtmayın, yırtma işini de profesyonellerine bırakın, özenip rol çalmayın. Sistem kelimesini her şekilde her yerde kullanan aptallar sürüsü, 'eleştiri' olmayan yerde nasıl bir sistem olabilir ya da esersiz, ürünsüz konuşan insanlar 'sistem'in neyini bilip de neyi konuşsun?

Eleştiremeyen, dayıya, patrona, efendiye, lidere tek laf edemeyen insanlar, birilerini sorgulama, yargılama, hüküm verme hakkına sahip olamaz ya da kamunun eleştirisine açık eser üretemeyen insanlar yargılama hakkına sahip olamaz.

Olamaz ama uyuz eşekler kervan başı olmuş yargılıyorlar.

Dayıyı, patronu, lideri, efendiyi eleştirme gücüne sahip olamayan insanların yargılaması 'gestapoluktur', 'komiserliktir', 'polisliktir', 'jandarmalıktır'. Kim sistem diyor ya da kim sistemden şikâyetçiyse kolayca kullanılan *sistem* kelimesi onu cellatlaştırıp kasaplaştırıyor, farkında değil. İnsanlıkla arasındaki 'samimiyet'i infilak ettiriyor, farkında değil. 'Değerler'i tanımayan insanlar 'değerler' üzerine konuşamaz, değerlerden ne anladığını da tanıtımla, pohpohla değil, ürettiği şeylerden anlarız.

Bir eser ortaya koyabilmek için önce eleştirebilen 'insanlar'a ihtiyacınız var, argo tabiriyle *Allah'ını tanımam* diyebilecek bir Adanalı aranıyor.

Hiç kimseyi ve nemalandığınız sistemi, eleştirecek gücünüz,

şahsiyetiniz, birikiminiz yok ama sorun nedir diye sorulduğunda, topluca 'sistem' diye çaresizce ağlıyorsunuz.

Benim güzel, liberal, şakacı, tavuk kanadından özgürlükçü kardeşlerim, sistem sizsiniz.

Kayırma, torpil, adamını bulma, köşeyi dönme, kapılanma, dümene yatmak, istim sürmek, etliye sütlüye karışmamak, bunların hiçbiri üretimin ve 'eser'in konusu değildir. Bunların hepsi aşağılık bir ahlaksızlığın bataklığıdır, ekşiye çürüye köpüre her daim fıçı fıçı fermante olup sülfürükleşip asitleşip kaynayan sisteminiz bu.

Ülkenizde her saat başı yüz binlerce insan deliler korosu gibi 'sistem' diye bağırıyor.

Nedir bu?

Bir makalemde anlatmıştım, bilimadamlarının sebebini anlayamadığı bir fare hastalığı, ölmeye yakın otuz altı fare –evet sayıları niyeyse hep otuz altı oluyor–, kuyruklarını birbirine düğümleyip intihar ediyor. Niçin otuz altı, niçin intihar ediyor, niçin kendilerini kuyruklarından düğümleyip bağlıyorlar, bilen anlayan yok, Allah'ın bir işi diyelim.

Çözülmüş, çürümüş toplumların sistemi tıpkı bu fare hastalığı gibidir. Hepsi birbirlerine kuyruklarından bağlı, ölüme, intihara doğru gidiyor, kendi bağımsız kişiliklerini hatırlatacak tek bir eser bırakmadan, hepsi aynı sistemin asitten havuzunda topluca ölüyorlar.

Sistem diye bağıranların 'sistem'i tanıdıklarına dair bir metinlerini, birkaç cümlelerini duysak görsek bari.

Ucuzundan beş-on dakikada yazılmış milyonlarca birbirini tekrar eden makale. Aynı kaldırım taşlarını elli yıldır aynı yerden aynı renkten söküp takan belediyeler gibi.

Sistem denilen şey nedir, yenir mi, içilir mi, bok mu, çamur mu? Bence sistem büyük bir kabilenin adı, asla dostluk kurulamayacak ve asla 'ahlak'tan, 'erdem'den, 'insanlık'tan söz edilemeyecek bir tımarhane adı.

İşte ülkemizdeki asıl derin devlet, asıl gizli 'örgüt'ün adı bu: Sistem.

Mesela bu sistem neden yoksullara yardım etmez, işsizlere iş vermez, mesela neden bu sistem madenleri yağmalatır? Sistem diye bağıranlar mesela, neden beyni yorulmamış reklam manyağı Orhan Pamuk'un, Elif Şafak'ın ya da Ahmet Altan'ın büyük yazar olduğuna inanır?

Örnekleri binlerce çoğaltabiliriz, milli takım hocası Abdullah Avcı da farklı değildir, Ekonomi Bakanı da, Gençlik ve Spor Bakanı da.

Otuz-kırk yıllık hayatlarında henüz dramatik bir metin yazabilmeyi başaramamış birtakım insanlara, niyeyse bu sistem, ölümüne yırtınırcasına bir şehvetle büyük, çok büyük unvanlar veriyor, neden?

Hepiniz hayatınızı neden bu ölümcül gayeye adadınız, üretim, ürün, emek, çaba olmadan büyük insan, büyük yazar, büyük ekonomi bakanı nasıl olunur, şu sisteminiz bunu bir açıklasın, sizin sisteminiz size ve yandaşlarınıza her daim tapınılacak, her daim ödüller verecek bir tapınak inşa etmek.

En masum şekilde sanat 'eseri'nin ne olduğundan zırnık haberiniz yok. Sanat eseri demek egonuzun şişirilmesi ve taklit metinler, bu kadar. Baş tacı ettiğiniz yazarlar sizler gibi reklamla şişirilmiş ve sizlerle aynı liberal kulübe üye ve sizin gibi etliye sütlüye hiçbir zaman karışmamış yazarlar, eserleri bayat, ucuz ama her birinin birbiriyle yüksek sosyal bağları olan yazarlar. Medyada, üniversitede pompalanan, öğütlenen, alkışlanan, baş tacı edilen boklu çarkınız işte budur.

Durum şudur bir kısa hikâyeyle anlatayım, bir gün, büyük bir fotoğraf ödül törenine misafir olarak katıldım, ortada kayda değer eser yok, ürün yok, birkaç örnek ama utanılacak kadar kötüler ama bir büyük salon tıklım tıklım, şaşkınlığım şuydu, herkesin ama herkesin elinde çiçekler vardı. Öpüşmeler, kutlamalar, sarılmalar, iltifatlar. Dünyanın en büyük yazarı, en büyük fotoğrafçısı sıfatları alkışlarla gırla gidiyor, başkan konuşuyor diğeri konuşuyor, sahneden biri iniyor, heyecanla hızlı adımlarla öbürü çıkıyor, mikrofonu eline alan, insanlığa ve uygarlığın bütün büyük sanatçılarına meydan okur gibi konuşup payeler, madalyalar veriyor.

Nedir bir ödül törenini efsanevi bir festivale çeviren bu hadisenin özü, baktım yarışmaya, bir fotoğraf yarışması, birinci gelen fotoğraf da bir oltada sekiz istavrit balığı, bu kızıl kıyametin sebebi, bir oltada sekiz istavrit balığının fotoğrafı çekilmiş.

Bu şunu gösterir 'emek ve ürün'den haberdar değilsiniz. Artık hepiniz altmış yaşına dayandınız, yeni kuşaklar size iftira ve gaz verme dışında 'mal'ınızı görelim, derler.

Emek ve ürünün, acısını, uğraşını, maliyetini, yorgunluğunu, bitmez tükenmez çabasını bilmeyenler, yaşamayanlar, kendi siyasi ve sosyal yandaşlarına da istedikleri bollukta 'büyük' sıfatlarından dağıtır, bu bir verme; dağıtma dünyası, kuyrukları birbirlerine dolanıp düğümlenmiş sisteminiz budur.

Emek ve ürünü tanıyabilmek için insanlığı, gökleri, tarihleri, Tanrı'yı, sonsuzluğu içinde değerlendirip tartışabilen 'bilgi'den haberdar olmanız gerekir. Bu, bir çağı tanıyıp tanımadığınızı, eşyalar hakkında bilginiz olup olmadığını bizlere gösterir, yok, huzuru sonsuzlukta değil iktidarda arayanların eseri ve esiri binlerce yazar.

Emek ve ürün sizin için sadece 'tanıtım' kampanyaları, her devasa sorunu ahkâmlarıyla şipşak çözenlerin ülkesi, gökdelen kolay, asfalt otoban kolay, dünyanın büyük yazarı olmak kolay, bir gün olsun bu abileri bir yüksek merdivenin basamaklarında yorulmuş, düşünürken, otururken görsek, yok, bütün özgürlükleri maymunların ağaca tırmanma hızıyla çözüp bertaraf ediyorlar.

Eş-dost trafiği, size, iktidar tanrısını, paracukları, kısa yoldan konfor ve maaş güvenliğinizi bağışlıyor, her biri bando şefi, her biri kendini katedral gibi görüyor, sisteminiz uygarlığımıza armağan olsun.

Ve bu asalaklığınızı harbice ifade ettiğimiz için de bizlere 'ölümcül bir ambargo' koyarsınız, büyük yazarlarınızı ancak sansür denetimiyle ayakta tutarsınız, dili ve ruhu derinleştiremeyen binlerce şişeye mantar yazı, dünkülerin de bugünkülerin de değişmeyen bu topraklara yapılan asıl 'darbe' budur. İşte bu sistemi ayakta tutanlar 'gerçek darbecilerdir', darbeler değişse, kendileri, paraları, unvanları, yalıları değişmeyenlerdir, bu artık sistem değil 'sultanlıktır'.

Bir de üstüne, sistem diye bağıranların, en özgürlükçü gazetenin kendi gazeteleri, en özgürlükçü yazarların kendileri olduğuna imanları tamdır, PKK'yı da kedilerini de aynı cümle içinde kullanarak merhametleriyle hepimize insanlık dersi veren onlardır.

Ülke, insanlık hangi sarsıcı bunalımı yaşasa da zırnık yerinden kımıldamayan dubalar, demir kalaslar. Büyük yazarlıkları; okunma istatistikleriyle asla değil, ben söyledim böyledir kibriyle, kiralanmış internet siteleriyle, sahtekârlığın utanmaz riyasıyla, kalleşçe bir ikiyüzlülüktür ki bunu sadece gestapolukla açıklayabiliriz.

4. Hadi başlayalım, mesela size bir sistemden bahsedeyim. Kemal Derviş icadı bir sistem, adına meşhur Kamu Dengesi, Maliye Dengesi de deniyor, bu sistem çok basit, yani binlerce insanı gaddarca içeri tıkan bir başbakana, İngilizce eğitimi almış çok zeki ekonomi bakanlarına ihtiyacınız yok, şöyle işliyor, maaşları ödeyemeyecek duruma geldiğinizde gaza, sigaraya otomatik zam yapıyorsunuz, açık kapanıyor.

Muhteşem maliye politikası işte bu sistemle çalışıyor: 'Otomatik zam'.

Yani bir kapıcı, bir büfeci, bir işportacı da başbakan olsa, bu otomatik zam sistemini, yorulmadan, düşünmeden, hesap kitap yapmadan, basitlikle kendiliğinden pekâlâ çalıştırabilir, zekâ, emek, çaba isteyen hiçbir tarafı yok.

Sistem diye bağıranların ekmeklerini, villalarını, maaşlarını sağlayan büyük koruyucu şemsiye sistem işte bu.

Ve sonuç, her yıl gelsin yüz milyar dolarlık cari açık. Yani bu abilerin rahatlığı, konforu, üfürme ve iftira özgürlüğü için her yıl yüz milyar dolar uçuruyoruz.

Sonra bütün siyasi ileri gelenler şöyle konuşuyor: Sistem şahane, ekonomi yolunda, tabii şunu da ekleme ihtiyacı hissediyorlar, *evet, bir sıkıntımız var, cari açık.*

Sonunda bir soru daha soruldu, yahu bu cari açıklar nereye kadar? Nihayet on yıl sonra yeni bir laf daha bulundu, "Yerli üretimi destekleyeceğiz, yerli yatırımcıları teşvik edeceğiz, cari açığı böyle böyle azaltacağız." Ölme eşeğim ölme.

Yukarıdaki iki kısa satır geçtiğimiz on yılın özeti.

Şimdi size ikinci bir sistemden bahsedeyim.

Siyasi iktidar ve belediyeler ellerine çok sayıda kepçe ve buldozer geçirmişler.

İşte bu kepçe ve buldozerlerin marifeti ve zekâsı neyse, onu yapıyorlar. Dağları, yaylaları elma kabuğu soyar gibi aklınızın almayacağı kadar yol açıyorlar. Aklınızın almayacağı kadar ovaların, yaylaların ortasına apartman, blok, site...

İşte ikinci sisteminiz: Kepçe ve buldozer.

Özgürlükçü yazarlarımız bu kepçe ve buldozere ne kadar benziyor, onların da elinde medya gücü marifetiyle aynı işi yapan başka tür kepçeler vardır, mesela sistem kelimesinin ta kendisine ne kadar benziyor bu kepçe ve buldozerler, dağ, bayır, taş, kaya anında delip çözüyorlar sorunu.

Dünya cenneti altı yüz kilometrelik Karadeniz sahilini paramparça edip dümdüz eden bu kepçeler, bu muhteşem cennetin yok oluşu on yıllar sürdü ve bahsi geçen medya ve liberal yazarları tek satır kaleme almadılar. Şimdi Karadeniz'de zikzaklı ve ormanlı sahil bulamadıkları için eski Karadeniz sahilini Gürcistan'da arayıp özlem gideriyorlar.

Dikkat edin, kepçeleri kimler nerelerde kullanıyor?

Yeşilırmak ve Kızılırmak vadisi, Fırat ve Dicle arası. Tarihin en eski uygarlıkları, Sümer, Hitit, en eski ovaları, en eski tarlaları. Yani insanlığın aletle ve üretimle tanıştığı o meşhur cennet, yeşil hilal diye adlandırılan coğrafyanın içinde kepçe ve buldozerler, canavarlar gibi tozu dumana katıyor. Toroslar ve Karadeniz yaylaları, Karadeniz ve Akdeniz suları. Coğrafyaların en güzel ılıman iklimine sahip bu toprak parçasında hukuksuz, fütursuz bu kepçe ve buldozerler ipini, denetimini kopartmış dört dönüyor.

Bu muhteşem topraklarda üretim, emek, ürün değil kepçeler ve buldozerler kullanılıyor. Köylerde ot yok, inek yok, köylerde hayat yok, nüfus yok ama her köyü, nerdeyse her köye bağlayan, onlarca kilometrelik tüneller bile, bu kepçeler marifetiyle açılıyor, tıpkı sistem kelimesinin marifetiyle her kavrama yol açmak gibi.

Hadi soyut düşünemeyen sağcı seçmen ağzıyla da konuşalım, hayırlı işler de yapılmıyor mu, pekâlâ yapılıyor, Türkiye'nin neredeyse her cennet köşesi otobana dönüştürüldü ama şehrin, planın, zekânın, estetiğin marifetiyle değil kepçe 'aklı'yla, bu yüzden onlarca Selçuklu şehrinin tam ortasından olacak şey değil, otobanlar bile acımasızca geçirildi.

Sistemin ta kendisi kepçeler. Kepçelerin gücü, zekâsı, marifeti neyse her şey yapılıyor. Başka ne işler yapıyor, Karadeniz gibi tüm coğrafyalarda eşi bulunmaz cennetin içinde iki bin tane HES projesi, üstelik halkın tepkisini azaltmak için Trabzonspor'a da bir parça verelim gibi sinsi hesaplarla.

Siyasi iktidarın tek 'sistemi' kepçeler, başka ne iş yapıyor, mesela olacak şey değil, tüm Avrupa kıtasında tek örneğini göremezsiniz, yaylalara asfalt dahi yapıyorlar. Hatta yaylalara üç-beş katlı apartmanlar, hatta Anadolu'nun en güzel mistik manzaralı ovalarına dahi sekiz-on katlı şehir siteleri çoktan dikildi bile.

Buraya kadar bir özet: Siyasi iktidarın iki sistemini öğrenmiş olduk, birincisi, ekonomi denilen şey aslında, sıkıştığında gaza, benzine otomatik zam, ikincisi, iş yatırımı dediğiniz şey, kepçe ve buldozerlerle yol açmak, apartman yapmak.

Şimdi, iktidarın üçüncü sisteminden bahsedelim.

Bu sistem, savcı ve iddianame (iftira) sistemi.

Hoşlanmadığınız, keyfinizi bozan ya da gözdağı vermek ya da önünüze kesmesi muhtemel ne kadar muhalif ya da muhalif adayı varsa, hukuksuz, belgesiz içeri tık, sistemi.

Bakın Ergenekon beşinci yılına girdi hâlâ bir belge bulunamadı, hâlâ yalancı tanıklar konuşturuluyor, hâlâ her şey iddia.

Hâlâ bu dava yalancı tanık ifadeleri içinden 'ya kısmet' denilip olur ya bir yalan tutar deyip 'yolda düzülüyor'.

Yani masum insanlar içeri tıkıldı, evleri basıldı, bir şey bulunamadı ama mahkeme sürecinde savcılar birtakım yalancı şahitler marifetiyle hem uyduruk, şaibeli 'belge' oluşturma çabası içinde hem de davayı süründürme, sündürme gayreti içinde. İftiralar belgelenemedi, beş yılda bir hukuki belge bulamayan bir iddia makamı, beş yıldır yüzlerce insan içeride tutuklu.

Bu adalet sisteminin kepçeden, buldozerden zerre farkı yok.

Özgürlükçü liberallerin İslamcı iktidarının üç sistemini böylelikle tanımış olduk: İftira (iddia), kepçe ve otomatik zam.

Üçü de aynı.

Üçü de kaba devlet gücüne dayanıyor.

Üçü de emeksiz, zahmetsiz.

Üçü de, *ben yaptım oldu*, anlayışına dayanıyor.

Üçünün de içinde zekâ, beceri, üretim, emek yok, üçünü de yapmak çok kolay, üçü de kontrolsüz, denetimsiz, insanlığa, coğrafyaya, yeşile, merhamete sorgusuz, hukuksuz, vahşice saldırı.

Bu kolay kullanışlı 'sistemleri', algılaması pek zor sağcı seçmenlerimiz için bir daha tekrarlayalım: Otomatik zam, buldozer, iftiralar (iddialar).

AKP İKTİDARINI KURAN SİSTEM işte bu.

5. Ve bu medya düzeni, bu yazarlar, bu CENNET İKTİDARIN UĞRUNA hepsi yemlenir, maaşlanır, hepsi dünya çapında yazar olur, hepsi bol kepçeden büyük, çok büyük yazar olur.

Allah sonradan görme cahilin eline 'kepçe, buldozer' vermesin.

Üretim hesapları, maddi olgular ve bilimsel istatistiklerle elde edilmiş tek bir başarı yok. Hollanda, Danimarka kırkar küsur bin kilometrekare, sen bir buçuk milyon kilometrekare, ne milli takımın onları yenebilir ne onlardan daha çok ihracat yapabiliyorsun, utanılacak gerçek bu.

Tek kayda değer başarı son olimpiyatta Aslı'nın 1500 m. koşusundaki inanılmaz birinciliği ki bu birinciliği de dışlayıp aşağıladığınız hocası Süreyya Ayhan'a borçlusunuz.

Bu toprakları bugüne değin tanımlamaya çalışan mutabakata varılmış en güzel yakıştırma, *bu cennet vatan, bu cennet topraklar*, ifadesidir.

Çok güzel yakıştırma, bu otomatik zam, iftira ve kepçe sistemi bu cennet vatanı, hadi gidin gezin, Anadolu'yu tanınmaz hale getirecek kadar parçaladı.

Bu kullanışlı, kolay üç sistem, sonunda cennet dediğimiz bu toprakları her insan evladını 'utandıracak' kadar insanlık dışı, estetik dışı, akıl dışı, perişan edip çirkinleştirdi, Anadolu'ya sanki Pasifik hortumlarından yüzlercesi dalmış, saldırmış, tozunu, toprağını havalara uçurmuş gibi.

Neydi istedikleri bu cennet vatandan? Şuydu galiba, nasılsa asıl cennet ahiret, ceplerinde keklik, cenneti âlâ binbir bahçesiyle zaten onları bekliyor.

İnsan bu dünyada cennet deyince efsanelerde anlatılan Sümer-Babil Bahçeleri aklına geliyor, sonra Pers, sonra Sasani imparatorlarının bahçeleri, sonra Rönesans'la İtalya, Fransa, Almanya, İngiltere'nin geometrinin metafiziği yeryüzü bahçelerini hatırlıyor.

Bahçe, çayır, park demeyin, ağaç, bitki insana güç verir, o yanınızdan geçtiğiniz çalı toplulukları dahi insanı bambaşka duyguların âlemine sokar.

Bu yüzden insanoğlu, yani Âdem ve Hava soyundan gelenler, cennetten kovuldukları günden beri bu dünyada cenneti arıyorlar.

Bizimkiler cenneti sonunda kolayından buldular, baksanıza, çakal müteahhitler, sırtlan siyasiler, cemaatleri, milyar dolarların havuzlarında yüzen nilüfer çiçekleri gibi.

Bence Türkiye'nin en cennet bahçesi millet meclisi. Yemekler, çimenlikler, (gılman, huri) yardımcılar.

Üstelik halkın iradesiyle kurulmuş özgürlük bahçesi. Tanrı'nın cennetinden bile daha özgürlükçü. Tanrı'nın cenneti bildik meyveleri veriyor, oysa meclis maaş veriyor ve meyveleri vekillerimiz kendileri özgürce seçiyor, üstelik çoğuna kasabalarından meyveler gümüş jelatinli kasalarla yağıyor.

Akşamları ekranlara bağlanıyorlar, ballı lokmalar gibi spikerler, ağızlarını şapırdata şapırdata her bir devasa sorunu liberal özgürlükçü kardeşleriyle el ele verip bir leğen suyla çitileyip sakız gibi bembeyaz yapıyorlar, bilmem Tanrı başka gâvur ülkelere bu cennet bahçelerinden bağışlayıp niçin vermez...

Savcılarımızdan tek istenen, iyiyle kötüyü ayırt etmek, tabii ki iyiler hep onlara maaş verenler olacak, ne soruşturma ne kovuşturma kolaylığına bakın at içeri, tık içeri gitsin, adalet cennetiniz bu.

Siyasetçi ve savcılarımızın her biri tarikat, imam hatip cemaatlerinin cennet bahçelerinde yeşerdi, olgunlaştı. Kimileri lop, kimileri lüp diye iktidarlarının ağzına düştü.

Bu yüzden bugünlerde cemaatten düşen lop'larla İmam Hatip'ten düşen lüp'ler ikiye ayrıldı, iktidar kavgası veriyor. Cennetin huzuru bozulmasın diye lop yazarlarla lüp yazarlar kaç kez biz kardeşiz deklarasyonları yayınladılar.

Lop'lar ve lüp'ler, niçin bu kavga, bu cennet vatan hepimize yeter, yetmese, işte Suriye'nin içinde Hallop (Halep), Şamlop (Şam), açın ağzınızı haaam sizleri bekliyor.

Mesela İçişleri Bakanımızın Angelina Jolie'yle sohbetleri. Dünyada arasa böyle bir mutluluk odası bulabilir mi bakanımız? Hem dünyanın bu en güzel kadınıyla ballı dadlı sohbet hem bu sohbetle dünya medyasına özgürlük mesajları, üstüne gelsin kahveler, içi fındıklı çikolatalar. Ağzında çikolatasını emerken bir fotoğrafı var, insan diyor ki, bu çikolatayı emen dillerini daha niye yorsunuz sayın bakanlarım.

Üstüne Angelina'nın armutları, narları, kirazları, şeftalileri, tatlı incirleri, elmaları incecik ipek elbisesi altından, neşeyle çikolatalarını emiyorlar karşılıklı, Suriye sınırındaki insanlık çadırlarındaki yüz binlerce mültecinin derdi tasası hemen uçup yok oluyor, karşılıklı çikolata emmek insanlığa barış getirsin, dünyayı tatlansın anlamı taşır.

İncil'de anlatılan cennete bir ırmak gelir ve dört kola ayrılır, iktidar cennetine gelen nehir AKP, ayrılan kollar ne dördü ne beşi, belediyelere ayrı, bütçeye ayrı, ihalelere ayrı, dostlara ayrı, havuzları, çardakları, verandası ayrı, kameriyeleri, mersedesleri, vosvosları, korumaları, uşakları, kimin aklı alır bu cenneti.

Her biri zevk bahçesi küçük şato bozması on binlerce villa. Bu küçük sarayların içine girip duvarlarına bakın, ilk göze çarpan şeyin duvarda asılı bir Kur'an-ı Kerim olduğunu göreceksiniz, esnafın ilk alışveriş parasını çerçeveletmesi gibi.

Bu zevk bahçesi villalarına bir göz atın, saksı çiçeklerinin açıp açmama kaprislerine katlanmamak için, altın suyuna batırılmış plastik çerçeveler, altın gümüş sularına daldırılmış plastik çiçekler, plastik vazolar, ekip biçmenin zahmetiyle niye vakit harcasınlar, çiçeğin de bandırılmışı her mevsim taze, her iklimde güzel, altın gümüş suyundan bunun da sistemi hazır.

Aslında AKP iktidarının daha ilk günlerinde Akçaabat Düzköy yaylasına yapılan devasa şehir camisi ve asfaltlanan yayla yollarını görünce kararımı vermiştim, aynı kepçe ve buldozerlerin siyaseti de, hukuku da, demokrasiyi de silip süpüreceğine çünkü ellerinde ne insan olmak için ne Müslüman olmak için ne Avrupalı olmak için kepçeden başka 'alet' var.

Ne olunacaksa kepçeyle olunacak, ahlak, ahlaksızlık, saflık, temizlik, kalkınma, yatırım, büyüme, gelişme, ekonomi her şeye kepçeyle çekidüzen verilecek, kepçeyle İstanbul fethedilecek, kepçeyle yepyeni yeni Türkiye inşa edilecek.

Bir de gözlerden uzak 'sessiz bahçeler'i var, gizli kasalar, gizli avantalar, gizli komisyonlar. En titiz, en hassas bakımı, temizliği yapılan cennetleri işte bu komisyon cennetleri.

Cam çerçeveler kapalı, hukuki korunakları, çitleri, kepenkleri zerre ışık sızdırmaz, aman kimse görmesin tedbirleri yasaya uydurmaları. Hepsi bu sessiz bahçede özenle düzenlenir ve eser ürün diyorsanız, işte bu 'gizli kasaların' gözlerden uzak gizli saksılar, gizli testilerde toprak altında ihtimamla korunmasına harcanan emeklerdir.

Ve daha da büyük, daha muhteşem bir cennet bahçeleri var, Anadolu'nun yeşil, serin vadilerinin köylüleri, hepsi uşakları gibi, hepsi işte bu cennet vatanın 'oy depoları', öyle depo ki sonsuz, ilahi depo, sağ iktidarlara ölümsüzlük iktidarını bağışlayan...

Bu cennetin bağrından erotik sinema yıldızları gibi sadece iki meme asılmaz, onların göğsünde memeler hevenk hevenk. Bu hevenkler üstünde kürsülerde artık Fatiha duasından çok 'halkın iradesi' nutukları.

Bahçelerinde uçan ve kaçan her şey, cemaat ve partilerinin özgürlük kelebekleridir.

Solcu liberaller, muhafazakâr liberaller hevenk hevenk, hepsi ellerinde yelpaze, malikâne sahibinin tüten boklarının kokularını defetmek için, her sabah yüz ayrı gazetede vazife başındadır.

Özgürlük kelebeği liberallerimizin hepsi gün boyu cümbür cemaat ekran bahçelerinde, vur patlasın çal oynasın, kavram kavram döktürürler.

Bir kavramları var ki 'vesayet', işte orada parayı hevenklerin tam ortasına tükürükleyip bastırırlar.

Havuzlarında balıklar sahiplerini görmeyiversin yukarı doğru zıplayıp zıplayıp onlarca manşet döşenirler...

Bu ne güzel manzara Tanrım, burası cennet ülkemiz.

Zıplayan balıklar, uçan kelebekler gerçek hakiki özgürlükçü demokrasimizi Tanrı'nın dahi ilahi cennetlerini kıskandırarak kurmuşlar.

Ekranlarda kavram kavram döktürenler ne halayı ne zeybeği ne horonu ne göbek dansı, bulmuşlar adını işte muz hevenki, dalına oturmuş maymunların yamyam dansı.

Şu zıp zıp zıplayan yazarlarımıza bakın, her birinin bu cennet vatana yararı hayrı başka başka, her biri arılar gibi. Kimi çiçek motifi gibi köşesini doldurur, kimi dut yemiş bülbül gibi dalında süslü püslü oturur, sormayın, bilge sakinlikleriyle topluma huzur verirler.

Her karışı bereketli medya-ekranı tarlaları, ne ekersen büyüyor, tohumlamayı unutsan da münbit toprak kudretten ilahi nihaye kendiliğinden bitiyor...

Spikerler, genel yayın müdürleri, hatta parti il başkanları, hepsi bu cennet bahçenin tulum giymiş bahçıvanları, en vasıfsız işçileri bulup, meclise ekrana, tozunu alıp pudralayıp kokulayıp salıyorlar. Karşılarına kimi alsalar Kürt demesin, Alevi demesin bir çırpıda büyük kurtarıcı, evliya, aziz yapıp hayat hikâyesini şipşak kahramanlayıp uydurup salıyorlar.

Hepsinin kafaları marul ve soğana benzeyen yüzlerce zavallı kişiyi bulup, soğanların cücüğünden aşılayıp fideleyip filizleyip, bir demokrasi kelebeği haline, birkaç tartışma içinde getirmeyi nasıl da başarırlar.

İşte cennetin yemekle bitmeyen, yedikçe yoktan var olan nimetlerini bunlar üretir.

Öğrensin gâvurlar, öğrensin batılılar, bu cennetin kimyası, tılsımı, iksiri çok basit, otomatik zam, her beldeye kepçe ve her iddiası iftira bir yargı. Hay maşallah, bu dinin böyle yazılmış kitabı bu kadar mı uyar bu cehalete.

Yetmemiş bu cennetler doymamışlar, Anadolu cenneti sanki bitmiş tükenmiş, şimdi de Suriye'ye saldırdık, Semiramis'in Babil bahçelerine, artık ne kalmışsa asma bahçelerinden.

6. Bu yazıyı buraya kadar okuyan kardeşlerim, sizlerden bir ricam var, şimdi okuyacağınız aşağıdaki bölümün ana fikrini çocuklarınıza tembihleyerek öğretmeye çalışın.

Ülkemiz bugünlerde üstünde yaşayan insanların hak etmediği kadar talihli bir enlem boylam haritasında bulunuyor, Urfa biberinden fındığına, kayısısından çayına, zeytinine, buğdayına bin çeşit bereketli eşsiz ürünlerin sahibi.

Bu muhteşem bitki, sebze, tarla, yayla, ova kültürünü bu sütunlarda çokça konuştuk.

Başka bir şey anlatacağım.

Bakın bu tarla kültürü diyelim 'tütün' gibi çok da emek istemeyen, çapa, tohum, sulama ve hasat kültürüyle ama artık büyük makineler marifetiyle daha da kolaylıkla yapılır.

Bu muhteşem iklimin aklınıza gelmeyecek zenginlikte çiçek ve bitki ve çalı çeşitliliği var, yani Anadolu Torosları'ndan Karadeniz yaylalarına, Kazdağı'na tam anlamıyla doğal bir park.

Bu zenginliğine rağmen halen bu memlekette bir büyük süs bahçesi, parkı hiç ama hiç yoktur. Evet birkaç amatörce botanik park var diyeceksiniz, eee işte, derme çatma.

Beş-on hobi sahibi insan özel seralarında kıymetli nadir çiçekler yetiştiriyorlar diyeceksiniz, eee işte, kendine yapmış, hem sera içinde hem hobi niyetine.

Diyelim İstanbul Belediyesi trilyonlar verip kaldırım kenarlarına laleler ekiyor, bu lalelerin ömrü iki aylık, üstelik para verilip soğanları alınıyor ve vasıfsız belediye çalışanları dikiyor, bir emek, bakım yok.

Anadolu'nun dört bir yanında özel kuruluşların ya da birilerinin anısına 'hatıra ormanları' var diyeceksiniz, bu hatıra ormanlarının yüzlercesi terk edilmiş, sadece tabelaları kalmış, yüzlercesi de kuruyup gitmiş, bir hevesle birileri birkaç fidan dikiyor sonra kırk yıl geçiyor, ne uğrayan var ne bakımıyla ilgilenen.

Büyük milli parklarımız var diyeceksiniz, gidin Kaz Dağları'na bakın, milli parkların yüzde doksanı kenarından ucundan, yenile oyula kesile arazileri yağma olmaktan hâlâ kurtulamıyor.

Bakın şehir belediyelerimizin şehre yakın tepelerdeki piknik parklarına, hepsi çok kaba, arasanız hiçbirinde titizlik, ihtimam yok, beş-on çam dikmişler o da bu toprağın malı olmayan uzun iğneli, kolay büyüyen kara çamlardan, altına da iki tahta piknik masası. Bu kadar.

Bakın şehir belediyelerimizin şehrin içindeki ağaç bakımlarına, mesela Ankara içinde on binlerce akasya ağacı budama felaketleriyle gövdeleri yumrulaşmış, urlaşmış, çirkinleşmiş... Eskiden dilencilerin kaçırıp kolunu, bacağını makasla kesip dilendirdiği ucube çocuklar gibi, insanın gördükçe içi sızlıyor bu gövdeleri yamru yumru feleğini şaşırmış akasyaları.

Şöyle bir cümlem fazla şaşırtmasın, henüz ülkemizde ağaç budamasını bilen belediyemiz yok, kasaplar gibi boğazlıyorlar, cellatlar gibi katlediyorlar, henüz uzun boyuna yakışır birkaç metrecik boyunu bile bu testerelerden kurtarıp dümdüz, kazasız belasız çıkmayı başaran ağacımız yok, bu katillerin elinden kurtulmak için her biri ağaç değil, salyangoza dönüşmüş.

Kardeşlerim, üstelik ülkemiz bir sıcak para ekonomisinin zenginliğini yaşıyor ve belediyelerin elinde, tarihlerinde olmadığı kadar milyar dolarlar var. Takip edin Ege'de Menderes'in kıvrımlarını, ne zaman ki bir kasabaya çıkıyor önü başına gelmedik beton, taş, çirkinlik kalmıyor. Gidin takip edin Yeşilırmak'ın, Kızılırmak'ın kıvrımlarını, ne zaman ki bir ilçe çıkıyor karşılarına hem bir bok bataklık yatağına hem de amatörce duvar çevirmeleriyle anasından Anadolu'sundan emdiği süt, su burnundan geliyor, gidin takip edin Sakarya'nın kollarını, ne zaman ki bir ilçe belediyesi çıkıyor önüne, taşlanmış ve ölmüş şeytan gibi nehrin leşi yatıyor kasabanın ortasında, üstelik kaşı gözü dünya güzeli bu selvi boylu nehirlerin. Tamam, ilçelerin boku, püsürüğü, kanalı çok anladık, yapacağın bu kıvrılıp gelen nehrin başına iki söğüt iki selvi, onu da beceremiyorsun, hadi onu da geçtik, bırakmıyor yatağında uslu uslu aksın, imar planı allem gullem bir de sevmedikleri, alışmadıkları başka beton yataklarla ellerinde kepçenin gücüne güvenip yataklarını darmadağınık ediyorlar.

Oysa bizimle aynı enlem boylam haritasındaki ülkelerin hepsi işte o ünlü süs bahçelerini, parklarını bu uzun boylu nehirlerin yakınlarını çevreleyerek inşa etmiş ya da kaldırmış nehrin suyunu bir metre yukarı taşımış, bahçesini sulamış.

Ve bu belediyelerin hiçbiri bir süs parkı, bir gezinti bahçesi yapamıyor, yapılanlara bakın, betonu çirkin bir havuz etrafında birkaç ağaç, bir bank.

Süs bahçeleri başka bir şey. Niçin ülkemizde hiç değilse boyu üç-dört yüz metrelik bir süs bahçesi, yolları zikzaklı, dolambaçlı, sürprizli gezinti, dinlenme bahçeleri hiç yok?

Park, birkaç ağaç ve banklardan ibaret yer değildir.

Süs bahçeleri mevsimine göre bin türlü çiçek ve çalıların upuzun dolambaçlı yollarla geometrik oyunlarla sıralandığı, insanların camiden daha çok Tanrı'ya yakın oldukları yerin adıdır.

Gökdelenlerin âlâsını inşa edersiniz, otobanları, havaalanları, alışveriş merkezlerini, hepsini kurmak, yaşatmak, yaşadığımız dünyada sorun değil, çok kolay.

Yerini gösterin koşa koşa gelip hemen üç günde dikerler. Mağazalarınız ağzına kadar kapı, çerçeve, fayans, çatı, mutfak malzemelerinin milyon çeşidiyle dolu, hepsi hazır, hepsi parasını ver al kolaylığında.

Bir değil yüz gökdelen bin kilometre değil milyon kilometre otoban yapabilirsiniz, ama bir süs bahçesini bir mevsim olsun yaşatmak çok zordur, parayla, torpille, adam kayırma, ihaleyle yapılacak şey değildir.

Emek ister, hem de nasıl bir emek, her gün başında bekleyeceksin, suyunu ayrı, yaprağını ayrı, güneşini ayrı, gölgesini ayrı, iklimini ayrı, tohumunu ayrı, yanındaki komşu çiçeklerle uyumunu ayrı ama her gün gözün gibi sakınarak ama her gün Anıtkabir'i bekleyen askerler gibi başında nöbet tutarak.

Yazımın başından beri bir şey anlatmaya çalışıyorum, emek diye, ürün diye, eser diye. Bu muhteşem zengin bitki, çalı, çiçek, ağaç çeşitliliğine rağmen bugüne değin bir süs bahçeniz, bir büyük çiçek bahçeniz, gezinti, dinlenme parkınız olamamışsa, hepimiz, öncelikle bunu iyice düşünmeliyiz. Neden 'eser' üretemiyoruz, sistemi mi sordunuz, suyunuz, ikliminiz, bitkiniz, tohumunuz hepsi bol miktarda, hadi minnacık bir süs bahçesini birkaç mevsim yaşatın da görelim.

Çünkü *ihaleye verdim oldu*'yla olmuyor, çünkü *taşerona verdim*'le olmuyor, çünkü *iki ağaç diktim bir de tahta masa koydum*'la olmuyor, çünkü *imardan yer verdim arsa verdim*'le olmuyor... *Tohumunu satın aldım çiçeğini İtalya'dan getirdim*'le olmuyor, çünkü *ilkokul çocuklarını topladım fidan ektik*'le olmuyor.

Herkes çocuğunun ya da bir yakınının bebekliğini hatırlasın, bir bebek nasıl ihtimam isterse, çiçekler, bitkiler de öyle ister. Gecesi gündüzü başında bekleyeceksin, üstelik bebekler büyür ve artık kendileri giyinip tek başlarına yemek yemeyi öğrenir ama çiçekler öyle değil, çiçekler hiç büyümez, bu mevsim de bebektir gelecek mevsim de, yani mevsimin her günü yanında olacaksın. Bebekliği hiç bitmeyen bir 'canlı'yla uğraşmanın ne büyük insanüstü gayret, çaba istediğini hiç bilmeyen insanların ülkesinde yaşıyoruz. Yeri değil ama bir insanın ahlaki çizgisi de böyledir, bir ömrün her dakikasında merhamet, vicdan şefkatiyle titiz ve dikkatli...

İşte 'eser' derken, 'ürün' derken, 'emek' derken, kastettiğimiz budur.

O çiçeğin rüzgârla, yağmurla, sıcakla, suyla, toprakla her saatinden haberdar olacaksınız, sadece meteoroloji yetmez, sadece bitki kültürü de yetmez, bir de onları kucağına aldığın bebekler gibi dalını, yaprağını, her tanesini iltifatlara gömüp pişpişleyeceksin.

Bu süs bahçelerinden bin çeşidi İtalya'da, Almanya'da, Fransa'da, İngiltere'de yüzyıllardır var.

Bizde sadece halılarda ve kilimlerde var.

Bir de komik şeyler bu ucuz parklarda, hiçbirinin başında bahçıvan ya da bakıcı yok ama bütün parklarda güvenlikçiler kol geziyor, ağaç diplerinde gençler haşna fişne yapmasın diye. Küçükken halamın Trabzon, Tekfur Çayı Mahallesi'nde bir bahçesi vardı, şimdi tamamen apartman bloklarıyla dolu, bahçenin önünde de o yıllardaki her ev gibi çardağı vardı, her çardak gibi üzüm asmalarıyla süslenmiş, gölgelenmişti. Halam, bahçede çiçeklerini ayrı ayrı isimlendirip ayrı ayrı severdi ama asmayla başka türlü konuşurdu.

Bilindiği üzere sarmaşıklar hızlı büyür, halam, gurbete giden çocuğunun günlerini asmanın yılan gibi kıvrılıp uzayan dallarıyla hesap ediyor, bak, diyordu bana, giderken bizim oğlan, buradaydı, şimdi buraya kadar yürüdü çıktı. Sanki asmanın hızlı büyümesi günleri de hızlandırıyordu, çiçeklerin, bitkilerin mevsimlere girip iklimlerden çıkması böyledir, insanoğluna zamanı hayatı, başlangıcı, sonucu yavaş yavaş öğretir, şimdi sizler yıl dönümünü sadece kutlanan yılbaşlarından anıyorsunuz, bir çiçeğin, bir bahçenin gözlerinizin önünde hissederek onlarca defa açması ve solup dökülmesi hepimize yaşlanmayı kabullenmemizi öğretir.

Masmavi ortancaları başka türlü severdi, "Bak," derdi, "bizimkiler belediye bandosu gibi patlata patlata geliyorlar." Yağmurlar sonrası bahçeye iner, peşinden "Koş koş, gel," diye çağırırdı yanına, "gözle görülmeyecek kadar incecik ve upuzun örümcek ipliği, nasıl incecik görülmüyor bile ama yağmurdan sonra en küçük kum tanesinden daha küçük yüzlerce inci gibi ışıldayan noktacıklar bahçeyi ağ gibi sarmış, örümcek iplikçiğinin üstüne dizilmişler, bak bak," gülerek neşeyle yüzüme dönüp, "bak bak gerdanlık," derdi.

Aradan otuz yıllar geçti, ben hâlâ dağ başlarında bakımsız, örümcek ağı bağlamış yabani bahçeler ararım örümcek gerdanlığı bulup incilerini seyretmek için...

Hangi birini anlatacaksın, çiçeklerin, bitkilerin, sarmaşıkların dinlendirmesine en çok ihtiyacı olanlar şüphesiz yaşlılardır, halen Orta Anadolu'da kar henüz kalkmadan baharın müjdecisi çiğdemlerin yolunu gözleyen ihtiyarlar, tarlalara koşup çiğdemleri bir kutsal tören gibi yüzlerine sakallarına sürerler, bir gençlik iksiri gibi.

Mustafa Kemal ziraat fakültesi kurup başına da Almanya'dan hocalar getirince kimler güldü, Mustafa Kemal şehrin yarısı kadar büyük Orman Çiftliği'ni planlayınca kimler güldü, şimdi orman çiftliği şehrin binde birinden daha küçük, sorun bakalım Ziraat Fakültesi mezunları ne iş yapıyor. Sormayın, Orman Çiftliği'ni kimler kek gibi dilimleyip kapıverdi.

Bu muhteşem toprakları Allah'ın ve atalarımızın mirası bu eşsiz 'eseri' soymak, kapmak, parçalamak, yemek, kolaydır, elinizde kepçeler ve savcılar, buyurun devam edin.

Ama bu toprağa bir 'değer' katmak, çok zordur.

Bu yüzden bu ülkede imkânsız olan şey, bir eser vücuda getirebilmek ya da eser için yola çıkabilmeyi göze almaktır. Yalnız kalacaksın, dışlayacaklar, gülecekler, deli diyecekler, ekmeğinle oynayacaklar, hakkını yiyecekler, kazancını elinden alacaklar, haksız hukuksuz içeri tıkacaklar, çok zordur bir 'çiçek'in bakımı, çok zor.

Ama olur ya bir gün sizin de büyük uğraşlar sonunda bir 'eser'iniz olur, işte o zaman, çiçek gibi olursunuz, her çiçeği de çok kıskanırsınız, mevsimler gelsin geçsin, kimsenin soldurmaya gücünün yetmediği bir çiçek gibi ebedi yaşarsınız.

Unutmayın çiçekler Tanrı'yla burun buruna geldiğiniz yerdir.

Bu süs bahçelerimiz yok diye de halkımızı asla küçümsemeyelim, bugün her yıl sadece Maçka Ormanları'nın içinden geçmek, seyretmek için Trabzon Maçka'ya yüz binlerce insan koşuyor.

Neden, çünkü ağaçlarını bir tiyatro sahnesi gibi canlı canlı görmek istiyorlar, neden, kokuların, yeşilin gizli senfonisini bir tablo gibi yakından dokunarak tatmak istiyorlar.

İnsanların düşüncelerini değiştirmek için yasalar yetmez, savcılarınız yetmez, ekrandan sistem diye bağırmak olacak iş değil, çiçekler yapraklar ormanlar, hepimizden çok ve hızlı değiştirir, olgunlaştırır, öğretir insanlığı hepimize.

İşte bu topraklarda her biri karpuz kadar su taşıyan bol nemli dalları şişmiş damarlar gibi on binlerce ağacı HES diye susuz bırakıyor, iktidarınız. Bu en yeşil, en bereketli toprakları çocuklarınız artık google haritadan ancak görebiliyor.

Oysa çanaktan çanağa, çömlekten çömleğe, kâseden kâseye akar gibi çukur kayaların, oyuk taşların üstünde o küçücük ırmakların üstünden atlamadan, oynamadan hiç kimsenin, bir ülkesi, 'eseri', olamaz.

Allah hepimize nasip etsin, bitişik dikilmiş dört beş ağaca sırtımı verip bir de rüzgâr gelirse, koynunda bebekliğimin toprak beşiği höllük gibi, sallanıp sallanıp ebedi uykumuza daldığımız avuç içi kadar bir son bahçe...

22 Ekim 2012

ZÜĞÜRT EVLİYA

Not 1: *Radikal* gazetesinden Ezgi Başaran Hanım, Bilgi Üniversitesi'nde işten atılan bir işçinin atılma sebebi olarak biraz da ironik olarak Murat Belge'nin *sendikalaşın* tembihiyle düzenlediği bir seminere katılmasını gerekçe gösterdi. Bu hanım kızımız böylelikle *Murat Belge* ismiyle *sendika* ismini yan yana getirmeyi başarmış ilk medya yazarımız olmaya da hak kazandı. Hanım kızımızın yaşı küçük olmalı, Murat Belge'nin onlarca yıl yazdığı Aydın Doğan gazetelerinde işçi tazminatları, işten atılmalar, sendikalar, banka hortumları vs. hakkında üstelik en hararetli yasalar çıkıp kazanılmış haklar kökünden sökülürken tek bir eleştiri yazısını görsün, gelsin canımı yesin... Bu hanım kızımız sanırım dünyaya kapalı ideolojik bir avuç elitin paranoyalarını bölüşerek yazarlık hayatını şimdiden fazlasıyla riske ediyor... Mesela bu hanım kızımız bu bir avuç elitin gazıyla öyle anlaşılıyor ki ömrü boyu Kıbrıs'ta Rum tarafını, Ermenilerin Taşnak'ını ve Güneydoğu'da PKK'yı asla eleştiremeyecek. Çünkü avuçlarında oynadığı elitlerin insanları değerlendirme ve eleme kıstasları bunlar. Kendini heder etmesin, insanlıktan, 'izan'dan çıkmasın, Allah'ın kendine bağışladığı hür beyni ve kalbini bir avuç elit çevresinin hatırına kurban etmesin... Murat Belge ismini dahi 'sendikal' hakları savunmada yan yana getirme işine başladığına göre, vizyonu, imajı düzeltilecek daha çok işi olacak, en iyisi kısa yoldan daha eleştirel, daha bağımsız bir yazar olmasını bir abisi olarak salık veririm...

Not 2: Suriye savaşının perde arkasıyla ilgili çok şeyi Batı basınından öğrendiğimiz artık bir gerçek. Bu da bize 'otosansür'ün nerdeyse sıkıyönetim, darbe koşullarında yaşadığımızı gösteren en güzel örnek... Ancak kör gözüne parmak dediğimiz o kadar basit şeyler var ki, insan, bunları dahi niçin satır aralarında geçirmiyorlar diyesi geliyor...

1. 90'lı yıllarda Amerika, Kuzey Irak'tan on binlerce Kürt'ü eğitmek için Amerika'ya taşıdı, sonrası malum... Bugünlerde Ankara'da en kolayından bir günde, evet bir günde vize alıp Amerika'ya taşınanlar İranlılar... Dedeman Oteli'nin kayıtları orada, bir yılda on bini aşkın İranlı'nın trafiği ortada... Çok hızlı bir trafik, çok hızlı vize işlemleri... İran'ın hem aşağı Kürt bölgesinden hem yukarı Türk bölgesinden... Bu hızlı trafik de bize üç-beş yıl sonrasının işaretlerini şimdiden gösteriyor...

2. MHP'nin Suriye'ye savaş izni tezkeresine onay vermesine sebep, Suriye'nin kuzeyinde gündeme gelen olası bir Kürt koridoruna Türkmen bir cephe oluşturma bilgisiyle ikna edilmiş olmasıdır, insan tek satır görmeyince yaşadığı ülkenin gazetelerinden, kendinden her şeyden utanıyor...

3. Rusya'dan Suriye'ye giden uçağın Esenboğa'ya indirilip aranmasının birçok sebebi tartışıldı ama şu Amerikan korkusundan bir satırcık bahsedilmedi. Şu günlerde İncirlik'te Amerika'nın hem elit bir ajan kadrosu hem de malum o meşhur bombaları uçaklarının varlığı söz konusu. Amerika'nın korkusu bu uçağın İncirlik'e bir intihar düşüşü ihtimali niçin olmasın diye de bir cümlecik duymak istiyor, yok...

4. Özgür Suriye Ordusu adı verilen işbirlikçi çapulcular içinde El Kaide unsurları ya çok az ya etkileri çok az ya da çatışmalara çok az katılıyorlar diye yazılıp çiziliyor ki teoriyi doğrulayan bir bilgidir, çünkü El Kaide'nin işi savaş sonrası (güya) devrimi çalmaktır, işte Afganistan'ın yakın tarihi, iktidarı birbirlerinin elinden almak için ülkeyi yok ettiler, şimdi de değişen bir şey yok, El Kaide tetikte uykuda bekler, sonra sizin yeniden kurmakta olduğunuz düzenin sokaklarında, devlet dairelerinde ülkenin ikinci kez mahvına kadar sürecek intihar bombaları patlamaya başlar...

Hadi dünya işlerine bu kadar yeter, ötelere, yazımıza geçelim... Bazen çok derin bilimsel, teolojik konuları fantastik, magazinel anlatmanın faydaları büyüktür...

Çoğu akşamüzerleri arkadaşlarla kahvede kâğıt (iskambil) oynarız, oyunumuz Türk kahve kültürünün son yirmi yıldır en meşhur oyunları King ve Batak'tır... Çay paralarını bazen ortaklaşa öderiz ama çoğu zaman oyun kimde kalmışsa çay paralarını onun ödemesi de bir kahve kültürüdür...

Batak oynuyoruz, hiç kimse ben yenileceğim oyun bende kalsın istemez, rekabet kaçınılmazdır. Oyunun iddiası sizi kazanmaya zorlar ve başka bir âleme dalarsınız... Ancak çoğu zaman masada epeyce içilmiş çayı düşündüğünüzde daha bir gayretle kazanmak istersiniz. Üç lira beş lira demeyin... Oyun kızıştıkça sinirler gerilir. Türk kahve kültüründe oyunda 'kızdırmak' oyunun vazgeçilmez kuralıdır, arkadaşlıkların dayanıklılığını pekiştirip test ettiği gibi yıllarca emek verilmiş arkadaşlıkları da bir anda sona erdirir, küslükler selam vermemeler başlayabilir, yani kimse kendiyle alay edilsin istemez... Oyunun kızışması ve kızdırma sahneleri şuna yarar, bir kâğıt oyunu gerçek hayata girer, öfke, sinir, dalga, alay havalarda uçuşur, alt tarafı bir oyun ama işte en yakın arkadaşlarınızla kıran kırana bir dalaşma, sözlü, küfürlü kavga içine de sık sık düşebilirsiniz. Bu yüzden kavganın kriz anında arkadaşlarınıza yönelik kullandığınız, seçtiğiniz cümleler kahve hayatında yaşamakta olan kimliğinizi de en ince detaylarıyla ayna gibi ortaya döker...

"Size Rahmanlardan Rahmet Geldi"

İşte geçen hafta böyle bir batak oynuyoruz, oyunun bitmesine yakın, rakip takım önde, benim elimde o kadar güçlü kâğıt olmadığı halde kahve deyimiyle fazlasıyla uçarak 9, 10 deyip 'eli' almam lazım... Tabii riskli, hesabı sordum, şurada kaç çay var, eğer içilmiş çay yani hesap düşükse risk alacağım ama hesap yirmi çayı geçmişse daha temkinli oynayacağım...

Rakibim: "Hadi konuş," dedi...

Ben: "Oğlum bir dur, konuşacağız, şurda kaç çay var, ona göre?"

Rakibim: "Abi yirmiyi geçti, parti kesin sende kalıyor, 9, 10 deyip uçma, en iyisi mi konuşma, belki biz batarız?"

Elimdeki kâğıt değerlerine bir daha baktım, "Bu elle de konuşulmaz ki, tamam, siz oynayın," dedim eli almadım...

Tam o arada bir telefon geldi, telefonda beyefendi ve yaşlıca bir ses: "Nihat Bey'le mi görüşüyoruz?"

"Evet, buyurun ben Nihat Genç..."

"Nihat Bey, size rahmanlardan rahmet geldi..."

Durumu çakozladım, sevgili okuyucu birazdan size de anlatırım, "Teşekkür ederim beyefendi," dedim.

"Nihat Bey, bir e-maili alsak 'rahmet'i adınıza göndersek..."

"Beyefendi ben e-maillerimi açmaya korkuyorum, başka zaman konuşsak..."

"Elçiye zeval olmaz Nihat Bey, ben size bildirmekle görevliyim, bildirdim..."

"Sağ olun beyefendi, kalabalık yerdeyim, başka zaman..."

Telefonu kapattım, masaya döndüm, oyundaki arkadaşlara, "Arkadaşlar, bana rahmet gelmiş, bu bir nevi evliyalık, azizlik alameti, demin eli bırakmıştım, bu rahmet haberinden sonra, artık önüm açık, on diyor, eli alıyorum, bu masada batsam, artık hayatta batmam," deyip, gülüştük...

...

Bu ötelerden 'rahmet' dili ezoterik tarikatların (derneklerin) işidir. Yani gizli sırlara vâkıf olduğunu sanan birtakım adamlar ve ona inananlar tarafından kurulmuş bir yapıdır. Uygarlığımızın ilk günlerinden beri insanlığın kafasını meşgul eder, bunca bilimsel münakaşaya, icada, keşfe karşın yatıştırılamamış, ikna olamamış insanlardır...

Ve insanlık için tahmininizin ötesinde çok ciddi bir sorundur. Birtakım insanların gizli bilgilerem, derin mesajlara vâkıf olduğunu iddia etmesi hiç de gülünecek bir şey değildir. Kurulu tek tanrılı dinlerin hemen hepsinin 'gizli, özel (vahiy)' bilgilerle inşa edilmiş olması bu derneklere alaycı gülüşünüzü anlamsız kılar...

Konu derin ve tarihidir ve çözümlenmesi imkânsız derecesindedir.

Kimilerinin, gizli bilgilerle uğraşanlara ya da kendine özel mesaj geldiği iddiasını ortaya atanlara 'deli' demesi de yeni bir şey değildir...

Büyük bunalım anlarında yani toplumun var olma-yok olma anlarında kendilerine özel mesaj geldiğini iddia eden birtakım insanlar büyük dinler kurmuşlardır...

Musa'yı düşünün, Mısır'dan kopmuşlar, sürgündeler, her kafadan bir ses, toplum umutsuzluğun, çözülmenin dibini bulmuş, işte tam da bu an, Musa adında biri, gizli mesaj alıyor, yani Tanrı'yla görüşüyor, Tanrı'nın öğütlerini taşlara kazıtıyor, bildiğiniz hikâye...

Ve neticesiz bir tartışma bugüne kadar sürüyor, peki peygamber değilse Kızıldeniz'i ikiye nasıl böldü, karşısındaki 'o an deprem olmuş olamaz mı', böyle karşılıklı argümanlarla bir yüz bin yıl daha sürer gider...

Peygamberlerden sonra da bugün adı evliyaya, azize çıkmış çok saygı duyulan insanlar rüyalarında mesaj aldıklarını söyleye geldiler ve bu mesajlarıyla topluma yeni kurallar ya da toplumu öteden aldıkları ilahi mesajın yüksek dokunulmaz makamıyla yönetmek, etkilemek istemişlerdir, birçoğu da başarmıştır ve halen Hıristiyan ya da Müslüman dünyasında türbelerine önemli günlerde mumlar dikmeye devam ediyoruz...

Özellikle toplumun çürüyüp yok olmaya, dağılmaya başladığı anlarda büyük mesajlar getiren insanların sayısı artar... Daha geçen yüzyıl, Kızılderili tarihinde örneği hiç olmadığı halde, yerleri yurtlarından kökünden kazınan Kızılderililer, öyle derin bir yok olma endişesine düştüler ki, bir Kızılderili kendini 'manitu' ilan etti, yani Tanrı. Ve bu ilahi 'manitu'nun kutsal gücüyle Kızılderili kabilelerini arkasına alıp beyaz adama karşı daha büyük bir ordu kurdu...

Geçen yüzyıl sömürge ve işgal altında yaşayan hemen her İslam ülkesinde de bir 'mehdi'nin varlığına şahit olduk, Sudan'da hâlâ inananları vardır ve peşine milyonları takmıştır...

Henüz on beş yaşında bir çocuğum, henüz o yaşımda bütün kitapları yemişim yutmuşum ya (!) birisiyle kapışmak için can atıyorum, mahallemizin kapısı açık, az da olsa gireni çıkanı olan kilisesinin, kısa boylu bembeyaz saçlı ve hepimizle her gün konuşup arkadaş olan seksen yaşlarında bir papazı vardı, niyeyse bir gün papaza çıkıştım, "Siz niçin bizim peygamberimizin son peygamber olduğuna inanmıyorsunuz," dedim...

Papaz, "Acaba, son peygamber mi," diye alaylı bir cevap verip ekledi, "geçen hafta Akçaabat'ta da bir peygamber çıktı." Dediği doğruydu, polisler kendini peygamber ilan eden bir cinci hocayı yakalayıp içeri tıkmış, haberini gazeteler yazmıştı.

Dediği doğruydu, yakalanan bu cinci hoca ya içeri atılacak ya da tımarhaneye gönderilecek.

Cinci Hoca Başarsaydı

Çok uzun zamandır dünyanın bütün tımarhanelerinde kendisine Allah, peygamber diyenler için, emniyet hırsızlık masasının yankesiciler, dolandırıcılar, kalpazanlar vs. için ayrı ayrı masası olduğu gibi, ayrı bölümleri vardır, zaten üçten beşten aşağı İsa'sı olmayan tımarhane, tımarhane değil huzurevidir...

Cinci hoca başarsaydı belki de 'peygamber' olacaktı ama bugünlerde kendisine 'raporlu' diyoruz... Bu cinci hocanın peygamberlik iddiasının tutması ya da peşine milyonları takması için toplumun çok daha bunalımlı günlerini beklemesi gerekirdi...

Öte yandan psikiyatri ya da ruh hastalıkları doktorlarının insanları kendilerine bir mesaj geldi iddiasıyla ortaya çıktıkları için deli diye damgalayıp içeri tıkmaları, (şayet şiddet taşımıyorsa) tam anlamıyla ikiyüzlülük ve insanlığa haksızlıktır... Çünkü bu kararlarıyla bu ruh doktorları bilim adına değil 'din adına' karar vermiş olurlar. Bu yüzden ruh hastalıkları bu hastaların toplumsal düzeni bozacak, onu bunu yaralayacak, aşırı kontrol edilmez şiddet taşıdıklarını gerekçe gösterirler, yani kamu güvenliğini, yani burada görevleri doktorluk değil polisliktir...

Şu sebepten içeri tıkmazlar, dinler peygamberleri ilan etmiş ve defteri kapatmış, ruh doktorları da kapanan bu deftere saygı gösterip, bundan sonra kendini peygamber ilan edenlere deli gömleği giydirir, değil, ruh doktorları da toplumun yüzde doksanının iman ettiği dinlerin yapısından bilir ki bilimsel olarak kim deli, kim peygamber, kim Tanrı bilinecek, test edecek, inanacak, karşı çıkacak durumda değiliz, bu yüzden bu vakalara karşı kıstasımız, toplum huzurunu bozup bozmamakla alakalıdır...

Yani bir mesaj geldi diye size deli damgası yapıştıran ruh doktoru Musa'ya, İsa'ya ne diyecek?

Ya da sana, bana, Mehmet'e mesaj gelemez mi? Geldi diyorsa gelmiştir. Bırakın adamı kendi haline. Ne gelmişse gelmiş. Ne görmüşse görmüş, bize ne, sana ne?

İnsana nelerin nasıl gelip nasıl göründüğü ya da eşyaları nasıl görüp nasıl sembolleştirdiğinden bize ne? Diyelim siz çok sağlıklıyım iddiasında bir adamsınız, çok güzel bir manzara seyrediyorsunuz, o an içinize bir ışık, bir ilham, bir genişlik düştü... Ve o saatten sonra hayatınız daha coşkulu, daha korkusuz ve sanki günahlarınızdan affolmuş bir temizlikle bambaşka bir hayata başladınız, olamaz mı, her gün oluyor?

Aynı manzaraya başka türlü bakalım, bir adam güzel bir manzara içinde bir bulut görür ya da bir ağaç, şöyle düşünür, "Bu ağaç bana Allah'ın işareti, onun yapraklarının her biri bir ayet, gelip buraya o ayetleri okuyor yıkanıyorum, tertemiz oluyorum," demesi, çok mu saçma olur, her gün oluyor...

Daha derine inelim, adam ağaca bir kez baktıktan sonra, kafasına bir şey dank eder, bir takıntı, bir sürmenaj olabilir, şöyle konuşmaya başlar, "Her şeyin başı A'dır, A olmadan hayata başlamam, A deyince ilahi emirleri alıyorum, A deyip uyuyorum cennet rüyaları görüyorum... Hepimizi kurtaracak şey A (ağaç)'dır, hepimiz A'nın altında toplanalım, A rahmettir, A rahimdir..." İşte bu türleri de aşırı özel bir dil, aşırı kendine ait bir kodlama dili kullandığı için damgalıyoruz...

Kodlama ve sembollemenin ya da kurulan özel 'dil'in çok daha derinlerine inebilirsiniz, üçünün de gördüğü aynı ama yorumları farklıdır.

Kişinin sağlığı beyin gücü, konforu, umudu azaldıkça, çürüdükçe, yok oldukça eşyayı yorumlaması, değerlendirmesi de farklılaşır, umutsuzluk ve güvensizlik dibe vurdukça, kodlamada, sembolize etmede yani yorumlamada aşırılıklar hepimizin uygun gördüğü normal mantık zincirini bozarak ilerler...

Yani ileri derece aşırı gizli kodlayanlar sırf bizim kabul edilmiş saygın mantığımıza aykırı hareket ediyorlar diye onlara 'deli damgası' yapıştırıyoruz. Sıyırdı deriz, ipi, kayışı koparttı deriz, kafayı yedi deriz, eskiler tatlılaştı der.

Kısaca kendine mesaj geldiği, ötelerle konuştuğu iddiasında bulunan bir insanı yargılama, tutuklama, deli damgası vurma hakkına hiç kimse, hiçbirimiz sahip değil.

Çünkü bu mesaj işi de karışık iştir, ilham deriz, işaret ederiz, bana göründü deriz, ışık deriz, bana geldiler deriz, yazdırdılar deriz, rüyama girdi deriz, nur deriz, cezbe deriz, gelenlere Allah delisi, meczup dahi deriz...

Bir İnsana Niye Mesaj Gelir?

Dünyadan, toplumdan, var olandan umudunu kesmiş bazı insanlar dünyayı bırakıp kulaklarını öte dünyalara dikip ve her eşyayı sembolleyip başka bir anlam yüklüyorsa onun bileceği iştir...

Buraları geçelim...

Bir insana niye mesaj gelir?

Tarihlerin büyük sorusu budur...

Bugün psikiyatrinin yardımıyla da biliyoruz ki insanın kendine ve topluma güvensizliğinin en had safhasında tuhaf değişimler, bugünlerin bilimsel tabiriyle beyninde kimyasal değişimler oluyor, kısaca kafayı yedi deriz, hayır başka bir şey...

Her insanın her yazarın bu dünyada bir fikri vardır, benim de fikrim argo tabiriyle insanın kafayı bozmasıyla en derin ilişkisi olan kavram 'adalet' kavramıdır...

Bu dünyaya gelen insanlar, ilkel toplumun toteminden tek tanrılı dinlere kadar, ötelerde bir güce inanma ihtiyacı hissettiler...

Sebebi halen tartışmalı, ama fikrimce, insanoğlunun ötelerden beri bir şeye inanma ihtiyacının en temel saiki 'adalet' ihtiyacıdır...

Mesela bir Hitit köylüsü, tapınağa gidiyor, rahibe, "Benim başıma bir bela geldi, sebebi nedir, niçin benim başıma bir bela geliyor, ben tanrılara ne yaptım ki beni cezalandırıyorlar," diyor...

Rahip de adama, "Sen bir şey yapmamış olabilirsin, ama senin soyundan diyelim dedenin dedesi tanrılara karşı bir günah işlemiştir, onun cezasını şimdi sen çekiyorsun," der...

Bu anlayış halen bizde de yaşar, biri haram yediğinde, bu haram lokma, çocuğundan, torunundan mutlaka çıkacak, düşüncesine inanırız...

Yani 'adalet yerini mutlaka bulacak'...

Eski yeniçağ insanlarının bir tanrıya inanma ihtiyacı gerçekte 'dünyada adalet' arama ihtiyacı, Allah'ın adaleti...

Şunu da söylemek lazım...

Tabii alışkanlık haline gelmiş bir 'inanç'tan bahsetmiyoruz. Bir çocuk el öpmeyi öğrenir, niye el öpülür anlamını bilmeden ona el öpülmesi öğretilir. Milyonların inancı böyledir, kaşları gözleri bacakları gibi bir dinleri olur. Gözün görme derecesini bilmez, görür mü neyi görür, düşünmeden rutin haline gelmiş bu inanç, konumuz dışındadır...

Mesela adalet hassasiyeti olmayan bir inanç olabilir mi ya da diyelim bir Müslüman... Adaleti gözetmiyorsa 'alçak'tır. Alçak diyemiyorsak 'saf'tır diyeceğiz... İnanç sahibi insanların adaletten, vicdandan bağımsız hallerine saflık demek doğru olmaz, bunun başka bir adı vardır, uysal, sessiz, havlamayan köpeklere halk arasında ne kadar insana benziyor, insan gibi, deriz, böyle bir saflık...

Bu yüzden din ya da tasavvuf kurumları içinden tarih boyunca büyük meczuplar çıkmıştır, deli gibidirler, yerleşik kuralları hatta şeriatı hiçe saymışlardır, Cüneydi Bağdadi, Hallacı Mansur ya da az da olsa Mevlana, kendilerini paralamış ve toplumları tarafından dışlanmış bu insanlar bugün bizler için birer evliyadır...

Yani inanç yaşayacaksa adalet fikriyle yaşar, kurulu inanç sistemi adalet karşısında sessiz, bizim tarifimizle saf kalıyorsa, o inanç değil artık yazmaya mecbur olduğunuz soyadınız gibi bir alışkanlıktır...

Tanrı Dediğimiz Aslında Adalettir, Tam Anlamıyla Komünizm Adaleti

Dünyaya her gelen insan 'adalet' arar, evrensel bir adalet, adalet yerini bulsun ister, kötülerin cezalandırılması, iyiliklerinin karşılığını almasını...

Yani Tanrı dediğimiz aslında 'adalet'tir, bu tam anlamıyla komünizm adaletidir, cins, ırk, güzel çirkin, zengin fakir, soylu diye ayrım gayrım yapmadan herkese eşit dağıtılan adalet...

İman sahibi insanın Allah'a yakınlaşması da 'adalet' fikrindendir, toplumu uyuşturarak aldatan yapıları görüp haksızlık yapanlara isyan eden ateistlerin dine karşı çıkmalarının da en temel sebebi 'adalet' fikridir... Yani dine, inanca adaletten girilir, çıkıp terk edenler adaletsizlikten çıkar...

Kaybolmayın, buradan devam edeceğim...

Bizim Odatv'den Müyesser'le buluşacağız, telefon saat verdik, sonra Mülkiye'nin önü diye kararlaştırdık, Mülkiye'nin önünde Müyesser'i bekliyorum, önümden binlerce insan kayıp geçiyor ancak benimle iki ayrı kişi gelip konuştu, ikisinin de durumu aynı...

İlki, "Nihat Abi, hayatta üç kişiyi severim, biri Behzat Ç., diğeri Kadir İnanır, öbürü sensin abi," dedi, gitti...

Bir tur attı, yeniden geldi, "Abi unuttum," dedi, "İsmail Türüt'ü de severim..."

Hızla kayboldu, bir tur daha attı, yine geldi, bu sefer kulağıma fısıltıyla: "Nihat Abi, bana gelen her mesajı söylemiyorum yoksa yakalarlar beni, İsmail Türüt deyip safa yatıyorum abi..."

Sonra ikinci bir adam geldi, daha düzgün kılıklı: "Nihat Bey, benimle benim eve kadar gelmen lazım, cemaatin bütün sırlarını ele geçirdim, dün gece yazdırdılar bana..."

"Tatlılıkla, randevum var, başka zaman," dedim...

"Abi memleket gitmiş hâlâ ne randevusu..."

...

Bu iki örnek ruh hastalıkları kliniklerini yüzlerce yıl dolduran örneklerden hiç de farklı değil...

Toplumdan, adaletten, olup bitenden tüm umutları tükendiği zaman, insan vücudunda iki büyük şey oluyor, birincisi, her şeyin merkezi kendi haline geliyor, ikincisi, artık dünyaya, hayata bütün kuralları koyan düzen getirici yasaları, kendi mesajlarıyla kendi koymaya başlıyor...

Adaletsizlik fikri sizi dinden, inançtan çıkartmakla kalmıyor adaletsizlik fikri bedeninizdeki kontrolü, mantığınızı, aklınızı son kıymığını ele geçirinceye kadar sizi terk etmiyor... Vücudunuz en perişan, en çökük, en kendini yitirmiş anında bile kendine bir 'adil düzen' kuruyor, kodlayarak, sembolleyerek, saçmalayarak, hezeyanlaştırarak ama yeni bir 'dil' kuruyor... Çünkü dünyada hiç kimse ama hiç kimsenin bedeni aklı 'adaletsizlik' fikriyle baş edemez... Adaletsizlik hepimizi ya isyana sürükler ya da delirtir...

İnsanın en temel yaşam ihtiyaçları açlık ve cinselliğe isyanımızın kökeni dahi eşit dağıtılmamış adaletsizlikten kaynaklıdır...

Öbür dünyada yüz bin huri, meyveleri aşağıda ağaçlar vaadi bu dünyada haksız dağıtılmış açlık ve cinselliğin karşılığıdır...

Yani dışarıda hepimizin Tanrısı güvenini yitirince, her insan tek başına kendini Tanrı ya da peygamber yerine koyuyor, ya da ötelerden rüyalardan ya da gizli sırları ele geçirmeye başlıyor, sebep, kendince adaleti yeniden sağlamak...

Mesela ateistlerin peygamberlere, "Niye peygamberlik bana değil sana geldi," gibi bir alaycılıkla sorduğu soru, itirazlarının peygamberliğe değil eşitsizliğine işarettir.

Uzun uzun başka zaman tartışırız, çeşitli peygamber ve dinlerin hep öncelikle kendilerini kayırmaları ve kendilerini başkalarından öte kutsamalarından ötürü ateistlerin daha geniş daha evrensel adalet anlayışları vardır, tıpkı yüzlerce yıl önce yaratılmış her 'insan'ı, her dini, her ırkı bağrına basan o eski evliyalarımız gibi...

Gizli Mesaj Getirenlerin Sayısı Neden Çok?

Dini el öpme gibi tam bir kuru alışkanlığa dönüştürüp 'adalet' aramanın inançtan, imandan çıktığı bugünlerde, dua edelim, hâlâ hepimiz için 'adalet'i arayıp sorgulayan dine dışarıdan bakan ya da ateistler var...

Toplumumuzdaki büyük trajik değişimlere din dışından bakanların sayısı çok sayıda olmasaydı, inanın kalabalık bir sokakta on dakika içinde önüme mesaj getirdim diye çıkanların sayısı iki üç değil, on binler olurdu.

Gizli mesaj getirenlerin sayısı yüz binleri bulmuyorsa içimizde 'adalet'e hâlâ inananların, adaleti bu dünyada bir şekilde sağlayacağız iddiasında olanların sayısının çokça olmasıdır...

Oysa bu denli adaletsiz bir toplumda en çok delirip meczuplaşan insanların bir dine inanan inanç sahipleri içinden çıkması beklenirdi...

İçinde yaşadığımız günler hepimize öğretircesine gösteriyor ki binlerce yıl bu toplumun başına taç olmuş dinin en temel direği önce merhametinden sonra 'adalet'inden uzaklaşıyor...

Din ve dindar, insan bedeni ve aklının en temel ihtiyacı 'adalet'i karşılayamıyor. Meczuplarını çıkartmıyor, insanlar ne der diye değil, siyasi iktidar ne der diye değil, Allah'ın ne diyeceği benim için önemli deyip toplumu karşısına alacak ulu insanlarını çıkartamıyor...

Kurulu 'din'in adaletle işi yok, kurulu din bir mensubiyet, yani insanların ismi gibi, soyadı gibi bir alışkanlık...

İnsan sokakta ya da diyanette, dini adalet ve merhamet için hiç sorgulamayan milyonlarca insanı gördükçe, gerçekte 'dinsiz' kimdir sorusunu işte bugünlerde soruyor?

Benim fikrim, adaletsiz insan 'dinsiz, inançsız'dır...

Evren ve hepimiz için bir adalet anlayışınızın eylemi varsa ancak 'inançtan' söz edebiliriz.

Yoksa inanç dediğiniz senin servetin, mücevherin, özel mülkün olmuş, bize ne?

İnsanlığa ne, topluma ne?

Nerdeyse merhametsiz ve adaletsizlikten her bireyin kendini peygamber ilan edecek kadar altüst olmuş bir toplumda yaşıyoruz...

İşte toplumların bu denli altüst olduğu en trajik günlerinde, din, inanç, devlet, aklınıza gelen bütün değerler 'test' edilir...

Peki, bütün bu kurumları sil baştan kökünden test eden şey nedir?

'Adalet' fikridir...

Hepimizi delirten, tımarhanelik eden ya da isyana sürükleyen adalet...

Ötelemeden, dışlamadan, düşmanlaştırmadan, ırk, dil, din, cins ayrımı yapmadan, siyasal, sosyal ve hukuki alanda herkese eşit davranan adalet fikrini kimler delirecek kadar kendine dert ediyorsa, yarınların yasalarını, ülkelerini, dünyasını onlar kuracaktır...

İşte toplumun bu denli altüst olduğu günlerde her birimizin insan olarak varlığını test eden şey 'adalet'tir, merhametimiz,

isyanımız, sabrımız, kavgamız, zekâmız, arkadaşlığımız, inancı-
mız, ideolojimiz, her şeyimiz adalet fikriyle test oluyor...

Kimimiz içeri tıkılacak, kimimiz delirecek, ama ayakta kalan-
lar insanlığın yürüyen adımları olacak...

12 Ekim 2012

AÇILIM AÇILIM KİLİTLENEN MEMLEKET

1. Moğol orduları Bağdat'ı ele geçirdiğinde önce Halife'yi üç gün üç gece aç bırakırlar, sonra açlıktan bitkin düşmüş Halife'nin önüne kendi altınlarını koyarlar ve yemesini isterler, sonra, Halife ve bütün vârislerini zenginliğiyle böbürlendikleri en değerli halılarına rulo yapıp sararlar ve halk çiğneye çiğneye onları öldürür.

Şu çiğneyerek öldürme değil de altın yedirme cezaları.

İnsanın bazen aklından geçmiyor değil.

2. Ülkemizde artık eski Demirperde fıkralarını anlatmanın tam da zamanını yaşıyoruz. Stalin, Kruşçev, Brejnev aynı trenle Sibirya'ya gidiyormuş. Sibirya bozkırlarında tren aniden durmuş.

Stalin, "Kırbaçlayın şu makinisti," diye emir vermiş. Kırbaçlamışlar, tren zırnık yerinden oynamamış.

Kruşçev, "Değiştirin şu makinisti," diye emir vermiş. Değiştirmişler, tren zırnık hareket etmemiş.

Brejnev, "Arkadaşlar, en iyisi mi tren hareket ediyormuş gibi yapalım," demiş.

Tayyip Bey ve şürekâsı medyası gibi...

3. Doğum sancısı üzerine bilimsel tartışmalar yapılırken bir yerde şu cümleler de sarf ediliyor, eski zamanlarda kadınlar, doğacak yavrularının kendisine ve ailesine bir hayrı faydası olacağını düşünürdü, bu psikoloji doğum sancısını hafifletmiş olabilir mi, çünkü bugünün kadınları doğacak yavrularının hayatlarına ve bedenlerine bir külfet, ağır bir yük olacağı beklentisiyle doğuruyor.

Üstüne biyolojik tartışmalar insan beyni yani kafatasının gittikçe büyüdüğünü haber veriyor, bu da doğum sancısını gittikçe güçleştiriyor.

Gelişmiş bu beyinli dünyamız, kadınların hayatlarını, sorunlarını birazcık olsun azaltmış olsaydı, kadınlar için büyük beyin doğurmanın sancısı birazcık olsun azalırdı sanırım.

Yandaş medyanın kafalarına bakıyorum, anaları çektikleri acıyla kalmış..

4. Sel felaketi Trakya'da ancak dünyanın en yoksul altyapısı sıfır Bangladeş gibi ülkelerdeki felaketleri yaşatmaya devam ediyor. Ancak beni bayram tebriği için arayan bir Trakyalı arkadaş, şu anda ailecek sel sonrası her tarafı saran mantarlara hücum edip mantar toplamakta olduğunu söyledi, yani sel felaketinin az da olsa faydaları var.

Aklıma askerlik günleri geldi, yağmur sonrası eğitime ara verilmesi gerekirken, komutan, bizi ormanlık bölgeye sürer, *hadi PKK'ya hücum* emri verirdi. Ne olduğunu anlayamadım ama herkesin gördüğü sarı, kahverengi, yeşil renkli zehirli mantarları ayaklarıyla vahşice ezdiğini gördüm. Sonra komutana dönüp, komutanım 'mıntıkamızda tek bir PKK'lı kalmadı' deyişlerini.

5. Digitürk'ün 34, 36, 38, 39 ve birçok benzer kanalında bazen öyle tartışmacılar görüyorum ki... Dişleri kemik kırabilecek kadar güçlü. Yanakları manda derisi gibi gergin. Kendi kendime, ağız, diş, çene kemik yapıları bu kadar sağlam insanların çözemeyeceğini sorun yoktur diyorum.

Ama çoğu zaman da ne dediklerini anlamak için çok yoruluyorum.

Köpekler çok sık hırıldar, bu yüzden konuşacak kadar nefes tutmaları mümkün değildir.

Ekran başında hırıltı seslerini birleştirip ne diyorlar diye anlamaya boşuna çalışıyorum.

1. Eskiden Türkiye'nin toprak satıp para kazanması ekonomik seçeneklerin sadece biriydi ve en zaruri olanlarının başında

gelmiyordu. Bugün artık Türkiye ekonomisi yaşamak için yabancılara mutlaka toprak arazi satmak zorunda.

Bundan on yıl önce, beş yılda bir ilçe büyüklüğünde toprak arazi satılırken bugün her yıl bir ilçe büyüklüğünde yani on yılda iki şehir satacak hale geldik.

Bu kadar hayati bir sorunu ekranlara niçin taşıyamıyoruz ya da geçiştiriyoruz.

Turgay Ciner'e, Ferit Şahenk'e ve CNN Türk'ün patronlarına sormak lazım, Tayyip iktidarında ekranlarınıza bir hükümet komiseri davet etmeden yapabilmeyi başardığınız tek bir programınız oldu mu?

2. Bu ülkede yaşamın kendisinden bıkmış insanların sayısı son on yılda optimistleri çok geride bıraktı. Oysa yüzde elli oy oranıyla optimist sayısının bu oy oranına orantılı olması gerekirdi.

Üstelik Özal döneminden beri aydınlar ve medya marifetiyle maskelenen bu bıkmışlık hali şimdi maskeleyen aydın ve efendiler arasında salgın şekilde büyüyor.

Yani on yıllarca medyamız, ölmüş köpek leşine bakıp "Aaa ne güzel kürklü kuyruğu var," diyordu, şimdi, tutunacakları bir kedi, köpek kuyruğu da kalmadı.

Üstelik henüz memleketin yıldızları sönmeden kendi yıkımına götüren bu sahtelikten kurtulmak gibi de bir arayış, bir kıvılcım ülkemin semalarda hiç görünmüyor.

3. İnsanlık nerde başlar, antropologların en büyük sorusu. Yani maymun hangi evrim çizgisinde insan kabul edilmeye başlandı sorusu tartışmalıdır. Beyni büyüdüğünde mi? Alet kullanmayı becerdiğinde mi? Ya da 'çalışmayı' bir yaşamsal disiplin haline getirdiğinde mi? Bu sorular uzar gider, mesela cenazesini gömme törenlerine başlaması mı? Yoksa kendini güzel gösterecek süs eşyaları kullanmaya başladığında mı?

Hangi ideolojiye sahipseniz cevabınız da ona göre olacak kuşkusuz? Bizim için şüphesiz önce ailesi sonra çevresiyle ortak bölüşmeyi öğrendiğinde. Ancak son yıllarda başımıza gelenler tarihe, evrime bakışımızı da değiştiriyor, insanlık nerde mi başladı, gadre, haksızlığa uğrayanları dert etmeye başladığında.

4. Sokrates, Aristo, kendisinden iki bin yıl sonra Çin'den Amerika'ya (ikisini de bilmiyorlardı) kendi düşünce evreninin hâkimiyetine gireceğini biliyor muydu, bilmiyor muydu?

Sonucun bir gün bu kıtalara kadar uzanacağını bilmiyordu ama kestirebiliyordu, (Çünkü çok genel konuşuyorlardı diye beni yalnız bırakacak bir espri yapmayacağım.) Bir Japon Samuray'ın lafıdır, "Faydasız güzelliğin eski zamanlarda yeri vardı, şimdi çağımız çirkin faydayı talep ediyor."

Hayatları hır gür, itiş kakıştan çok iki bin beş yüz yıl önce soyut güzellikleri konuşacak kadar geniş zamanları olabildi, bu yüzden.

5. Ülkemizde akademi ve aydınlar hayati önemde kavramları doğdukları günden beri akıl almaz bollukta kullanıyor, ısrarla kullanıyor, tekrar tekrar kullanıyor. Diyelim burjuva, diyelim artı değer...

Ve bunca bollukta kullanmamıza rağmen halkımıza bir türlü anlatamadığımız da işte bu kavramlar. Ne zaman taksiye binsem, her taksi şoförüne mutlaka anlatmaya çalışırım, ama başka kelimeler içinde, hikâyeleştirerek. Şöyle...

Batı dışı bizim gibi toplumlarda, İran, Türkiye, Pakistan, Hindistan, Bangladeş. Her insan türü bütün enerjisini kendisi ve çocuğunun hayatının idamesine harcıyor.

Kendine ve insanlığa fazladan bir zamanı yok. Yani tembelliğe, maceraya, laf olsun beri gelsin konuşmalara da... Başkası için çalışacak fazladan gücü kalmaz. Hayatı kendini kurtarmanın derdindedir, bu da onu hem dünyadan kopartır hem de ister istemez aşırı bencil yapar.

Otoriter tek merkezli yönetimler bu topraklarda işte bunu başarır.

Yani tarihin akışını durdurur ve dondururlar.

Böyle bir muhabbetin ortasında taksi şoförü en doğru soruyu sorar bana, "Abi boş adam kafayı yer, ne diyorsun sen?"

Evet, şoförü bu hayati viraja kadar getirmeyi başardım, şimdi, insanlığın ve uygarlığın inşasını işte hep kafayı yiyenlere borçluyuz, diyeceğim, ama nasıl?

Elde yok, ayakta yok, kalk yüzlerce yıl hapis yat, aç perişansın kalk evi kitaplarla doldur. Yani bir insan aklını niye soğan ekmekle yer, işte bunu anlatabilmek biraz zorlaşıyor.

"Çünkü burada, insan olmanın 'merak'ı var, insan olmanın 'onur'u var," diyorsun.

Tam da burada şoför öyle bir cevap veriyor ki, her şey sil başa dönüyor: "İyi de abim, neyi arıyor bu adam, çoluk çocuğuyla otursun evinde aşağı, daha neyi arıyor?"

Canım yanarak, "Bak abicim sen hayatı şoförlükle kazanıyorsun, senin çocuğun da torunun da, taksi şoförü olacaksa bu ülkenin aydınları, akademisi her şey yalan, kandırmaca," diyorum.

Tahminim odur ki halkımızın bu virajı da sağ salim almakta olduğunu bizler bu dünya gözleriyle göremeyeceğiz.

Ha şoförü mat etmek lafın altında kalmamaksa onu polemikçiliğimle alt etmek kolay, "Bak abicim, Kolomb denilen adam da neyi aradığını bilmiyordu ama bir merak arıyordu, sonunda koskoca Amerika'yı buldu."

Tahminim şoför benim için, *yahu neler biliyor bu adam ne güzel laflar ediyor,* diye düşündü ama benim ne dediğimi anlamadı.

Yani bana bir değer verdi, benim için saygılı şeyler düşündü, bu kadar. Sorun da burada. Oysa ona anlatamadığım sürece benim aydın olmam sadece iyi maaş almamı sağlar ya da bilginle sadece caka satarsın, ama saygıyla anılmam, aydın olmam kökünden sahtedir. Üstüne bu halkına kimseye anlatamadığın bilgi halkının sırtında kırbaç yarasına dönüşür. Ya da anlatamadığın bilgi ağzında yılan zehrine dönüşür.

Aydınlarımız anlatılamayan şeyler konuşmaya niçin bu kadar iştahlı, süslü görünme merakından.

6. Tuzağa düşmüş hayvanlar gibiyiz, emperyalist işbirlikçilere karşı öfkemiz enerjimizin tümünü ele geçirdiğinde sağlığımızı kaybederiz, işte bugünleri yaşıyoruz.

ABD-Rusya soğuk savaş yıllarında bir üçüncü dünya savaşı riskini göze alamadılar, soğuk savaş bitti ama o gün bugün üçüncü dünya savaşı yerine bizim gibi kuklalarını savaştırıyorlar. Amerika Vietnam'a ve Irak'a, Japonya'ya attığından daha çok bomba atmasına karşın yenildi. O gün bugün biliyoruz ki Batı'nın savaşı Vietnam ve Irak'ta değil, alışveriş merkezlerinde sürüyor, işte bunları yazıyor Ian Morris *Dünyaya Neden Batı Hükmediyor* adlı 800 sayfalık kitabında.

1958-62 arası Mao'nun Çin'inde açlıktan ölen insanların sayısı 20 milyonu buldu, Çinliler komünist şarkılar söylemediği zamanlarda açlıktan ölüyordu. Mao'dan sonra gelen Deng, Amerika'nın bütün büyük mağazalarına tüm dünyalıları artık dehşete düşüren Çin Malları'ndan sokmayı başardı ve son yirmi yılda doğu-batı dengesi kökünden yön değiştirdi. İşte bunları yazıyor Ian Morris.

Gorbaçov, Sovyetler'in resmen feshedildiğine dair imzasını atarken, Sovyet dönemini en iyi anlatan hikâyedir, kalemi yazmaz ve imzayı atabilmek için CNN kameramanının kalemini alıp imza atar.

Ya da şu eski Sovyet şakası bugün Türkiye için anlatılmalı, bir arabanın değerini nasıl ikiye katlarsınız diye sormuşlar Sovyet mühendise, cevabı, deposunu doldurarak.

Ya da otu, sığırı dahi ithal eden bir iktidar işbaşında, yetmiyor, şakadan da öte artık zehir gibi yakıcı, kendi ineklerimiz de iki kilo süt versin diye beş dolar teşvik veriyoruz, geçen gün Yılmaz Özdil yazdı, otu ithal ediyoruz sıra çoban ithalinde, bilmiyor doğuda çoktan Gürcü çobanı çalıştırıldığını.

Kardeşlerim, bu toprakların tek ve en büyük avantajı şanslı bir enlem-boylam aralığında yaşayan muhteşem haritası, coğrafyasıdır. İşte Ian Morris kitabında bu tezi işliyor.

Coğrafyanın nimetleriyle sosyal gelişme arasında doğrusal bir bağ kuruyor.

Şimdi yine nasıl 'anlatabilmeliyiz', yani Anadolu'yu elinde tutan kim olsaydı, Arap, Çinli, Hintli, çoktanrılı, Habeşli, mutlaka İstanbul'u o da alırdı.

Bu coğrafyanın gücüdür.

Tabii ki Timur, İstanbul'un fethini geciktirdi, tabii ki Fatih bilgisiyle hızlandırdı ama aslolan o fatih bu kumandan değil, coğrafyanın gücüdür.

Zekâlarımızı, coğrafyamıza odaklandırdığımız bir küçük anımız dahi olmadı, Mustafa Kemal dışında.

İşte yine aynı bereketli coğrafya üstünde ezilmiş, çaresiz, üretemeyen, birbiriyle ve komşularıyla savaşır hale gelmiş manyaklar sürüsüne döndük.

Artık bu 'çaresizlik' içinde Fatih, Peygamber, İskender kim gelse, bu kilidi çözemez.

Anadolu'nun, Cumhuriyet'in kilidini ancak COĞRAFYAMIZ aşabilir.

Bu bereketli toprakların madenleri, ovaları ve yaylaları...

Bu topraklar üstünde din diye delirdik, etnik diye diye delirdik ama coğrafyanın ta kendisini, yağmurunu, iklimini, bereketini bir dakikacık dert edinmedik.

Coğrafya, elde var bir, demektir, karnını doyurur ve sosyal güvenceni sağlar, bağımsızlığını garantiye alır, sonra iki mi üç mü istiyorsun akademin, bilimin, sanayinle üstüne koyarsın ama şimdi, sen ben o ve artık komşularımız hepimiz toplandık, elde var biri yiyor, satıyor, tüketiyor ve birbirimizi kırıyoruz.

Üstelik böyle bir coğrafya dururken gidip Suriye Çölü'ne saldırmak...

İlkgençliğimden beri halkımın kültürü, halkımın dini her şeyimdir deyip ne bileyim işte kılardık Cuma, bayram, ama kaç zamandır ayaklarım varmıyor bir cami avlusuna...

Omuz omuza oturmak istemiyorum Müslüman öldüren bu Müslümanlarla.

Yan yana oturmak istemiyorum toprağını satan ve pazarlayan bu reziller sürüsüyle.

Ya da Amerikan kuklası olup Müslüman öldürenlere sesini çıkartmayan, bu ağızları bilmem niye köpürmüş manyaklarla, yüz yüze gelmek istemiyor insan.

Din diye diye, inanç diye diye tuzağa düşürülmüş av hayvanı gibi hissediyor, her gün biraz daha fazla iğreniyorum bu cemaatlerin yedi sülalesinden.

28 Ekim 2012

CUMHURİYET'İ PARÇALAYAN KÖYLÜ ŞİDDETİ

İktidardaki 'İslamcılar' bu kadar gaddar nasıl olabilir, soru-suna ülkemizin medyası ve akademisinden gelecek bir cevabı uzun yıllar daha göremeyeceğiz.

Hukuksuz, ahlaksız, dinsiz, merhametsiz bir yargı süreciy-le ülkemiz altüst oldu. Ve her ihtilal döneminde olduğu gibi bu hukuksuzluk felaketini sıradan bir yargı sürecine bağlayıp nor-malleştirmeye çalışan Taha Akyol üslubundaki yüzlerce kalem, gerçekte olup bitenleri hem bizleri hem insanlığı hem ülkeyi hem hukuku 'boğuntuya' getirmekte, köylü karakterleri gereği kurnazlıklarıyla çok ısrarlılar.

Aslında olup biten yani hukuku iptal eden ülkemizde uzun sürmüş bir köylü isyanı ve sözde kurumlarıyla istilasıdır, camii, partisi, gazetesi ve yazarları uzun sürmüş bir illegal örgütlen-meyle Türkiye Tarihi'nin casuslarla el ele en kalleş sayfasını aç-mıştır.

Müslüman kültür ve medeniyetinin bu denli dehşet saçan, hukuku yok sayan bir inançları ve Tanrıları olduğunu hiçbirimiz söyleyemeyiz, ancak 1960'lı yıllardan beri İslamcılık diye başka tür bir inanç, başka bir Tanrı kol geziyor Ortadoğu toprakların-da.

Bizler ezberledik ancak yeni yetişen gençlere bu 'köylü şid-detinin' kökenlerini tane tane anlatabilmeliyiz. Bu köylü şidde-tinin benzerini ortaçağ Avrupası'nın yüzyıllar sürmüş mezhep savaşlarında ya da çok uzağa gitmeden Taliban'da pekâlâ tıpkı-sını bulabilirsiniz.

Özellikle 'sömürge ülkelerinde' yeşermiş, ezik, köle, bir üçüncü dünya İslamcılığı. Dini kitaplarda anlatılanların, geleneğin, kültürün dışında bambaşka bir Tanrı bu.

Plastik üretilmiş bir Tanrı. Diyebiliriz ki Allah yerine ikame edilmiş Batı karşısındaki korkulardan devşirilmiş modern bir 'put'tan kaç zamandır saflıkla 'inanç' diye söz ediyoruz.

Batı'ya karşı yenilginin, çürümenin, köleliğin, geri kalmışlığın cinnetiyle inşa edilmiş bir put, yepyeni bir Tanrı İslamcılık.

Bu merhametsiz kan davasının tarihle, gelenekle, dinle hiçbir ilişkisi yok, sözüm ona simülasyon, derme çatma demokrasi dışı kurumların 'gasp'ıyla demokratik kurumları ele geçirmenin hikâyesidir bu.

Son elli yılda batılı kurumlar karşısında kinle, intikamla, sadece iktidar hevesiyle, yakınla, akrabayla hemşeriyle oluşturulmuş bir kurgu Tanrı.

Bu kurgu Tanrı öncelikle biçimsel bir Tanrı'dır, -mış gibi bir Tanrı. Modern kurumların özüyle alakalı değil, modern kurumların tabelasını taşıyıp benzeterek, anıştırarak, dümenine uydurmanın Tanrısı.

Başka da türlü dinin ve dindarın bu cüretkâr 'dehşetini' anlamak mümkün değil.

Ya da, "Müslümanlığın Allah'ını bu denli canavarlaştıran nedir," sorusuna bir cevabımız mutlaka olmalı.

Ülkemizi ahlak dışı bir kayıtsızlık içine sürükleyerek çaresizleştiren bu 'ikame', 'kullanışlı', 'zahmetsiz', 'plastik' İslamcı Tanrı'yı iyi tanımalıyız.

Şerefsizliğin dahi değil insansızlığın bu denli dipsiz mezarlarını kazanları bugünlerde cehaletinden, rahatlığından, pervasızlığından daha iyi tanıyoruz. Öyle bir yere geldik ki kendi ordusuna kalleşlik ve casuslukla tuzak kuran yüzde elli oy almış bir İslamcı iktidar bu ülkeye nasıl musallat oldu sorusunu dahi soracak adam, yazar kalmadı.

Ülkemizi kapkara bir boşluğa, çok uzun sürecek kanlı bir

boğuşmaya, bitmeyen kâbus gecelere taşıyan bu plastik ikame Tanrı'yı tanıyalım, unutmayın bu Tanrı'yı köylüler inşa etmiştir, uyuşuk tembel ve beceriksiz insanların marifetidir.

Yaşadığımız hukuksuzlukların gelip geçici bir zulüm dönemi ya da bir dizi siyasi yanlışlık ve boşlukların işi olmadığı, çok derin yapısal kökleri olduğu gerçeğini bilgilerimizi tekrarlayarak yeni yetişen nesle anlatmalıyız.

Sömürge altında yaşayan ezik, köle, uyuşuk, tembel köylülerin inşa ettiği İslamcılık 'putu'nun en büyük özelliği modern demokratik kurumları aldatan bir dizi 'taktikler'le bugüne gelmiş olmaları.

En başta cemaat denilen tarikat yapılanmasına bakın, tarihi bir kültürümüz olan tarikatla dahi hiçbir ilişkisi yok, sadece biçimsel olarak 'tarikat', yani başında biri ve kapısında müritleri, bu kadar. Bir ahlak, terbiye, insan geliştirme sistemi olarak kültürümüzde yer almış tarikatlarla hiçbir ilişkisi yok, üstelik gerçek bir tarikat olduğunu iddia eden de yok. Saflıkla, ihtiyaçtan hasıl oldu, ihtiyaçtan uyduruldu, diyelim, ikame edildi, diyelim.

1980 öncesi büyük şehir merkezlerinde başlayan yer altı camilerini hatırlayarak başlayın düşünmeye, nedir bu yer altı camileri, çok haklı gerekçeleri vardı, 'ihtiyaç'tan denildi. Peki, bu camilerin geleneğimizde, kültürümüzde bir örneği var mıydı, hayır, tarihimizde ilk defa cami gibi kutsal saygınlığı en başta dini kurumlar, planlayanlar tarafından 'bodrumlar'ın içine sokulmaktan hiç utanılmadı. Bir kat yukarısı karşılıklı iki daire satın alınarak daha tertipli, daha temiz, daha insani pekâlâ yapılabilirdi.

Yer altı camisi meşhur cemaatin tarikata benzemesi gibi camiyi anıştırıyordu o kadar, ancak asıl hedefi başkaydı, yasa dışı ya da yasa açıkları kullanılarak para toplamak, tarikat ve cemaatlere sempatizan genç mürit ve halk ayağını oluşturmak, yani camiden çok bir illegal örgüt merkezi gibi. Bir Müslüman şu soruyu hiç sormadı, pratik ve ideolojik faydaları çok fazla diye cami denen Allah'ın evinin, bodruma tıkıştırılması ayıp, günah, saygısızlık değil mi?

Gerçek kültürümüzdeki camiyi aşağılayan, değersizleştiren, mimarimize ve zekâmıza hakaret kabul edeceğimiz bu bodrum camileri 'saflıkla' birileri hepimize kabullendirdi. Üzerinde farklı yönleriyle yüzlerce sayfa konuşabiliriz, ancak bu camiler şehirde 'köylülerin' icadıydı ve köylülerin pratik ihtiyaçları için düşünülmüştü, bu vasatın da altında camilerden köylülerin utanması, sıkılması beklenemezdi.

Yer altı camileri, camilere sadece benziyordu, bir 'simülasyon' anıştırma, İslamcılık'ın din adına kullandığı bütün nesne ve mekânların hepsi bu bodrum camisi örneğinde olduğu gibi aslının en kötü, en iğrenç kopyaları şeklinde çeşitlendi. Sebebi basit, aslını, hakikisini yapacak bilgi, beceri ve zekâları yoktu.

İslamcı denilen site ve TV'lerde söylenen arabesk ilahileri dinleyin, aynısını göreceksiniz, muhteşem dini müzik kültürümüzle hiçbir alakası yok, içinde inleyen, sızlayan arabesk nağmelerle dolu Allah, Muhammed lafı geçiyor, bu kadar. Vasat dahi değil, utanılacak, çürük, kokan ve tarihimizde bir benzeri asla olmayan zavallı ilahiler, hayvanlar dahi bu kadar kötü müzik yapamaz.

Ancak hiç kimse saygın, geleneksel kültürün kıskanç titizliğiyle üstünde düşünmedi. Bu kuyrukyağı kokan sözüm ona ilahiler şehre yeni inmiş köylülerin zevkine hizmet ediyordu. Debdebesi, vaveylası, inceliği, zarafeti onlarca çağın yüreklerini hoplatmış dini müziğimizin ne bestesi ne güftesiyle alakası vardı.

Saflıkla buna da ihtiyaçtan deyip, geçelim. Dikkat edin şehre yeni inmiş köylüler kendi uyuşuk, tembel beceriksizlikleriyle geleneksel ve modern her kurumu kendine benzeterek çoğalıyordu, hakikisini, 'öz'ünü çürüterek, yok ederek büyüyen bir istilaydı bu. 80'li yıllardan beri çıkartılan dergi ve gazetelere bakalım, hatırlıyorum 80 sonrası yüz bin basılan İslamcı dergileri. Okuyanı yok, bayiden alanı yok, sadece bir posta abone marifetiyle yüz binlere gönderiliyor. Dergiler, astroloji kitaplarından kesilmiş huzmeli ışıklarla süslenip altına yine vasatın altında döşenmiş şiirlerle çıkıyordu. Ne şiir şiire benzer, ne yazıları, ne mizanpajı... Üstelik okuyanı da yok, herkes mecburen abone. Yani illegal bir para toplama, illegal bir toplanma. Bir mensubiyet oluşturma, 'ihtiyaç'tan diyelim.

Kesip yapıştırılmış yazı ve resimlerle oluşturulmuş bu dergiler dergiye sadece benziyor, anıştırıyordu, bu kadar, İslamcılık'ın tarihi işte bu benzetilmenin adi kopya üretim tarihidir.

Gazetelerine bakın, bayiden değil, abone sistemi, kapınıza bırakılır, okuyucusu var mı yok mu bilinmez. Şeklen, biçim olarak gazete. Ama boşa sokağa kapılara atılarak bir büyük sayı oluşturuluyor, en çok satan oluyor, sonra mecburen en büyük gazete diyoruz. Baştan sona köylü tembelliği, köylü uyuşukluğu, köylü beceriksizliklerinin oluşturduğu kısa yoldan kurnazlıklarla ilerleyen illegal bir macera.

Otuz yıl süresince birçok aklı başında sandığımız kalem dahi bu cemaat ve tarikatların 'sivil kurumlar' olduğunu söyleyegeldi. Hiçbirinde birey yok, seçim yok. Hepsi tek bir cemaat liderinin ağzına, emrine bakıyor, bu nasıl 'sivillik' deme cesareti dahi kimsecikler gösteremedi. Bunlar 'demokrasi dışı' kurumlardı. Seçimi olmayan, bireyi olmayan kurumları demokrasinin hazmetmemesi, kabullenmemesi lazımdı. Değil, büyük büyük akademisyen ve yazarlar inatla otuz yıl bu illegal ve çağdışı sosyal kurumlara 'sivil' diye yazıp çizdi, ekranlarda üfürdü ve toplumun hazmetmesini sağladılar. Bu cemaat ve tarikatların müşterileri, müritleri, sempatizanları, destekçileri hepsi şehre yeni inmiş köylülerdi. Bu sözde kurumların gerçek demokratik kurumlara yasa dışı bir meydan okuma olduğunu söz birliği etmişçesine görmezden geldiler, belki de paralarını, maaşlarını alıp sustular.

Son kongrelerini afiyetle izlediğimiz demokratik bir kurum, bir parti olarak AKP'ye gelelim, lider dışında konuşan yok, lider dışında partide başka güç, kurum, inisiyatif yok. Bir parti mi, parti. Biçimsel olarak hukuka uygun mu, uygun. Gazetesi, camisi, ilahisi, dergisi gibi partisi de biçimsel olarak evet, bir partiyi anıştırıyor.

Demokratik kurumlara şeklen benzeyen, anıştıran, hukuki boşlukları kullanan bu sahte yapılanmalar bugün ülkemizin yargısı, öğrenci seçme merkezi, yüksek seçim kurulu gibi devasa kurumları sonunda eline geçirdi, aynı hukuki boşluklar, aynı anıştıran, andıran, şeklen benzerlikler, hileler ve kurnazlıklar her biri dümen marifeti tezgâhlar kullanılarak.

Şimdi yazımıza geçelim.

Adına halkın yönetimi denilen modern bir yönetim tarzı demokrasiden konuşuyoruz. Demokrasi ve kurumlarının tarihi sanayileşmenin ve şehrin tarihidir.

Hangi kitabı açarsanız ilk otuz sayfası şehrin ve demokratik kurumların tarihsel ve sosyolojik oluşumunu tane tane anlatır, ama hepimiz, batının büyük kurumlarının köylülerin şehirleşmesini, işçileşmesini okuyarak başlarız öğrenmeye.

Şehirde sahipsiz, kimsesiz, emeğinden başka hiçbir şeyi olmayan büyük işçi-işsiz kitlelerin burjuvaya karşı örgütlenişini, emek mücadelesini öğrenmeye başlarız.

Bu tarih aynı zamanda demokrasinin olmazsa olmazı vatandaşlık, yurttaşlık, birey eğitiminin de tarihidir.

Cins ayrımını, din mezhep ayrımını, etnik farklılıkları aradan kaldıran örgütlenmiş, kurumsallaşmış bir sosyal savaşın tarihini okuyarak bugüne geldik.

Demokrasinin başta anayasa sonra kurumları sonra bireysel haklarının tüm tarihi işte bu gelişmenin tarihidir, birey, seçim, yasa, güvence ve haklar tarihi.

Ülkemize dönelim, diyelim 40'lı yıllarda Köy Enstitüleri'nin sayısı üç-beş değil on binlere, yani hiç değilse köylerin üçte birine ulaşabilseydi Türkiye'nin demokrasi haritasının çok daha sağlam rayına oturacağını hepimiz söyler dururuz. Öküzü, sapanı, tarlası, ürünüyle köylü hemen her uygarlığın özü, kökü, her şeyidir. Ancak sanayileşme çağında yaşıyoruz. Köylüler şehre kendi bilgi beceri alanlarını bırakıp hiç bilmedikleri bambaşka sosyal yapılar içine geliyor, on binlerce yıldır atadan dededen gelen o müthiş tarla, bitki, ürün, iklim bilgilerinin hiçbiri şehirde beş para etmiyor.

Köylüler üstelik dine, geleneğe, dini örgütlenmeye çok daha yakın, iç içe bir hayat içinde büyürler. Ancak sanayi çağı, bir örgütlenme, maddeyi, emeği, üretimi, projeyi, kolektifleşmeyi olmazsa olmaz bir sosyal yasa olarak öngörür. Dini değerler ya da hısım, akraba, geleneksel köylü değerleriyle şehirde kimlik ve yer bulmak çok zordur. Türkiye aydınıyla, şehirlisiyle, akademisi ve medyasıyla bu 'zorluğu' aşamamış, altında kalarak parçalanması an meselesi haline gelmiş bir ülkedir.

Hani şu meşhur altmış yılın aralıksız sağ iktidarları deriz ya, köyden şehre inen kitlelere, maddeyi, kaynağı, ürünü, emeği, örgütü, kolektifleşmeyi tanıtmayı değil, bu kitleleri sadece sandık hesabı, oy hesabı kullandı, büyük çıkmaz, sorun da burada başlamıştır. Köylüleri şehirde oy deposu olarak bekleyen şehirli siyasetçiler de dilleri, konuşmaları, zevkleriyle tıpkı halasının dayısının oğlu gibi köylülerin burnundan düşmüş gibiydi.

Yetmiş yılın sağ siyasetçileri, şehre yeni inenleri, dini, muhafazakâr, geleneksel değerlerinin diliyle oynayarak kullandı.

Şunu da söyleyelim, altmış yıl önce siyasilerin, köylülerin dini değerlerini kullanması oldukça naifti, nerdeyse demokrasi şakaları fıkralarının zübük politikacılarının marifeti şeklindeydi. Ama dini değerleri kullanmanın çok kullanışlı, çok kolayından siyasi faydaları sağcı partileri iktidarlara taşıdıkça, dini kullanmanın da yepyeni ideolojik tezgâhları 'kurumsallaştı'. Artık bu kullanma uluslararası siyasetin de gündemine 'ılımlı İslam' olarak çoktan girdi yani artık Demirel'lere de ihtiyacımız yok, dünyalılar da öğrendi, aracı sağcı siyasetçiler de sonunda aradan çıkarıldı, Oflu'nun direkt Allah'a bağlanması gibi, artık Amerika kullanıyor bu değerleri.

Köylülerin de çok kolayına geldi, şehirde üretmeyi, emeği, örgütlenmeyi değil, bir yakın akraba, cemaat şeyhi, dayısı sadakati itikadıyla kendine kimlik ve fırsat edinmeyi. Köylüler de önce dayımın oğlu, bizim köylü, bizim oralı naifliğinden artık çoktan uzaklaştı, davranışlarından giyimlerine kadar kendilerine tıpatıp benzeyen Demirel gibi ikinci el siyasetçiler değil dini partiler gibi birinci el'den cemaatler vasıtasıyla, yepyeni bir siyasi örgütlenme içine girdiler.

Atlayarak gidelim, kurumların şeklinden çok kullanılan dili merak edelim. Mesela bugün şehirli bir insana siyasi bir konuşma yaparken, onun nasıl sömürülüp haklarının elinden alındığını, imtiyazlı ayrıcalıklı sınıfları işaret ederek propaganda yaparsın.

Ancak şehre gelmiş köylülerimize siyasetçilerimiz başka bir dil kullandı, sonucu bugünkü dehşetle, gaddarlıklarla sonuçlanan bir 'aşağılama' dilini bir elli yıl kullandılar, sonra aşağılama dilinin marifetlerini gördükçe bu aşağılama dilini ideolojileştirdiler, İslamcılık denilen şey de işte bu aşağılama diliyle oluşturulmuş siyasi gargaranın tarihidir.

Altmış yılın sağ iktidarları şehrin bu yeni misafirlerine her vesileyle 'aşağılandıklarını', bu yüzden fakir, ezilmiş, yoksul, dışlanmış olduklarının kara propagandasını yaptı.

Ama bu son yirmi yılda gelişen İslamcılık ideolojisi baştan sona 'bu halkın değerlerine yapılan' aşağılamaların bitmeyen uzun manifestosunu da çoktan geçti, sonunda başka türlü düşünen herkesin kökünü kazıyan bir imha savaşı ilanına dönüştü.

Öyle ki son altmış yılın sağ iktidarlarının onlarca lideri her kürsüye çıkışta konuşma süresinin nerdeyse yüzde doksanını işte kendi köylü kitlelerinin diliyle, diniyle alay edilip aşağılandığını söyleyip, işleyip, saf beyinlere kazıyıp, hatta Atatürk'ü şeytanlaştırdı, hatta bütün kötülüklerin anası olarak Cumhuriyet'i düşmanlaştırdı durdu.

Oysa siyasiler aynı kitlelere ezilmişlik ve yoksulluklarını hukuki olarak kabul edilebilecek bir meşru zeminde eleştiri dili olarak kullanabilirdi. Hak arama ve karşı koyma biçimlerinin daha sosyal, daha kurumsal, daha şehirli, daha modern yollarını öğretebilirlerdi. Hayır, ülkeyi tam bir düşmanlık içinde kilitleyecek ülkenin en temel kurumlarını toptan reddeden bir ideoloji dilini önce oluşturup sonra devlet haline getirdiler.

Üstelik bu kitleler örgütlenme becerilerinden kasıtlı şekilde uzaklaştırıldı, en basitinden bayiye gidip gazetesini bir sosyal eylem olarak alması dahi istenmedi, hazır kapısına konuldu, seçimi olan bir örgütün içine asla, değil siyasi, liderlerine şeyh gibi, padişah gibi ölümüne sadakatle bağlanmanın dinen Allah'ın da istediği en büyük ahlak olduğu yazılarla, konuşmalarla işlendi.

Türk demokrasi tarihi aynı zamanda bu yüzden seçim zamanlarında cemaatlerin, ağaların, tarikatların şeyhlerin en çok konuşulduğu tarihtir.

Özet, bireye ve seçime açık sosyal örgütlenmelerin hiçbirini beceremeyen bu kitleleri kendi cemaat ya da hemşeri derneklerinde oy deposu olarak tutmanın her türlü ahlaksız biçimlerini, dümenlerini denediler.

Seçim günü olsun olmasın siyaset dedikleri aralıksız bir aşağılama kültürüyle köyden yeni gelmiş kitleleri 'hukuk'a, 'devlet'e, 'cumhuriyet'e, toplumsal değerlere karşı canavarlaştırmanın yolunu açtılar.

Velhasıl İslamcılık, hakları ve emeğiyle sosyal örgütlenme becerisi olmayan bu kitlelere yepyeni bir 'örgütlenme' şansı doğurdu ve yepyeni bir siyaset dili oluşturdu.

İslamcı dernekler, İslamcı tarikat ve cemaatler, seçimsiz kişiliksiz bireysiz yapılardı. Sadece gözü kapalı sadakatle ayakta duruyorlardı. Kurum yok, kişi yok, seçim yok. Lider ve şeyhleri işte bunlar sizi aşağılıyor, sizinle alay ediyor, sizin kıyafetinizle, dininizle, geleneğinizle dalga geçiyor diyen amansız ve hız kesmeyen büyük bir kara propagandanın içine düştük.

Şimdi siz biz hepimiz, bu gaddar 'hukuk'a bu denli dini dehşete nasıl niçin ses çıkartmıyorlar diyorsanız... önce, işte kitleler siyasi örgütlü bir mücadeleye değil kardeşin kardeşi yediği, öldürdüğü bir kan davasına daha ilk günden hukuk dışı, demokrasi dışı, illegal kurum ve insanlık dışı nefret söylemleriyle, beyinler yıkanılarak oluşturulan bir dil'i masaya yatırmamız gerekir.

Bu vahşi dilin ideolojisi, sadece bize Türkiye'ye değil, insanlık değerleri ve çağımıza ve evrensel 'hukuk'a karşı girişilmiş bir meydan okumadır.

Bu yüzden modern toplumların demokrasi tarihi, hakları emeğiyle sosyal bir örgütlenmeyi mutlaka hukuki yasal güvenceleri içine sokarak demokrasi hayatını başlatır.

Ve bu haklı siyasi mücadelenin hukuki siyasi hudutları ve herkes için güvenceleri olurdu.

Ama şimdi arkası karanlık şeyhler, arkası ajan dolu Amerikalara kadar bin tezgâhla tam ve katıksız bir kan davasının içine sokulduk.

İşte gördük, sonuçları ortaya çıktı, bu gaddar hukuksuzluğu yani bu canavarlığı hâlâ başka türlü okumak anlamak isteyen yeni tür Frankenştayn yazarlarımız da çıktı.

Hepimiz oturup köylünün kan davalarının tarihini inceleyelim.. Bir evi çoluk çocuğuyla topluca yakanlar ya da hasımlarını beşikteki bebeğine kadar ortadan kaldırmanın tarihine, insanlık hatta ülkemiz hiç yabancı değildir.

Bu yedi sülalesiyle yok etmek, bu rahmindeki zürriyetine kadar kazıyıp ortadan kaldırmanın vahşi kültürü, insanlığın da en karanlık utanç sayfalarıdır.

Haklar ve emeğiyle ve örgütüyle verilen siyasal mücadelenin 'kültürü' bambaşka bir şeydir, en azından hukuki güvencesi olan, sınırları çizilmiş, daha tımar edilmiş bir 'şiddet'tir.

Birer demokratik kurumlar olan sosyal örgütler, partiler, dergilerin sınırları her şeye rağmen 'hukuk' içinde bir yerdedir.

Şimdi bir halk şok içinde, şimdi sormalı hepinize, şehre yeni gelmiş köylülerin ezilmişliği, tembelliği, uyuşukluğu ve beceriksizliği ve dini değerleri kullanılarak infilak ettirilen bu gaddarlığı tanıyanınız var mı içinizde? İslamcı Tanrılara sessiz kalanların İslamcı Tanrıları görmezden gelenlerin İslamcı Tanrılarla düşüp kalkmakta, maaş almakta, ödül almakta beis görmeyenlerin felaketidir bu.

Hakları ve emeğiyle, birey olmadan, seçim olmadan, vatandaş ve yurttaş olmadan, şehirleşmeden, demokrasi kültürü almadan, demokrasi dışı kurum ve söylemlerle siyasete sokulmalarına izin verilmiş derme çatma illegal sahte 'kurumlar'ın marifetidir bu amansız gaddarlık.

Köylülere emek, ürün, hak, örgüt, çalışma değil, cemaat yapıları içinde bir şeyhe bir tarikata ya da benzer yapılar içine bağlayıp iktidara yürüyenlerin yol açtığı bir dehşettir bu.

Neymiş, geçti artık demokrasi için demokratik kurumların 'ruhu' konusunda hassas olmalıymışız. Siyasi aktörlerin önce hangi hukuki yapılar içinde örgütlendiklerine daha başından çok titiz olmalıymışız, geçti artık, Afganistan, Irak kadar dahi direnç gösteremeden bütün hukuk kurumlarınızla üstelik dalga geçilerek işgal edildiniz.

Sorgulamayı bilmeyen, gaddarlıktan zerre rahatsız olmayan, şeyhim liderime kurban olurum deyip ölümüne bir sessizlikle yola çıkanların bu vahşi tarihine kimler el ayak oldu. Kimler tezgâhladı, artık yeniden okuyun. Demokratik sosyal kurumlar konusunda hassas olmayan görmezden gelen herkesin gafletleriyle ortaklaşa yazdıkları vahşetin tarihidir bu.

Menderes'lerin, Demirel'lerin, Tansu'ların, Özal'ların ve Tayyip'lerin sıra sıra kullandığı, emeği, bireyi, yurttaşlığı örgütlenmeyi, hakları hiçe sayıp, kolayından oy deposu görüp, onları vahşi bir kan davasının aşağılama diliyle elli yıldır utanmadan kullanan sağ siyasetin tarihidir bu.

Beslediler, büyüttüler, yediler, sevdiler, öptüler, pişpişlediler ve sonunda 'hukuk'u ve devleti 'canavarların' bitmeyen gecesinin kâbuslarına Amerikan ajanlarının marifetleriyle terk ettiler.

Modern şehri ve modern sosyal kurumları zerre tanımayan,

önemsemeyen altmış yılın sağ siyasetçilerinin hediyesidir, bu vahşi son.

Sonuç olarak, anlatsan romanını yazsan, dünyada hiç kimsenin inanmayacağı kadar vahşi bir hukuk felaketi.

Dini, ezikliği, geri kalmışlığı, uyuşukluğu, beceriksizliği kullanılarak bir köylü şiddetinin sonsuz merhametsiz imkânlarıyla girişilmiş bir imha savaşıdır bu.

Bu kısa tarihçe, demokrasiyle devleti hâlâ karıştıran aydınlarımıza armağan olsun.

Bu kısa tarihçe, sevmedikleri devleti yıkmak için yanlışlıkla modern toplumun her şeyi, hepimizin güvencesi demokrasiyi ve 'hukuk'u yıkanlara armağan olsun.

Bu kısa tarihçe, demokrasinin en temel kurum ve örgütlerini ciddiye almadan tezgâhla, dümenle güya özgürlükleri konuşup dalga geçen aydınlarımıza afiyet olsun.

3 Ekim 2012